**权威·前沿·原创**

皮书系列为
“十二五”“十三五”国家重点图书出版规划项目

福州大学智库研究成果

闽商蓝皮书

**BLUE BOOK** OF
FUJIANESE ENTREPRENEURS

# 闽商发展报告（2019）

ANNUAL REPORT ON FUJIANESE ENTREPRENEURS (2019)

福州大学
福建省闽商文化发展基金会 / 编
中国商业史学会
主　　编 / 苏文菁
副 主 编 / 徐德金

社会科学文献出版社
SOCIAL SCIENCES ACADEMIC PRESS (CHINA)

图书在版编目（CIP）数据

闽商发展报告. 2019 / 苏文菁主编. -- 北京：社会科学文献出版社，2019. 6
（闽商蓝皮书）
ISBN 978 - 7 - 5201 - 4796 - 5

Ⅰ. ①闽… Ⅱ. ①苏… Ⅲ. ①地区贸易经济 - 经济发展 - 研究报告 - 福建 - 2019 Ⅳ. ①F727. 57

中国版本图书馆 CIP 数据核字（2019）第 085134 号

闽商蓝皮书
闽商发展报告（2019）

主　　编 / 苏文菁

出 版 人 / 谢寿光
组稿编辑 / 陈凤玲
责任编辑 / 陈凤玲　田　康

出　　版 / 社会科学文献出版社 · 经济与管理分社（010）59367226
　　　　　地址：北京市北三环中路甲 29 号院华龙大厦　邮编：100029
　　　　　网址：www. ssap. com. cn
发　　行 / 市场营销中心（010）59367081　59367083
印　　装 / 天津千鹤文化传播有限公司

规　　格 / 开　本：787mm × 1092mm　1/16
　　　　　印　张：18. 25　字　数：239 千字
版　　次 / 2019 年 6 月第 1 版　2019 年 6 月第 1 次印刷
书　　号 / ISBN 978 - 7 - 5201 - 4796 - 5
定　　价 / 158. 00 元

# 闽商发展报告（2019）
## 编　委　会

# 序

苏文菁

改革开放40年来，福建从“前线”转身为改革开放的试验区，很好地完成了改革开放初期“先行先试”的任务。其间，闽商不仅仅创造了巨额财富、改变了福建在中国经济版图中的地位、普遍提升了福建人的社会生活水平，更在创造财富的过程中为我们留下了诸多文化建设的新资源。在悠久的历史长河中，中国以优秀的农耕文化著称于世；闽商，则是这个大传统中珍贵的海洋文化的践行者与商业文化的拓展者。在新的历史时期，闽商所代表的海洋文化依然是建设“一带一路”、实现中华民族全面复兴的内在的本土文化资源。历史上闽商全球化的商业实践，已经为今天人类命运共同体的建设提供了技术路线与样板。

自2004年中共福建省委、福建省人民政府召开首届“世界闽商大会”以来，三年一届的世界闽商大会就成为福建人民思考闽商、闽人与闽地的区域文化个性，探索福建的区域经济特色，总结福建的区域文化精神的重要契机。由于闽商精神在当代中国的战略意义，2010年第三届世界闽商大会由中华海外联谊会、全国工商联与福建省人民政府共同主办。基于世界闽商大会连续五届的文化建设成果，我们通过对闽商历史的探索与梳理，力图还原中国经由这个海洋商帮而展现出来的开放史与全球贸易史。最终，我们完成了中国学术界上第一套、共16卷的区域商帮发展史——《闽商发展史》。我们认为“闽”是一个涵盖地理、族群与文化的复合概念。“闽”首先是中国东南沿海、以福建为主体的地理空间。[①]“闽人”是中国最为典型的海洋族群，与广泛居住在南太平洋和印度洋诸多岛屿上的“南岛语族”（Austronesian - speaking Peoples）有着千丝万缕的族缘关系，与台湾岛上的先住民之间的关系更是紧密。[②]同时，“闽”更是一个文化概念，一方面极具吸纳能力，将北方汉文化与海上来的其他文化融合为一体，演绎了数千年的中国海洋发展史；另一方面，闽文化在扩散与离散（Diaspora）的意义上同样显著。[③]“闽商”泛指“在外经商的闽籍人士”与“在闽经商的外籍人士”。对照恩格斯关于欧洲的“商人是从第三次社会大分工中产生的”[④]著名论断，我们可以说，闽商也正是在中国突破了陆地经济的锁闭式结构、在海洋贸易的拉动之下萌发并成长起来的。[⑤]

如果说，中国传统商帮是在交通欠发达、信息不畅通的历史条件下形成的，闽商则因其海洋文化的属性以及全球化的商业实践依然具有现实意义。历史上，闽商持续性、规模化的商贸活动深远地影响了中国文明与异域文明，是中国推动全球化贸易的重要力量。7～14世纪，以闽商为代表的中国商人与阿拉伯商人一同构建了“海上亚洲”，即太平洋－印度洋商贸圈。16世纪的大航海时代，与东来的欧洲各国东印度公司“对接”的也正是包括闽商在内的中国海商所开辟的海洋商贸网络；由此，东西方文明汇流于太平洋，开启了延续至今的全球化历程。基于闽商这种独特的历史贡献，今天，闽商文化依然是中华民族建设“一带一路”的重要本土文化基因。

① 苏文菁编《闽商发展史·总论卷》，厦门大学出版社，2013，第1页。
② 苏文菁编《闽商发展史·总论卷》，厦门大学出版社，2013，第2页。
③ 苏文菁编《闽商发展史·总论卷》，厦门大学出版社，2013，第3页。
④ 《马克思恩格斯文集》第4卷，人民出版社，2009，第184～185页。
⑤ 苏文菁：《海上看中国》，社会科学文献出版社，2016，第6页。

2019 年，闽商文化研究进入一个新的阶段。“皮书”是新时代智库信息的发布平台；“闽商蓝皮书”在这一新的阶段，将成为关注、记录当代闽商与闽商事业的重要载体。在中国大陆各大商人群体中，闽商首个获得皮书发布资格，[①] 值得自豪。我们将保持“闽商蓝皮书”每年高质量的编撰与出版，形成对当代闽商的真实记录，并以此为各级相关职能部门提供执政资源。

① 2012 年由李闽榕、王日根、林琛主编的“闽商蓝皮书”《闽商发展报告（2012）》由社会科学文献出版社出版。

# 目 录

## Ⅰ 总报告



## Ⅱ 分报告



## Ⅲ 专题报告

## Ⅳ 附录



皮书数据库阅读**使用指南**

# 总　报　告

General Report

# B.1
# 2019年闽商发展报告

徐德金　邹挺超 *

**摘　要：** 改革开放40年来，作为闽商主体力量的民营经济迎来了飞速发展。实体经济与国际化已成为闽商基本特征，闽商在多个产业尤其是纺织鞋服、体育用品等传统领域优势明显；随着移动互联网时代的到来，闽商还在互联网等领域涌现出具有影响力的企业。而就企业家群体而言，第二代闽商近些年也逐渐走向前台；作为有社会责任感的商帮，闽商在产业扶贫以及文化公益等方面也做出了突出的贡献。

**关键词：** 闽商　实体经济　国际化　移动互联网时代

---

* 徐德金，中新社福建分社社长、高级记者，《闽商》杂志社社长；邹挺超，《闽商》杂志社副总编辑。

## 一　改革开放以来闽商发展情况

1978年以降，闽商逐渐在中国经济舞台中重兴。改革开放鼓舞了福建人对美好生活的向往，也激起华侨华人对家乡的情怀，由是，从乡镇企业与侨资起步，闽商展开了第一波创业热潮。

从1978年到1991年，闽商从“三来一补”（来料加工、来样加工、来件装配和补偿贸易）业务起家，利用“三闲”（闲房、闲资、闲散劳动力），以独资、合资等多种形式，催生了福建民营经济的雏形。那一时期的福建晋江，是闽商创业的热土，诞生了陈埭公社这个“乡镇企业一枝花”，制鞋、服装、伞业等后来蔚为大观的产业在这里萌芽。1986年，著名社会学家费孝通将晋江模式与苏南模式、温州模式、珠三角模式并列，称为中国农村经济发展的四大模式。2002年，福建省时任省长习近平将其总结提升为“晋江经验”，充分展现了闽商在实体经济中的成就。

1992年邓小平南方谈话以后，闽商掀起第二波创业热潮。在这一时期，福耀玻璃工业集团股份有限公司（以下简称福耀玻璃）、恒安国际集团有限公司（以下简称恒安集团）、万利达集团有限公司（以下简称万利达）、新大陆科技集团有限公司（以下简称新大陆）、福建圣农发展股份有限公司（以下简称圣农发展）、中国龙工控股有限公司（以下简称龙工控股）等一大批具有较强竞争力的企业涌现。1993年，福耀玻璃挂牌上市，成为中国同行业第一家上市公司；1998年，恒安集团在香港上市，成为晋江第一家上市公司。借助资本的力量，闽商创业开始摆脱原先的小企业、小项目的束缚。在这一时期，闽商的品牌意识也开始萌发，1999年，安踏体育用品集团有限公司（以下简称安踏体育）巨资签下乒乓球世界冠军孔令辉，此后，闽商尤其是晋江企业家纷纷仿效，央视5套黄金时段一度为晋江体育品牌占据，“晋江频道”的名号也就此叫响。

2001 年 11 月，中国正式加入世界贸易组织。此后，闽商国际化开始走向高潮。2002 年，福耀玻璃赢得中国“入世”后第一起反倾销案，闽商为中国民营企业提供了民族品牌与海外品牌交锋的样板。2004 年，首届闽商大会在福州举行，标志着闽商开始以整体形象表现自身。在 2012 年的伦敦奥运会上，安踏体育、361°集团（以下简称 361°）、匹克体育集团（以下简称匹克体育）、鸿星尔克等众多晋江体育品牌的 logo 在奥运赛场、众多国家参赛运动员队服上亮相，闽商自主品牌国际化开始结出硕果。

2012 年以后，新福建建设蓬勃展开，随着改革开放成长起来的闽商，在传统产业累积了巨大优势，面对新兴产业迅猛发展的状况，转型升级成为闽商创业的主调。在这一时期，随着移动互联网时代的到来，“大众创业、万众创新”掀起热潮，闽商的队伍里也开始出现越来越多的年轻面孔。闽商是中国探索电子商务的先行者的一部分，王峻涛创立的 8848 曾经创下中国电商领域的多个第一。至今，闽商中已经涌现出北京字节跳动科技有限公司（以下简称字节跳动）、美团点评（以下简称美团）这样影响中国人获取信息与生活服务方式的企业。

2018 年对闽商而言无疑是重要的一年。在中国改革开放步入第 40 个年头的时候，闽商已发展成为中国最具实力、活力、影响力的“商帮”之一；在世界华商群体之中，闽商也傲视群伦。

民营经济是闽商的主体力量。2018 年，福建省 GDP 达 3.58 万亿元，较上一年增长 8.3%。[①] 从 2017 年数据看，福建省民营经济增加值占全省 GDP 的 67.2%，提供了 70.5% 的税收、贡献了 73% 的科技成果、吸纳了 82% 的就业。[②] 福建民营经济在全省经济的比重可谓

---

① 《2018 年福建省人民政府工作报告》。

② 《推动民营经济在高质量发展落实赶超中发挥更大支撑作用——专访福建省委书记于伟国》，《人民日报》2018 年 11 月 19 日，第 4 版。

“三分天下有其二”。

闽商的成长是有目共睹的。根据福建省工商联统计数据，截至2018年6月底，福建省民营企业实有105.4万户，资本总额7.3万亿元，分别占全部企业的92%、70%。2017年全省民营企业贡献税收2791亿元，增长10.8%，占全省税收的七成，高于全国民营经济50%的税收贡献率。①

2018年，共有20家闽商企业入选由全国工商联发布的“中国民营企业500强”榜单，上榜数居全国第6位。共有12家闽商企业上榜“2018中国民营企业制造业500强”。2018年7月，《财富》杂志公布2018年世界500强，阳光龙净集团以256亿美元的营业收入（以下简称营收）跻身世界第464位。

2018年10月，中共中央统战部、全国工商联发布“改革开放40年百名杰出民营企业家”名单，著名闽商福耀玻璃集团董事长曹德旺、恒安集团董事局副主席兼CEO许连捷、圣农发展董事长傅光明、北京字节跳动科技有限公司CEO张一鸣、科瑞集团董事局主席郑跃文5人上榜。

2018年对闽商、对中国民营经济而言是十分重要的一年。中共中央总书记、国家主席习近平在2018年11月1日召开的民营企业座谈会上，充分肯定了民营经济的重要地位和作用，做出了支持民营企业发展的重大部署，为新时代民营经济的发展注入了强大的动力。习近平强调三个“没有变”：非公有制经济在我国经济社会发展中的地位和作用没有变；毫不动摇鼓励、支持、引导非公有制经济发展的方针政策没有变；致力于为非公有制经济发展营造良好环境和提供更多机会的方针政策没有变。他指出“民营企业和民营企业家是我们自己人”。②

---

① 《王光远驳“民营经济离场”言论：谵妄之言》，《闽商》2018年第10期，第35页。

② 《习近平在民营企业座谈会上的讲话》，http：//news.cctv.com/2018/11/01/ARTI62P99SOvRXNoEdFh0zj9181101.shtml。

2018年，针对民营企业的不良言论甚嚣尘上，最吸引眼球的是“民营经济离场论”和“新公私合营论”，这些言论在社会上特别是在民营企业家群体中造成了思想混乱。9月18日，福建省政协副主席、省工商联主席王光远在工商联十一届二次常委会上严词驳斥“民营经济离场论”是“谵妄之言”。

民营企业座谈会后，福建省以及各地相关部门，纷纷为民营企业发声、站台。中共福建省委书记于伟国在2018年第23期《求是》杂志刊发署名文章《全力支持民营企业越过创新转型这道“坎”》，文章从五个方面阐释了福建省支持帮助民营企业爬坡过坎、创新转型的重要举措。2018年11月中旬，于伟国接受《人民日报》等中央媒体采访，重申福建对民营企业的重视、支持，给闽商派“定心丸”。

闽商因中国市场经济和全球化而不断发展壮大，这是中国改革开放40年给闽商以及社会大众带来的成果。但就像中国经济的发展一样，闽商的发展与国家的法律政策须臾不可分离。中共十八大进一步提出“毫不动摇鼓励、支持、引导非公有制经济发展，保证各种所有制经济依法平等使用生产要素、公平参与市场竞争、同等受到法律保护”，这就明确了民营企业“自己人”的身份。

作为“自己人”，闽商群体在2018年激流勇进，敢立潮头。

## 二　2018年闽商全国百强榜

除了上述几份榜单外，通过2018年全国和福建省发布的各种榜单，可以管中窥豹了解闽商在某些行业的位置与成长现状。

2018年10月，在由工信部发布的“第三批制造业单项冠军企业和单项冠军产品名单”中，闽商企业中有厦门立达信绿色照明集团有限公司、福建雪人股份有限公司、宁德时代新能源科技股份有限公司（以下简称宁德时代）、福建锦江科技有限公司等4家入选

“冠军名录”。

在中国纺织工业联合会发布的“2017～2018年度中国纺织服装企业竞争力排名”榜单中，共有8家闽商企业入选，其中长乐5家、晋江3家。在“2018中国食品饮料100强企业”榜单上，共有福建达利食品集团有限公司（以下简称达利食品）、盼盼食品集团（以下简称盼盼食品）、安井食品和福建圣农食品有限公司（以下简称圣农食品）4家入选。在“2018年中国物流百强企业名单”中，厦门、福州各有5家物流企业进入榜单。

此外，在电子信息、互联网、体育服饰、房地产、汽车玻璃等行业，闽商都有骄人的业绩。

2018年12月，《闽商》杂志社在福建省工商联的指导下，首度权威发布《2018闽商全国百强榜》，该榜单“聚焦勇立改革开放潮头的弄潮儿，聚焦进军资本市场的价值创造者。他们代表着闽商的基本面，是闽商力量的晴雨表”。①

榜单主要关注闽商在全国范围内创立的、在A股或H股上市的民营企业，以及在福建创业的外省人士所创办的上市民营企业。此外，榜单还纳入部分非上市公司，主要是由中共中央统战部、全国工商联发布的“改革开放40年百名杰出民营企业家”名单中闽籍企业家所创立的企业。

从榜单可以看出，2017年营收在百亿元以上的闽商上市企业有23家，见表1。

在这23家企业中，世茂房地产控股有限公司与上海世茂股份有限公司同属闽商许荣茂创立的世茂集团，实际为22家。这22家企业集中了闽商在电子、商业贸易、信息服务、卫生用品、食品饮料、玻璃制造、现代农业以及房地产等领域的代表企业。

① 《2018闽商全国百强榜》，《闽商》2018年第12期，第27页。

**表1　2017 年营收百亿元以上的闽商企业**

单位：亿元

| 排序 | 公司名称 | 行业 | 2017 年营收 |
| --- | --- | --- | --- |
| 1 | 世茂房地产控股有限公司 | 房 地 产 | 704.26 |
| 2 | 冠捷科技有限公司 | 电　子 | 623.65 |
| 3 | 永辉超市股份有限公司 | 商业贸易 | 585.91 |
| 4 | 美团点评 | 信息服务 | 339.28 |
| 5 | 阳光城集团股份有限公司 | 房 地 产 | 331.63 |
| 6 | 旭辉控股(集团)有限公司 | 房 地 产 | 318.24 |
| 7 | 融信中国控股有限公司 | 房 地 产 | 303.41 |
| 8 | 泰禾集团股份有限公司 | 房 地 产 | 243.31 |
| 9 | 禹洲地产股份有限公司 | 房 地 产 | 217.01 |
| 10 | 盛屯矿业集团股份有限公司 | 有色金属 | 206.68 |
| 11 | 宁德时代新能源科技股份有限公司 | 锂 电 池 | 199.97 |
| 12 | 正荣地产集团有限公司 | 房 地 产 | 199.95 |
| 13 | 恒安国际集团有限公司 | 卫生用品 | 198.25 |
| 14 | 福建达利食品集团有限公司 | 食品饮料 | 197.99 |
| 15 | 福耀玻璃工业集团股份有限公司 | 玻璃制造 | 187.16 |
| 16 | 上海世茂股份有限公司 | 房 地 产 | 186.67 |
| 17 | 安踏体育用品集团有限公司 | 体育用品 | 166.92 |
| 18 | 天虹纺织集团有限公司 | 纺织化纤 | 163.06 |
| 19 | 中骏集团控股有限公司 | 房 地 产 | 161.05 |
| 20 | 宝龙地产控股有限公司 | 房 地 产 | 155.93 |
| 21 | 北京字节跳动科技有限公司 | 信息服务 | 150.00 |
| 22 | 信义玻璃控股有限公司 | 玻璃制造 | 122.65 |
| 23 | 福建圣农发展股份有限公司 | 农林牧渔 | 101.59 |

榜单还显示，100 家上榜企业较集中的 7 个行业分别是：电子（14 家）、房地产（12 家）、信息服务（8 家）、服装（6 家）、机械设备（6 家）、食品饮料（5 家）、体育用品（5 家），由此显示出闽商在上述行业的优势。

各类榜单从不同侧面反映出，经历了40年的发展，闽商在纺织鞋服、体育用品、电子信息、机械设备、食品等传统领域形成了巨大优势；在汽车玻璃领域，占据国内市场较大份额的两家企业福耀玻璃、信义玻璃控股有限公司，都是闽商创立的；在房地产领域，闽商近些年也不断向千亿元规模迈进；而在新兴领域，尤其是互联网领域，近几年的增长也十分迅猛，涌现出字节跳动、美团点评等深刻影响中国互联网格局的公司。

## 三　2018年闽商实体经济发展情况

在全国工商联发布的“2018 中国民营企业制造业 500 强”榜单中，有 12 家闽商上榜：福建永荣控股集团有限公司、福建省金纶高纤股份有限公司、宁德时代新能源科技股份有限公司、恒安国际集团有限公司、福建达利食品集团有限公司、福建捷联电子有限公司、福耀玻璃工业集团股份有限公司、安踏体育用品集团有限公司、三宝集团股份有限公司、祥兴（福建）箱包集团有限公司、冠福控股股份有限公司、厦门宏发电声股份有限公司。①

榜单反映出闽商在纺织、新能源、卫生用品、食品饮料、电子、汽车玻璃、体育用品、矿业、箱包等实体经济，尤其是制造业领域，都已涌现出能与国内规模以上制造业企业比肩的龙头。

体育用品是闽商的传统优势之一，从中国体育品牌 2017 年营收来看，排名前四位的是安踏体育、李宁集团、361°、特步，除了李宁集团外，都是闽商品牌。第一名的安踏体育，实现收入 166.9 亿元，净利润 31.59 亿元；第二名的李宁集团实现营收 88.74 亿元，净利润

① 中华全国工商业联合会：《2018 中国民营企业制造业 500 强榜单》，http：//www.acfic.org.cn/zzjg_327/nsjg/jjb/jjbgzhdzt/2018my5bq/2018my5bq_bgbd/201808/t20180829_55654.html，2018 年 8 月 29 日。

5.15 亿元，营收是安踏体育的一半左右，而净利润则只有其 1/6；第三名 361°，营收 51.58 亿元，净利润 4.67 亿元；第四名特步，营收 51.13 亿元，净利润 4.46 亿元。

安踏体育已经成为国内行业老大。2018 年，安踏体育全年营业收入达 241 亿元，同比大涨 44.4%，净利润 41 亿元，增长 29.8%，已经连续 5 年保持双位数的增长。①

而在纺织服装领域，根据中国纺织工业联合会、中国服装协会、中国常熟男装指数编制发布中心联合编著的《2017 中国男装产业发展报告》，福建石狮是中国五大重点男装产业集群之一。在夹克领域，闽商的优势十分明显，在市场综合占有率前十中，闽商创立的品牌占据四席，七匹狼、九牧王集团分列前二，此外还有劲霸、柒牌。在男裤领域，九牧王集团市场综合占有率排名第一，第二则同样是闽商创立的虎都。②

在汽车玻璃领域，福耀玻璃已经成为全球规模最大的汽车玻璃专业供应商，产品得到宾利、奔驰、宝马、奥迪、通用、丰田、大众、福特、克莱斯勒等全球主要汽车厂商的认证和选用。③ 2017 年旭硝子（AGC）株式会社、福耀玻璃、板硝子株式会社、圣戈班集团四家占据了全球汽车玻璃市场 88.0% 的市场份额，四家全球市场占有率依次为 27.5%、21.9%、21.1%、17.6%。在中国市场，2017 年福耀玻璃市场占有率接近 60%，为绝对龙头。④

在卫生用品领域，凯度消费者指数的报告显示，截至 2018 年 10

---

① 《安踏 2018 年营收达 241 亿元　连续 5 年保持双位数增长》，http://sports.sina.com.cn/run/2019-02-26/doc-ihrfqzka9345079.shtml，2019 年 2 月 26 日。

② 《石狮这行业厉害了！〈2017 中国男装产业发展报告〉出炉 "闽派服饰"夹克男裤领跑全国》，http://www.sohu.com/a/166666451_99956716，2017 年 8 月 23 日。

③ 福耀玻璃集团官网：https://www.fuyaogroup.com/about.php?network。

④ 《2018 年全球及中国汽车玻璃行业市场空间预测》，http://www.chyxx.com/industry/201808/666576.html，2018 年 8 月 13 日。

月5日，21家快速消费品企业拥有过亿城市家庭的购买。其中，恒安集团以整体家庭渗透率76.3%（同比增长2.6%）居榜单第7位，排在宝洁、伊利、蒙牛、康师傅、雀巢、联合利华之后，领先于可口可乐。[①]

在机械设备领域，龙净环保是国内大气污染治理领域技术及产品类型最全的环保企业，不仅建立了全国环保行业首家国家级企业技术中心，还获得全国环保行业首个中国名牌产品称号。[②] 在《中国工程机械》杂志发布的“2018全球工程机械制造商50强排行榜”上，闽商李新炎创立的龙工控股是福建两家上榜的企业之一，另一家是国有控股的厦门厦工机械股份有限公司（以下简称厦工）。[③]

在新能源领域，2018年，宁德时代装机总电量占比达40.7%，远高于第二名比亚迪的19.4%，牢牢坐稳国内市场份额占比第一的位置。[④] 2017全球动力电池企业销量排行显示，宁德时代已经超过日本的松下电器，排名第一。[⑤]

2018年，闽商实体经济的自主创新能力也稳步提升。2016年，福耀玻璃获批工信部智能制造试点示范单位，2017年福耀玻璃研发费用达8亿元，其近几年研发投入占营收之比也稳定在4%左右。福建省工商业联合会发布的《2018福建省民营企业100强调研分析报告》指出，2017年，福建省民营企业100强最主要的技术来源是自主开发和研究，研发人员占比在10%以上的企业数量达到42家；新

① 《恒安集团家庭渗透率达76.3%，位列凯度指数第7位》，http://www.sohu.com/a/277937199_707854，2018年11月26日。

② 龙净环保2018年半年报。

③ 《2018全球工程机械制造商50强出炉 销售额5年来首回升》，http://finance.sina.com.cn/chanjing/cyxw/2018-07-05/doc-ihevauxk8424012.shtml，2018年7月5日。

④ 《动力电池2018成绩单：宁德时代、比亚迪领跑，最大黑马现身》，http://finance.sina.com.cn/money/smjj/smgq/2019-01-31/doc-ihrfqzka2565360.shtml，2019年1月31日。

⑤ 《全球动力电池前十：宁德时代居榜首，中国占7席!》，http://www.sohu.com/a/242071919_430808，2018年7月19日。

大陆科技集团有限公司和厦门市美亚柏科信息股份有限公司（以下简称美亚柏科）研发人员占比分别达到70%、68.09%。100强民营企业国内专利总数达到11427项，国际专利总数达到319项。[①]

2018年，在实体经济遭遇成本上涨、投资放缓、融资收紧等诸多挑战的背景下，闽商实体经济依然发展得有声有色。

## 四 2018年闽商企业国际化程度提高，国际竞争力提升

### （一）闽商国际收购项目增加

2018年，闽商有不少大手笔收购项目引人瞩目。

2018年12月7日，以安踏体育为首，由腾讯等多个投资方组成的财团，宣布以46亿欧元的价格收购芬兰的亚玛芬体育用品公司（以下简称亚玛芬）。这项收购折合人民币约360亿元。

亚玛芬成立于1950年，从1974年开始布局体育，旗下拥有加拿大运动品牌“始祖鸟”、法国山地户外越野品牌“萨洛蒙”、美国网球装备品牌“威尔逊”等，产品遍及服装和鞋类、网球装备、滑雪装备、运动腕表、跑步机等。

安踏体育的创始人丁世忠曾说，“不要做中国的耐克，要做世界的安踏”，这项收购便是安踏体育国际化战略的集中体现，也是安踏体育国际化的大手笔。

此前，2018年11月，闽商陈建龙创立的恒申控股集团，收购了福邦特荷兰己内酰胺工厂（福邦特有限公司）全部股份、福邦特中国南京己内酰胺工厂（南京福邦特东方化工有限公司）60%的股权，

① 福建省工商业联合会：《2018福建省民营企业100强调研分析报告》，第13页。

以及世界领先的己内酰胺生产技术、苯酚法环己酮生产工艺、硫酸铵大颗粒生产技术等核心技术和知识产权。

福邦特有限公司是全球最大的己内酰胺生产公司。2017 年，恒申控股集团旗下的申远新材料有限公司年产 40 万吨的己内酰胺及聚酰胺一体化项目顺利投产，其己内酰胺产能位居全球第四。经过此次收购，从全球第四一跃而成为全球第一。拥有连江、南京及欧洲三大生产基地，恒申控股集团己内酰胺年产能达 108 万吨，跃升为全球最大、技术最新、产业链最完整的己内酰胺生产企业。①

两笔国际并购，集中反映了当下闽商国际竞争力的提升。收购世界品牌为我所用，是闽商进军国际市场的快捷手段。

得益于沿海省份的优势，以及历史上海上丝绸之路的积累，闽商走向国际市场很早，其中最大的热门是东盟国家（地区），其次则是美国、澳大利亚等。

香港是闽商“走出去”最重要的跳板。在泉州 103 家上市企业中，上市地点有许多在港台乃至境外：中国香港 36 家、中国台湾 5 家，德国 7 家、英国 3 家、澳大利亚 3 家、韩国 6 家、马来西亚 5 家、美国 4 家、新加坡 13 家、加拿大 1 家。②

### （二）闽商品牌“走出去”越来越多

近年来，闽商已经从市场“走出去”转向品牌“走出去”。2018 年，闽商在这方面尤其突出。

在安踏体育的多品牌布局中，最主要的手段就是并购国外品牌。2016 年，安踏体育与日本高端运动品牌迪桑特达成合作，组建合资

① 《福州民企恒申收购全球行业“老大”》，http：//news. fznews. com. cn/dsxw/20181030/5bd876e862f66. shtml，2018 年 10 月 30 日。

② 《泉州上市企业达 103 家 “泉州板块”总市值近 4500 亿元》，http：//www. mnw. cn/quanzhou/qiye/1824920. html，2017 年 8 月 22 日。

公司，拓展高端户外品类；2017 年，安踏体育宣布收购韩国著名户外品牌 KOLON SPORT。2017 年，安踏以 1056 亿港元的市值，成为全球体育用品品牌第三名，仅次于耐克、阿迪达斯。

2018 年 3 月 5 日，安踏体育在美国发售了第一款全球限量篮球鞋——克莱·汤姆森 KT3 篮球鞋，并首次在美国举办发售活动，引发千人排队抢购的热潮。这在中国体育品牌中尚属首次。

而福耀玻璃则早在 1994 年就在美国成立子公司，2002 年还赢得美国 PPG 等玻璃生产企业发起的反倾销诉讼，成为中国加入世贸组织以来第一起反倾销胜诉的案例。2014 年，福耀玻璃收购曾经的竞争对手美国 PPG 公司的浮法玻璃生产线，并开始正式在美国建厂，先后投入巨资将俄亥俄州代顿地区莫瑞恩市的一家废弃工厂改造成为玻璃生产基地。2018 年上半年福耀玻璃美国公司实现净利润 1.27 亿元，已经开始赢利。[①] 2009 ~ 2017 年，福耀玻璃境外营业收入从 16.61 亿元增至 66.19 亿元，[②] 海外布局可以说相当成功。

已经确立全球汽车动力电池行业老大地位的宁德时代，2018 年 7 月宣布，投资 2.4 亿欧元，在德国图林根州埃尔福特市设立电池生产基地及智能制造技术研发中心，主要供应宝马、大众、戴姆勒、捷豹路虎、PSA 等欧洲车企。2018 年，宁德时代还在底特律设立美国子公司，负责在美锂电池的销售与测试等业务，发力美国这个全球第二大电动车市场。目前，宁德时代在德国、法国、芬兰、日本等都有布局。

从曾经的到境外寻找市场、寻找资本，到如今的国际并购、打造世界品牌，闽商正在为推动中国品牌国际化、推动民族品牌走向世界贡献力量。

---

① 福耀玻璃集团 2018 年半年报。

② 《福耀玻璃“出海”，这次又想干什么?》，https://www.sohu.com/a/289911846_522913，2019 年 1 月 18 日。

## 五　2018年闽商二代走向前台

### （一）闽商第二代子承父业

子承父业，是第二代闽商走向前台的第一种形式。通过带来新理念、新思路等方式，他们给第一代闽商创立的公司带来新的变化。

2018 年 6 月 25 日，福耀玻璃发布公告称，全资子公司拟收购关联方曹德旺儿子曹晖所控制的福建三锋集团 100% 的股权，交易总价为 2.24 亿元。

曹德旺 6 月 26 日回应称，此次收购是为其子曹晖接班福耀玻璃做准备。

曹晖自 1998 年开始担任福耀玻璃董事，2006 年 9 月担任福耀玻璃总经理，一直被当作曹德旺的继承人培养。然而，2015 年 7 月，曹晖辞任福耀玻璃总经理，离职原因是“希望专注于其他商业事务”，此后创立了三锋集团，旗下有福建三锋汽车饰件有限公司、福建三锋汽车服务有限公司、福州福耀模具科技有限公司、福州三锋文化传媒有限公司，专注汽车服务市场。

曹德旺多次在媒体上表达对曹晖接班的期待。2018 年 1 月，曹晖开始担任福耀玻璃副董事长，随后三锋集团被福耀玻璃收购，也意味着曹晖作为福耀玻璃接班人的事情尘埃落定。

2018 年 1 月，圣农集团创始人傅光明的女儿傅芬芳担任圣农发展总裁，正式掌舵圣农发展。

2003 年傅芬芳进入圣农集团，2007 年担任圣农食品董事长。

圣农食品专注于研发、生产和销售以鸡肉为主的肉制品。当时圣农食品盈利不佳，资金和产品大量投向毛利低的商超，傅芬芳接任后，扭转发展方向，从食品代加工做起，逐渐向深加工转型。

此后，圣农食品的熟食进入沃尔玛、大润发等国际知名商超系统和国内大型商超、餐饮连锁店。自2010年起，圣农食品的熟食连续9年出口日本等国家和地区。2016年，圣农食品成为中国首家向麦当劳供应熟食的本土公司。2017年，圣农食品成为金砖国家领导人第九次会晤指定鸡肉供应商。

傅芬芳接掌圣农食品后的一系列创新，为圣农发展由传统的养鸡产业向食品全产业链延伸打下了基础。2017年，圣农发展以20.2亿元收购圣农食品100%股权，从原料供应正式开始向食品深加工进军，这其中，傅芬芳的贡献不小。

和傅芬芳相似的还有融汇集团创始人黄祖仕的女儿黄丹青。2007年她进入融汇集团，2014年正式出任融汇化工总经理。

融汇化工由融汇集团2003年收购的一家老国企改制而来，当时，受到化工市场低迷等环境因素的影响，融汇化工面临着盈利难以持续的局面。

黄丹青到岗后，首先让30多名主管以上干部集体“下课”，以报告、述职等方式竞聘、重新上岗。此后，开始有计划地引进“阿米巴”管理模式，将融汇化工推向成功。

### （二）闽商第二代成为“创二代”

不少闽商第二代不愿接班，希望以“创二代”的方式，对父辈的事业进行延伸、扩充。在与父亲“妥协”之前，曹晖便是其中之一，通过创立三锋集团，他将父辈的汽车玻璃事业版图扩张到汽车后服务市场，从汽车玻璃修复、安装、更换到贴膜等，逐步增加汽车美容养护乃至保险代理等业务。

类似的还有恒安集团创始人许连捷的三个儿子，许连捷曾经在多个场合明确表示他们都不愿接班。他的三个儿子在家族投资领域，各负其责：其中许清流担任连捷投资集团有限公司（以下简称连捷投资集团）董事长，负责资本投资，从2003年起，连捷投资集团旗下的连捷资本已经先后参股内蒙古蒙牛、中国永乐、中国平安以及福建亲亲股份等；而许清水则专攻房地产投资，负责连捷投资集团旗下的连捷地产；许请池则负责连捷商贸，主攻大宗商品进出口贸易。

对资本运营较熟悉的闽商“创二代”，还积极涉足创投圈，以资本的形式为闽商实业注入新动力。2016年，七匹狼集团董事局主席周永伟之子、七匹狼集团副总裁周士渊，与银鹭集团董事长陈清渊之子、厦门禹道投资公司董事长陈朝宗等闽商第二代一起创立了启诚资本。周士渊将启诚资本定位为一家未来能代表“新闽商”的投资基金，希望以投资为媒介，集结众多年轻的闽商二代抱团发展。① 周士渊还与大帝集团总裁吕琦等，创立了福建央体体育产业发展有限公司，以体育营销、球员经纪、体育培训、体育原创内容、体育投资五个版块为主要业务，借力父辈在体育用品产业的优势，延伸产业链。

历经40年，改革开放之初开始创业的闽商渐渐老去，他们的第二代正在以多种多样的形式走向前台，给父辈的事业注入新的活力。

## 六　2018年闽商“互联网＋”发展情况

2018年4月22日至24日，主题为“以信息化驱动现代化，加快建设数字中国”的首届数字中国建设峰会在福州举行。

2000年10月27日闭幕的中共福建省委六届十二次全会上，“数字福建”被写入福建省委提出的“十五”计划纲要建议。18年过去，福建数字经济总规模已突破1万亿元，占地区生产总值的1/3强。②

①《福建“创二代”集结创投圈，启诚资本和它背后的朋友圈》，https：//www. cyzone. cn/article/146368. html，2016年5月23日。

②《新福建：坚持高质量发展落实赶超》，http：//www. fujian. gov. cn/xw/fjyw/201810/t20181031_ 4562242. htm，2018年10月31日。

与此相呼应的是，闽商正在逐渐摆脱人们对其“擅长传统产业”的刻板印象，在互联网领域开疆拓土。

在互联网界，有这样一种说法：中国互联网有四座大山，除了B（百度）A（阿里巴巴）T（腾讯）外，还有一座武夷山。这指的是，从福建龙岩、三明、南平等武夷山沿线走出的互联网领域创业者。其中有名的如美团点评创始人王兴、字节跳动创始人张一鸣、雪球财经创始人方三文、原91助手创始人熊俊、博恩集团创始人熊新翔，他们都是出身龙岩的创业者。

同样出身龙岩的，还有微医集团的廖杰远、健康之路的张万能、十点读书的林斌炜、上上签的林先锋、兆信信息的洪云峰、万商惠的修庆生、可爱学的陈远河等；而在武夷山脚下的南平，则有喜马拉雅的余建军、飞博共创的伊光旭、朴朴超市的陈兴文、三五互联的龚少晖等，即便是人们印象中的老工业基地三明，也走出了创立齐家网的邓华金。

可以说，以他们为代表的“武夷山系”深刻影响着中国互联网业。其中字节跳动的今日头条、抖音，美团点评的外卖，美图公司的美图秀秀等应用最为中国人所熟知。

从闽商杂志社编制的“2018闽商全国百强榜”中可以看出，2017年，闽商上市企业营收增长率在100%以上的企业有6家，见表2[①]。

可以看出，闽商增长较快的上市企业集中在互联网以及大健康等新兴领域，其中，美图公司、美团点评、字节跳动三家营收增长率均在150%及以上。

2018年9月20日，美团点评正式在香港证券交易所（以下简称港交所）挂牌，市值一度达到4000亿港元，约510亿美元，超过京东。

① 《2018闽商全国百强榜》，《闽商》2018年第12期，第28～31页。

**表 2　“2018 闽商全国百强榜”中营收增长率 100% 以上的企业**

| 榜单排名 | 公司名称 | 行业 | 2017 年营收（亿元） | 营收同比增长率（%） |
|---|---|---|---|---|
| 24 | 冠福控股股份有限公司 | 医药生物 | 97.36 | 997.36 |
| 51 | 美图公司 | 信息服务 | 45.27 | 186.81 |
| 7 | 融信中国控股有限公司 | 房地产 | 303.41 | 166.82 |
| 4 | 美团点评 | 信息服务 | 339.28 | 161.22 |
| 21 | 北京字节跳动科技有限公司 | 信息服务 | 150 | 150.00 |
| 40 | 美年大健康产业控股股份有限公司 | 医药生物 | 62.33 | 102.25 |

创业八年，王兴带着美团，从早期的团购，逐步扩展成为一个包括互联网外卖、酒店、生鲜电商、快驴进货等在内的本地生活服务生态圈。2018 年 4 月，美团还以 27 亿美元收购共享单车企业摩拜。

通过移动互联网，美团将生活服务便捷化、吃喝玩乐等方方面面的需求汇集于一身，打通线上与线下。

而张一鸣所创立的字节跳动，已经初步形成以信息为中心的产品矩阵：以图文为主的今日头条，以短内容为主的微头条，以问答为方向的悟空问答，以及短视频类的西瓜视频、火山小视频和抖音。

字节跳动擅长打造爆款产品。今日头条以没有采编人员，依靠算法为主打，通过计算用户的喜好，将其可能感兴趣的信息推荐给他（她）。这一创新，使得今日头条从众多新闻客户端中脱颖而出。而抖音自 2016 年问世以来，也深受用户青睐。2018 年 6 月 12 日，抖音对外宣布国内日活跃用户突破 1.5 亿，月活跃用户超过 3 亿。7 月 16 日，抖音对外宣布了最新用户数据，全球月活跃用户数超过 5 亿。

由闽商蔡文胜和吴欣鸿联合创立的美图公司，2018 年则专注“美和社交”。从美颜软件美图秀秀起家，美图公司开发了一系列软硬件产品，如美图秀秀、BeautyCam 美颜相机、短视频社区美拍以及美图拍照手机等。目前美图公司的应用程序已在全球超过 15 亿台设备上安装。2018 年 9 月，“社交版”美图秀秀正式上线，11 月，美图公司与小米科技有限责任公司（以下简称小米公司）签订合作协议，小米公司获得美图品牌智能手机的全球独家授权。由此，美图公司完成了战略方向的转变。

蔡文胜最成功之处并不仅仅是创立美图公司，更在于通过其所创立的隆领投资管理有限公司（以下简称隆领投资），投资了不少福建互联网创业者，并在厦门成就了一个以他为中心的互联网创业圈子。新三板 7 家公司背后都有蔡文胜的身影，其中 5 家是福建人创立的：伊光旭的飞博共创、姚剑军的享联科技、孔德菁的易名科技、蔡立文的点击网络、苏桂强的美易在线。

在移动互联网时代，越来越多创业者加入闽商这个群体，以自己的表现诠释“科技创造财富”。

## 七　2018年闽商慈善力量

闽商是一个富有社会责任感的群体。2018 年，闽商在公益事业领域做了几件大事，从多个侧面集中呈现了闽商群体对社会责任的担当。

其中，最典型的是 1996 年发起的闽宁扶贫。

2018 年 11 月，闽商助力闽宁协作交流会在宁夏举办，凸显出闽商在闽宁协作中的角色。

1996 年 5 月 31 日，国务院在京召开扶贫协作会议，确定福建省对口帮扶宁夏回族自治区。1997 年，福建省委时任副书记习近平来到宁夏，调研对口帮扶工作，部署“移民吊庄”工程，提议设立“闽宁村”，创造了东西部协作发展的崭新模式。

此后，闽商乘着闽宁协作的东风，来到宁夏。1997 年，便成立了宁夏福建企业家协会。据统计，截至 2018 年，近 8 万闽商先后赴宁夏投资办厂，5600多家福建企业落户宁夏，总投资800多亿元。闽商经营的民营医院占宁夏市场份额的90%以上，石材和木材则占80%以上，不锈钢、轮胎、黄金珠宝分别占70%，陶瓷占60%，宁夏各地农资城也基本为闽商投建。在宁闽籍企业为宁夏提供就业岗位近10万个。[①]

闽商已经成为闽宁协作中产业扶贫的主力军之一。

2018年9月18日，福建省光彩事业促进会第五次会员代表大会在福州举行。在换届大会上，不少数据直接反映出近几年闽商参与公益事业的体量：过去5年，闽商通过福建省光彩会捐赠的慈善公益资金超过3亿元；其中泰禾集团以5100万元捐赠总额名列过去5年闽商慈善“芳名录”第一，闽商曹德旺以500万元捐款额名列个人最多。[②]

换届大会还显示，闽商公益正在由“输血”向“造血”发展，其中最为突出的就是“千企帮千村”。

2016年，福建启动“百企帮百村”精准扶贫行动，2018年4月，启动“千企帮千村”精准扶贫行动。

福建省委统战部副部长、省工商联党组书记、新当选福建省光彩事业促进会会长李家荣在换届大会工作报告中提到，截至2018年9月10日，福建省共有1118家企业、商会帮扶1107个贫困村，帮扶贫困人口33245人，产业扶贫投资24307.79万元、就业扶贫发放工资3889.04万元、公益捐赠15243.91万元、技能扶贫投入232.21万元。“千企帮千村”已经成为福建民营企业参与社会公益事业的亮丽品牌。[③]

---

① 《直击闽宁协作22年》，《闽商》2018年第11期，第35页。

② 《从单向捐赠到产业扶贫　起底闽商慈善跃迁路径》，《闽商》2018年第10期，第25～26页。

③ 《从单向捐赠到产业扶贫　起底闽商慈善跃迁路径》，《闽商》2018年第10期，第25页。

此外，近几年来，闽商在公益领域最突出的表现还有关注文化事业。2017 年 11 月，闽商许荣茂以 1.3 亿元购回国宝《丝路山水地图》，无偿捐赠给故宫博物院；2018 年 4 月，信义玻璃董事局主席李贤义与百宏集团施天佑为晋江市传统文化事业共同捐赠 2000 万元。李贤义还在 2018 年泉州“两会”上，提议保护泉州传统戏曲南音。

# 分 报 告

Topical Reports

## B.2
## 2019年福建省闽商发展报告

林仙平*

**摘　要：** 2018年，又是福建经济丰收的一年，闽商的创业创新在推进，企业数量在增加，企业规模在扩张，国际并购热潮涌动，新业态不断涌现。在闽商着力发展之时，福建经济在转型升级中，继续保持40年来的高速发展态势，奔跑向前，巩固了全国第十的位置，向全国第九发起冲击，未来让人期待。

**关键词：** 闽商　规模　并购　创新

* 林仙平，《闽商》杂志社新媒体总监。

## 一 福建省内闽商发展概况

凡是过去，皆为序章。

从1978，到2018，40年，中国经济从满足稀缺经济开始，到消费升级的产业再造，福建也伴随国家改革开放的步伐以及经济发展的进步，以更快的速度向前奔跑。

2018年，福建省继续保持高速发展态势，实现地区生产总值3.58万亿元，同比名义增长10.88%，实际增长8.3%。以2017年底常住人口算，福建省实现人均地区生产总值9.15万元，约合1.38万美元，总体达到中等以上发达国家水平。①

福建经济的快速发展，闽商贡献甚大。数据显示，福建省内闽商贡献了福建省67.2%的GDP、70.5%的税收、73%的科技成果、82%的就业岗位，企业数占96.2%，呈现“67789”局面。福建省内闽商拥有国家级企业技术中心29家，占福建全省的78%；省级企业技术中心409家，占福建全省的92%。福建省在主板和中小板上市的省内闽商占全省的73%；在“新三板”挂牌的省内闽商330家，占福建全省的99.4%。②

2018年11月1日，习近平总书记在京主持召开民营企业座谈会并发表重要讲话，为民营经济的健康发展指明了方向。会议充分肯定我国民营经济的重要地位和作用，决定从减轻企业税费负担、解决民营企业融资难融资贵问题、营造公平竞争环境、完善政策执行方式、构建亲清新型政商关系、保护企业家人身和财产安全等多个方面，进

① 《2019年福建省人民政府工作报告》。

② 福建省工商业联合会：《2018福建省民营企业100强调研分析报告》。

一步大力支持民营企业发展壮大。①

围绕如何贯彻落实会议精神，福建省委书记于伟国在接受央视记者采访时表示，福建全力支持民营企业通过技术创新等转型升级、发展壮大，并着力构建亲清政商关系。福建将从优化营商环境、拓广投资途径、促进企业创新、降低企业成本、解决实际困难等几个方面推动民营经济发展。

为深入贯彻执行党中央、国务院相关决策部署，加快福建民营经济发展，2018 年 12 月 24 日，福建省出台《关于加快民营企业发展的若干意见》，简称“25 条”，多方面助力闽商创业创新。②

不仅福建省级层面有具体指导政策，福建省内各个地市也积极行动起来。

2018 年 11 月初，厦门出台《关于促进民营经济健康发展的若干意见》，积极回应当前民营企业重大关切，尤其针对制约企业发展的难点问题，从六个方面提出了针对性强、可操作性强、精准有效的 30 条扶持措施。③

泉州在 2018 年 11 月发布了《进一步支持民营企业健康发展行动方案》。

作为省会城市，福州不但是海西政治、文化中心，也是海西重要的经济中心，尤其是省内闽商中心之一。在中央座谈会之后，福州市毫不拖延，立马出台了相关措施。2018 年 11 月 14 日，福州市出台《福州市促进民营经济健康发展的若干意见》，提出了 36 条具体措施，帮助省内闽商解决“发展中的困难、前进中的问题、成长中的烦恼”。

---

① 《习近平主持召开民营企业座谈会》，新华社，http：//www. gov. cn/xinwen/2018 - 11/01/content_ 5336540. htm，2018 年 11 月 1 日。

② 中共福建省委、福建省人民政府：《关于加快民营企业发展的若干意见》，2018 年 12 月 24 日。

③ 《厦门出台意见促进民营经济健康发展　从六个方面提出 30 条扶持措施》，《福建日报》2018 年 11 月 6 日。

福建省内闽商就是改革开放以来，在国家以及省市优惠政策推动下蓬勃发展起来的。同时，也是基于国家政策大环境的进一步改善，福建省内闽商成为福建经济的主要组成部分。

2018 年，福建全省民间投资增长 20.6%，增幅比上年提高 2.0 个百分点，对全部固定资产投资增长的贡献率为 94.9%，比上年提高 15.4 个百分点。①

由福建省工商联发布的“2018 福建省民营企业 100 强”榜单显示，2017 年福建省内闽商 100 强的平均营业收入达到 114.05 亿元，入围门槛是 10 亿元，营业收入最高达到 1730.55 亿元，有 26 家省内闽商营业收入超过 100 亿元。

2018 年，福建省发改委共筛选出 643 家省重点上市后备企业，其中 90% 以上为闽商企业。中新社报道，2018 年上半年，福建民资民企招商取得积极成效，新对接民营企业产业合同 900 项，计划总投资 4885 亿元，其中制造业 638 项，计划总投资 3061 亿元。②

良好的创业环境，激发了市场活力与创业动力。据福建省工商行政管理局数据，2018 年，福建全省新登记市场主体 891889 户，同比增长 29.68%；资金总额 17482.9 亿元，同比增长 4.50%。

福建全省新登记企业 243693 户，同比增长 13.22%。其中：内资（非私营）企业 5407 户，同比增长 7.71%；私营企业 234844 户，同比增长 13.46%；外资企业 3442 户，同比增长 6.27%。

截至 2018 年末，福建全省实有市场主体 3818761 户，同比增长 17.41%；资金总额 115737.8 亿元，同比增长 20.41%。③

---

① 《2018 年福建省经济运行情况》，福建省统计局，2019 年 1 月 25 日。

② 《福建 2018 年对接民企投资 4885 亿元》，中国新闻网，http://baijiahao.baidu.com/s?id=1603420053943768263&wfr=spider&for=pc，2018 年 6 月 16 日。

③ 福建省工商行政管理局：《2018 年福建省市场主体发展报告》，2019 年 1 月 25 日。

## 二 2018省内闽商年度表现

2018 年，福建省继续支持省内闽商企业发展，全力营造亲商环境，在改革开放40周年之际，超过福建“半壁江山”的闽商再次迎来了腾飞的新机遇。

### （一）闽商规模继续壮大

2017 年，阳光龙净集团成为福建省内闽商第一家，也是唯一一家上榜世界500强的企业，这让人们对福建省内闽商规模偏小的观念发生了改变。[①]

2018 年7 月19 日，《财富》公布2018 年世界500 强榜单，阳光龙净集团以256 亿美元的营收，蝉联世界500 强，排名第464 位。

经过40 年改革开放，福建省内闽商企业规模逐渐壮大。不仅出现像阳光龙净集团这样综合性的世界500 强，在福建如雨后春笋般涌动的闽商集体中，更是涌现大批闽商，在自己的领域深耕，取得了突出的成绩，在行业之内，拥有国家级荣誉，甚至具有世界级影响力、国际竞争力的企业越来越多。

在全国工商联发布的“2018 中国民营企业500 强”榜单上，福建省有20 家企业入选，上榜数居全国第6 位。此次上榜20 家福建省内闽商，分别是阳光龙净集团有限公司、正荣集团有限公司、福晟集团有限公司、融信（福建）投资集团有限公司、永辉超市股份有限公司、融侨集团股份有限公司、均和（厦门）控股有限公司、恒申控股集团有限公司、福建永荣控股集团有限公司、福建省金纶高纤股份有限公司（以下简称金纶高纤）、泰禾集团股份有限公司、厦门禹

---

① 《最新世界500 强排名》，财富中文网，http：//www. fortunechina. com/global500/723/2018。

洲集团股份有限公司、三盛集团有限公司、宁德时代新能源科技股份有限公司、福建恒安集团有限公司、达利食品集团有限公司、福建捷联电子有限公司、福耀玻璃工业集团股份有限公司、安踏体育用品集团有限公司、福建圣农控股集团有限公司。①

全国工商联发布的“2018 中国民营企业制造业 500 强”名单，永荣控股、金纶高纤、宁德时代、恒安集团、达利食品、捷联电子、福耀玻璃、安踏体育、三宝集团、祥兴箱包、冠福控股、厦门宏发电声等 12 家福建省内闽商上榜。②

在市场竞争中，福建涌现出一批具有国际竞争力的大型闽商集团。比如，福耀玻璃已成为全球规模最大的汽车玻璃解决方案供应商，宁德时代新能源动力电池销量跃升至全球第一，恒申集团是全球最大的己内酰胺供应商，浔兴拉链科技股份有限公司（以下简称浔兴股份）是全球拉链第二大生产商，安踏体育成为国内最大、全球第三的体育用品供应商，恒安集团已经连续多年霸占国内卫生巾第一宝座，等等，这些龙头企业，都是福建省内闽商发展的巨大成果。

而一些优秀的闽商，也有成长为世界级行业巨头的潜质，尤其是工信部发布的单项冠军企业。这些“冠军”企业，在地域分布上也脱离了人们常识中的仅限于福厦泉三个经济发达地区的概念，而是涵盖了漳州、龙岩、宁德等福建经济总量相对落后的地区。

2018 年 10 月 8 日，工信部发布“第三批制造业单项冠军企业和单项冠军产品名单”，加上前面两批，福建累计有 13 家企业进入名单。福建省单项冠军企业及其主营产品见表 1。

---

① 《20 家闽企上榜“2018 中国民营企业 500 强”，80 后闽商拥有两家“500 强”?》，闽商网，http：//www. mszz. cn/portal/letters/world/article－23001. html。

② 《2018 中国民营企业制造业 500 强榜单》，中华全国工商业联合会网，http：//www. acfic. org. cn/zzjg _ 327/nsjg/jjb/jjbgzhdzt/2018my5bq/2018my5bq _ bgbd/201808/t20180829 _ 55654. html，2018 年 8 月 29 日。

**表 1　福建省单项冠军企业及其主营产品**

| 批次 | 单项冠军企业 | 主营产品 | 企业地址 |
|---|---|---|---|
| 第一批 | 福建龙溪轴承(集团)股份有限公司 | 关节轴承 | 漳州 |
| | 福建泉工股份有限公司 | 全自动混凝土砌块成型智能生产线 | 泉州 |
| 第二批 | 厦门宏发电声股份有限公司 | 控制继电器 | 厦门 |
| | 厦门法拉电子股份有限公司 | 薄膜电容器 | 厦门 |
| | 福建新大陆支付技术有限公司 | 转账 POS 机 | 福州 |
| | 福建龙净环保股份有限公司 | 除尘设备 | 龙岩 |
| | 福耀玻璃工业集团股份有限公司 | 汽车安全玻璃 | 福州 |
| | 长乐力恒锦纶科技有限公司 | 锦纶长丝 | 福州 |
| 第三批 | 厦门立达信绿色照明集团有限公司 | 发光二极管(LED)灯泡(管) | 厦门 |
| | 福建雪人股份有限公司 | 工商用制冰机 | 福州 |
| | 宁德时代新能源科技股份有限公司 | 锂离子动力电池 | 宁德 |
| | 福建锦江科技有限公司 | 锦纶长丝 | 福州 |

## （二）闽商跨国并购热潮涌动

2018 年，福建省内闽商发起多个有影响力的跨国并购，甚至在国际市场上都产生了较大的影响。这是闽商深度融入国际市场、提高国际影响力的一年。

2018 年 4 月，网龙宣布收购学习社区 Edmodo 100% 的股权，总作价为 1.375 亿美元，本次交易以现金和网龙教育子公司的股票支付。Edmodo 平台是一个全球化的教育网络，是全球最大、最活跃的学习社区平台之一，主要为 K－12 学校提供服务。平台拥有超过 9000 万注册用户，遍布 192 个国家的 40 万所学校。本次并购，为网龙成就全球最大的互联网学习社区的江湖地位奠定了坚实的基础。①

① 《网龙收购 Edmodo，创建全球最大的学习社区再下一城》，《闽商》2018 年第 5 期，第 60 页。

2018 年 8 月 29 日，国内半导体巨头三安光电，以近 3 亿美元，洽购以色列通讯芯片公司 ColorChip。此次收购，主要是通过三安集团旗下的安芯产业投资基金进行。成立于 2001 年的 ColorChip，是一家专门为电信运营商和数据中心生产通信组件的公司。①

2018 年第三季度，来自山区上杭的紫金矿业，耗资超百亿元连续发布两个跨国并购计划。2018 年 9 月 10 日，闽商网报道称，紫金矿业在三天时间之内，连续发布两个跨国并购公告，共耗资 17.4 亿美元，折合人民币金额约 118 亿元。

一个是 9 月 2 日，紫金矿业公告称，公司参与塞尔维亚国有铜业公司 RTB BOR 集团引进战略投资者的公开投标，并在投标中排名第一。另一个是 9 月 5 日，紫金矿业公告称，与 Nevsun Resources Ltd.（以下简称 Nevsun）签署了协议，公司将通过境外全资子公司金山（香港）国际矿业有限公司设立的子公司，以每股 6 加元的价格，向 Nevsun 全部已发行股份约 3.03 亿股（其中紫金矿业下属子公司管理的紫金环球基金持有 Nevsun 319.72 万股股份）及其他在要约结束前发行的 Nevsun 股份发出现金要约收购。上述要约收购的交易金额约为 18.39 亿加元，约合人民币 95.30 亿元。②

2018 年 10 月 30 日，来自福建长乐的恒申控股，在荷兰马斯特里赫特市，完成对福邦特控股公司（以下简称福邦特）收购的股权交割。福邦特原是荷兰皇家帝斯曼集团旗下的化工企业，拥有 60 多年历史，是全球最大的己内酰胺供应商。

股权交割完成之后，恒申控股正式跻身于全球规模最大的己内酰胺生产集团，并率先打通上下游共 8 个环节的完整产业链。在完成本

① 《三安光电收购国外芯片公司》，雪球网，https：//xueqiu.com/8919186186/112937225，2018 年 8 月 29 日。

② 《3.5 亿美元 +13.9 亿美元！紫金矿业或涉两起跨国并购》，闽商网，2018 年 9 月 10 日，http：//www.mszz.cn/portal/letters/news/article－23073.html。

次股权交割之前，恒申控股在行业内排名世界第四。“对恒申来说，这是历史性时刻，让我们实现了梦寐以求的‘己内酰胺梦’，为进一步做大做强奠定坚实基础。”恒申控股董事长陈建龙如是说。[①]

2018 年 12 月 7 日，由安踏体育牵头组建的，由方源资本、腾讯等多家企业组成的财团宣布，通过新成立的 Mascot Bidco Oy 公司，自愿性建议公开现金要约收购亚玛芬所有已发行及发行在外的股份。

参考亚玛芬历史、现状，以及未来发展趋势，并购的要约价格为每股现金 40.00 欧元，总耗资约 46 亿欧元，折合人民币约 370 亿元。

亚玛芬是一家知名的跨国体育用品供应商，总部在芬兰，在纳斯达克赫尔辛基证券交易所挂牌上市，旗下拥有始祖鸟、威尔胜、萨洛蒙等 10 多个国际品牌，在欧洲、美洲、亚洲等国际市场都拥有较高的知名度。

对于本次并购亚玛芬的举措，安踏体育董事局主席兼首席执行官丁世忠表示：“我们很高兴能有机会投资于拥有众多国际知名品牌的领先体育用品集团亚玛芬。体育是跨越地域、文化的世界语言，将不同背景的人们联系在一起。我们与亚玛芬的管理层有着同样的热情和理念，希望通过为全球体育爱好者提供卓越的产品、服务和体验，助他们取得更高的成就和更大的乐趣，并不断地为体育用品行业的创新定出新基准。我们期待着将亚玛芬旗下卓越的国际品牌及产品带给中国消费者，他们对专业体育领域的高端产品需求越来越迫切。我们将与其他投资财团的成员紧密合作，全力支持亚玛芬优秀的管理层及团队保持其卓越的品牌价值，并在投资财团的支持下加速迈入全新的增长阶段。”[②]

---

① 《恒申：弄潮时代勇争先》，《福建日报》2018 年 11 月 18 日。

② 《重大公告》，安踏官网，https：//www. anta. com/2018/newevent_ 1207/228. html，2018 年 12 月 7 日。

2018 年，闽商国际化大手笔并购频出。通过跨国并购，可以更快地进入国际市场，培育较好的国际竞争力，给全球市场带来较大影响。福建省内闽商在打造国际品牌、拥抱国际市场方面已经越来越娴熟。

## （三）传统产业集群影响力增强

在福建省内闽商参与国际化程度越来越深、层次越来越高的同时，福建省内闽商在一些传统优势行业，在国内市场，依旧拥有强大实力与广泛的影响力。

在中国纺织工业联合会发布的“2017～2018 年度中国纺织服装企业竞争力排名”榜单上，福建省内闽商有多家上榜，主要集中在福州长乐与泉州晋江。上榜的福建省内企业名录如表 2 所示。①

**表 2　“2017～2018 年度中国纺织服装企业竞争力排名”榜单（福建省内上榜企业）**

| 序号 | 企业名称 | （执行）董事长 | 属地 | 总排序 |
|---|---|---|---|---|
| 1 | 福建永荣控股集团有限公司 | 吴华新 | 福州长乐 | 31 |
| 2 | 福建新华源发展集团 | 陈宗立 | 福州长乐 | 38 |
| 3 | 福建长源纺织（集团） | 郑永光 | 福州长乐 | 46 |
| 4 | 福建金源纺织（集团） | 郑　洪 | 福州长乐 | 54 |
| 5 | 九牧王股份有限公司（九牧王集团） | 林聪颖 | 泉州晋江 | 74 |
| 6 | 福建七匹狼实业股份有限公司 | 周少雄 | 泉州晋江 | 84 |
| 7 | 福建龙峰纺织科技实业有限公司 | 施比德 | 泉州晋江 | 95 |
| 8 | 福州翔隆纺织有限公司 | 刘礼翔 | 福州长乐 | 100 |

① 《关于公布 2017～2018 年度中国纺织服装企业竞争力测评结果的通知》（中纺联函〔2018〕181 号），2018 年 10 月 11 日。

而在“2018 中国食品饮料 100 强企业”榜单上，福建省内有 4 家企业上榜，如表 3 所示。[①]

**表 3 “2018 中国食品饮料 100 强企业”榜单（福建省内上榜企业）**

| 总排名 | 企业名称 | 董事长 | 2017 年营收(亿元) | 企业总部所在地 |
|---|---|---|---|---|
| 19 | 达利食品 | 许世辉 | 185.70 | 泉州 |
| 49 | 盼盼食品集团 | 蔡金垵 | 58.00(2016 年) | 泉州 |
| 81 | 福建安井食品 | 刘鸣鸣 | 34.84 | 泉州 |
| 100 | 圣农食品 | 傅芬芳 | 21.79 | 南平 |

福建拥有 1600 多年的产茶史，率先创制了乌龙茶、红茶、白茶和花茶等品类。得天独厚的生态环境、独特精湛的加工技艺、无与伦比的品质风格、源远流长的工艺传承，造就了“多彩闽茶”。

据中国茶叶流通协会的数据，2017 年，福建省干毛茶产量 39.86 万吨，产值 237.19 亿元，茶产业综合产值 937 亿元，均居全国第一位。[②] 福建茶产业综合产值，有可能在全国各省中率先突破千亿元大关。

2018 年，福建省干毛茶产量 40.16 万吨，增长 0.8%；产值 257.36 亿元，增长 8.5%，继续保持全国第一。[③]

2018 年 11 月 15 日，在福建武夷山举行的第十四届中国茶业经济年会上发布的“2018 中国茶叶百强县名单”中，福建有 11 个县市上榜[④]，见表 4。

① 《2018 中国食品饮料百强企业榜单出炉：万洲国际/伊利/蒙牛位列前三》，中商情报网，https：//baijiahao.baidu.com/s? id = 1607468259671013440&wfr = spider&for = pc，2018 年 7 月 26 日。

② 《产量产值都是全国第一，福建这个产业厉害了！》，福建新闻联播，2018 年 5 月 23 日。http：//www.sohu.com/a/232625795_ 351232

③ 《2018 年中国茶叶产销形势分析报告》，中国茶叶流通协会，http：//www.fjtea.cn/mobile/News/detail/id/35899/tid/18/pageid/2.html，2019 年 3 月 1 日。

④ 《2018 年度中国茶叶品牌系列榜单隆重发布》，中国茶叶流通协会，https：//mp.weixin.qq.com/s/XKnZigKxv3SHrGxy4rJCfg，2018 年 11 月 16 日。

表 4　“2018 中国茶叶百强县名单”福建上榜县市

| 序号 | 县域 | 属地城市 | 总排序 |
|---|---|---|---|
| 1 | 安溪县 | 泉州市 | 3 |
| 2 | 福鼎市 | 宁德市 | 5 |
| 3 | 武夷山市 | 南平市 | 8 |
| 4 | 福安市 | 宁德市 | 29 |
| 5 | 政和县 | 南平市 | 31 |
| 6 | 建瓯市 | 南平市 | 48 |
| 7 | 蕉城区 | 宁德市 | 51 |
| 8 | 寿宁县 | 宁德市 | 56 |
| 9 | 松溪县 | 南平市 | 67 |
| 10 | 尤溪县 | 三明市 | 76 |
| 11 | 平和县 | 漳州市 | 82 |

能够进入中国茶叶百强县的，都不简单。

2018 年，安溪县茶园面积 60 万亩，产量 6.5 万吨，涉茶总产值 175 亿元，稳居全国重点产茶县第一的宝座，连续 10 年蝉联全国重点产茶县第一。①

2018 年福鼎市茶园面积达 20.3 万亩，茶叶总产量 2.7 万吨，涉茶总产值达 56.88 亿元。②

2017 年武夷山市涉茶总产值 60 亿元，茶叶总产值 20.23 亿元，全市共有茶山面积 14.8 万亩，开采面积 14.2 万亩。2018 年干毛茶总产量 2.1 万吨，其中，岩茶产量 19600 吨，红茶 1300 吨，茶业总产值 21.42 亿元。③

① 《“9 个第一”领跑全国百茶　安溪“茶叶硅谷”冉冉升起》，人民网 - 福建频道，http：//fj.people.com.cn/GB/n2/2019/0415/c181466 - 32844876.html，2019 年 4 月 15 日。

② 《福建福鼎：茶产业助力乡村振兴百姓致富》，新华网，http：//www.cnr.cn/fj/tp/20190322/t20190322_ 524552671.shtml，2019 年 3 月 22 日。

③ 《武夷山市茶业局荣获闽茶发展最佳服务奖》，武夷山市人民政府网，http：//www.wys.gov.cn/html/2019 - 02 - 21/415235.html，2019 年 2 月 21 日。

2018 年福安市茶园面积稳定在 30 万亩，茶企 600 多家，毛茶产量 2.82 万吨，产值 16.65 亿元，综合产值 36 亿元。2018 年 12 月 23 日，中国茶叶流通协会正式授予福安市为“中国红茶之都”，这是继云南临沧后第二个获得“中国红茶之都”称号的县（市）。①

伴随 40 年高速发展带来的生产能力急剧提升，以及福建在物流行业的战略部署，福建省内闽商在物流行业快速发展。福建物流产业在国内同行中，举足轻重，10 家福建企业上榜“2018 年中国物流百强企业名单”，见表 5。

**表 5　上榜“2018 年中国物流百强企业名单”的福建企业**

| 序号 | 企业名称 | 总排名 | 企业总部 |
|---|---|---|---|
| 1 | 建发物流集团有限公司 | 14 | 厦门 |
| 2 | 厦门国贸泰达物流有限公司 | 24 | 厦门 |
| 3 | 中国厦门外轮代理有限公司 | 39 | 厦门 |
| 4 | 盛丰物流集团有限公司 | 40 | 福州 |
| 5 | 盛辉物流集团有限公司 | 42 | 福州 |
| 6 | 厦门象屿速传供应链发展股份有限公司 | 43 | 厦门 |
| 7 | 福建八方物流股份有限公司 | 63 | 福州 |
| 8 | 中国外运福建有限公司 | 65 | 厦门 |
| 9 | 中国福州外轮代理有限公司 | 68 | 福州 |
| 10 | 福建省宏捷物流有限公司 | 90 | 福州 |

在“2018 年全国先进物流企业名单”中，福建有 17 家企业上榜。包括中国外运福建有限公司、中国厦门外轮代理有限公司、中国福州外轮代理有限公司、兄弟物流股份有限公司、建发物流集团有限公司、盛丰物流集团有限公司、盛世通物流（厦门）有限公司、盛辉物流集团有限公司、厦门市海骏达物流有限公司、厦门全程德邦物

① 《福安被授予“中国红茶之都”称号》，《福建日报》2018 年 12 月 24 日。

流有限公司、厦门国贸泰达物流有限公司、厦门海投物流有限公司、厦门象屿速传供应链发展股份有限公司、福州大榕树物流有限公司、福建八方物流股份有限公司、福建万集物流有限公司、福建省宏捷物流有限公司。①

### （四）闽商发力高科技产业

福建省内闽商在传统经济崛起的同时，也在与时俱进，逐渐从传统产业向高科技产业加大投资步伐。

2018 年，福建在高新技术制造业上增速加快。智能手机、多功能乘用车、平板电脑、新能源汽车这四大类产品，产量增长快速，同比增长分别为 132.1%、71.4%、67.3% 和 38.1%。

同期，福建省规模以上高技术制造业增加值增长 14.0%，增幅高于规模以上工业增加值平均增速 4.9 个百分点，占规模以上工业增加值的比重为 11.1%，比上年同期提高 0.2 个百分点。其中，闽商投资居主导地位。迅速发展的高科技福建闽商，也得到资本市场的青睐，比如厦门盈趣科技股份有限公司（以下简称盈趣科技）、宁德时代，分别在深交所、上交所上市。

资本是现代创业创新以及发展壮大的最佳催化剂。从天使投资，到风险投资，再到 IPO 发行，资本的力量无所不在，成为现代企业快速成长的最佳引擎。而伴随资本市场的发展，高科技企业更容易得到市场的青睐。

2018 年 1 月 15 日，盈趣科技在深圳证券交易所正式敲响了上市的钟声。这是 2018 年福建省首家成功上市的企业，也意味着 A 股资本市场智能制造阵营再添新军。

---

① 《2018 年中国物流百强企业名单、全国先进物流企业名单!》，搜航网，http://www.sofreight.com/news_28732.html，2018 年 11 月 16 日。

成立于2011年的盈趣科技，由吴凯庭创办。吴凯庭是有“漳州民企教父”之称的吴惠天的儿子。吴惠天曾经是著名的VCD大王，创办的万利达在中国市场具有极大的影响力。

吴凯庭在吴惠天的基础上，进一步扩张产业，并率领盈趣科技登陆资本市场，父子两代创业史，引发广泛关注。

2018年6月11日，宁德时代新能源科技股份有限公司，正式登陆深交所创业板。作为创新型的示范企业，宁德时代是国内新能源动力电池的龙头老大，它的上市，对促进福建省创新型企业发展，以及推动实体经济转型升级具有很好的借鉴意义。

创建于2011年12月的宁德时代，由曾毓群等多位闽商联合创办。创始团队在锂电池领域拥有雄厚的积淀，通过持续创新，宁德时代从2015年到2017年，营业收入年均复合增长率高达87.26%，从成立之初到2017年，宁德时代迅速成长为全球领先的新能源动力电池企业，各项核心指标居于世界领先水平。

宁德时代IPO，创下了创业板成立以来，首发募集资金最高纪录；同时也是福建省内第三家首发融资超过50亿元的上市企业。上市之后宁德时代最高市值曾突破两千亿元，因市值在创业板最高，被誉为创业板“第一股”。

宁德时代为福建新能源汽车的发展提供了有力的支撑。目前福建拥有新能源汽车产能15万辆，基本涵盖所有类别的新能源汽车产品，尤其是商用车领域，在全国处于领先地位。在商用车特别是客车领域，厦门金龙汽车集团旗下企业处于国内商用新能源车的第一梯队。位于莆田的云度新能源汽车股份有限公司则是全国唯一一家单混合制经营、管理层持股入股的企业。福建省汽车工业集团新能源汽车产品已率先进入新加坡、法国、以色列、塞尔维亚、荷兰、保加利亚、意大利等国家和地区。在闽商的参与下，福建新能源汽车全产业链正在加速形成。

### （五）闽商千亿房企大增

在中国房地产界，“闽系地产”成为一个特有的名词。所谓“闽系地产”，是指福建本土的房地产企业，以及在国内各地发展的闽商所建立的房地产企业的总称。闽系地产在国内房地产界很有影响力。撇开总部设立在外埠的闽系房企，仅在福建本土发展的房地产企业也卓有建树。

2018 年，福建省内闽商的房地产企业有突出表现，出现多家千亿元销售额的房企。

阳光龙净控股集团旗下的阳光城，以 1628.4 亿元的销售金额（流量金额），排名“2018 年 1～12 月・中国房地产企业销售金额 TOP200”第 16 位；泰禾集团与正荣集团，都以 1303.4 亿元的销售金额（流量金额），进入“2018 年 1～12 月・中国房地产企业销售金额 TOP200”前 20 名；融信集团以 1218.8 亿元的销售金额（流量金额），排名“2018 年 1～12 月・中国房地产企业销售金额 TOP200”第 25 位。

其他进入“2018 年 1～12 月・中国房地产企业销售金额 TOP200”的福建省内房企，还包括融侨集团，以 753 亿元销售金额（流量金额）排名第 40 位；福晟集团，以 621.1 亿元销售金额（流量金额）排名第 45 位；建发房产，以 544.8 亿元销售金额（流量金额）排名第 53 位；禹洲集团，以 513.3 亿元销售金额（流量金额）排名第 56 位；三盛集团，以 350.1 亿元销售金额（流量金额）排名第 72 位；联发集团，以 320.7 亿元销售金额（流量金额）排名第 74 位；等等。[①]

① 《2018 年中国房地产企业销售 TOP200 排行榜》，和讯网，http://news.hexun.com/2018-12-31/195723815.html，2018 年 12 月 31 日。

2018 年，福建省内闽商在房地产市场很有作为，但他们并不是只局限于福建本土市场，而是将自己的触角，向全国各个发达城市、二线热点城市延伸，各自侧重点也略有差异。泰禾集团除了深耕福建本土市场之外，偏爱京津冀地区，并将北京作为“主战场”。禹洲集团则立足长三角，带动二线城市，包括福建市场以及合肥市场等。融信集团则以上海、杭州为中心，向周边辐射。正荣集团则集中于长三角、环渤海、中西部以及福建本土四个区域的 17 个城市，大部分地块位于一二线城市或者具有高增长潜力城市的黄金地段。

伴随福建省内闽商加大跨区域经营，其在国内房地产市场的影响力也在不断增强。

2018 年 8 月，禹洲集团引入华侨城为第二大股东，与大型央企合作，进一步打开了禹洲集团未来发展的想象空间；同年 10 月，禹洲集团荣获“杰出上市公司大奖 2018”。泰禾集团以高度的“企业公民”责任感，荣膺“2018 社会责任贡献奖”。融信集团因积极进取的开拓精神、稳健高效的运营管理，荣膺“2018 年度价值地产企业”，是中国房地产企业品牌价值十强企业。正荣集团在 2018 年，再次荣膺“中国最佳雇主”称号。①

### （六）优秀闽商受表彰

2018 年是改革开放 40 周年，为了致敬中国经济取得腾飞的 40 年，展示民营经济对中国经济的贡献，表彰也成为当然的年度主题。

2018 年 10 月 24 日，全国工商联举行新闻发布会，发布由中央统战部、全国工商联共同推荐宣传的“改革开放 40 年百名杰出民营企业家”名单。福建省内闽商包括福耀玻璃董事长曹德旺，恒安集团董事局副主席许连捷，福建圣农发展股份有限公司董事长傅光明等

① 《闽商百强年度表现》，《闽商》2018 年 12 期，第 33 页。

3 位闽商入选。[①]

2018 年 12 月 18 日，在隆重庆祝改革开放 40 周年之际，为表彰先进、鼓舞斗志，弘扬敢闯敢试、敢为人先的改革精神，激励全党全国各族人民坚定不移听党话、跟党走，将改革开放进行到底，中共中央、国务院决定，授予于敏等 100 名同志“改革先锋”称号，颁授“改革先锋”奖章。[②] 厦门航空有限公司党委原副书记、总经理吴荣南荣登榜单。

在国家级的表彰中，优秀的福建省内闽商榜上有名；在省级以及各种行业表彰中，更多的闽商涌现。

比如匹克集团董事长许景南、永荣控股集团董事长吴华新、永辉集团董事长张轩松、三棵树涂料股份公司董事长洪杰、龙马环卫装备公司总裁张桂潮、三安集团董事长林秀成、阳光龙净控股集团董事局主席林腾蛟、青拓集团董事长姜海洪等 40 位优秀的福建省内闽商，入选“改革开放 40 年 40 位福建最有影响力企业家”。[③]

2018 年 10 月 11 日，在由中国纺织工业联合会评选的“改革开放 40 年纺织行业突出贡献人物”中，特步（中国）有限公司的丁水波、安踏体育的丁世忠、泉州海天材料科技股份有限公司的王启明、恒申控股集团有限公司的陈建龙、福建七匹狼实业股份有限公司的周少维、福建省金纶高纤股份有限公司的郑宝佑等福建省内闽商获得殊荣。[④]

福建佳丽斯家纺有限公司的陶勇强，在 2018 年荣获“改革开放

---

① 《站立潮头！5 位闽商上榜“改革开放 40 年百名杰出民营企业家”》，中新网福建，http：//www. fj. chinanews. com/news/2018/2018 - 10 - 24/424114. html，2018 年 10 月 24 日。

② 《中共中央、国务院表彰改革开放杰出贡献人员》，中国新闻网，http：//www. chinanews. com/gn/2018/12 - 18/8705231. shtml，2018 年 12 月 18 日。

③ 《改革开放 40 年福建最有影响力企业家揭晓》，福建省企业与企业家联合会，东南网，http：//news. ifeng. com/a/20181231/60219890_ 0. shtml，2018 年 12 月 31 日。

④ 《关于授予丁水波等 140 名通知“改革开放 40 年纺织行业突出贡献人物”称号的决定》（中纺联〔2018〕65 号）。

40 年家纺行业突出贡献人物”等。

优秀的闽商群体，不但对福建经济发展做出重要贡献，对促进我国改革开放以及产业发展，也是贡献良多，受到肯定。

## （七）闽商受逆境考验

市场是无情的，竞争是残酷的。2018 年市场的风云变幻，也给一些曾经雄霸产业江湖的福建省内闽商带来极大的影响。甚至一些曾经名动市场的企业在竞争中遭受打击或失败。

1. 福建晋华遭到美国禁售和诉讼

美国时间 2018 年 10 月 29 日，美国商务部发布公告称“将福建晋华集成电路有限公司（以下简称福建晋华）加入实体清单”，对福建晋华采取限制出口措施。随后，美国司法部宣布，对福建晋华及其中国台湾地区合作伙伴联华电子提起诉讼，指控这两家企业涉嫌窃取美国存储芯片公司美光科技的知识产权和商业机密。①

福建晋华随后发表声明称，美光科技公司认为福建晋华的发展对其构成威胁，所以采取各种手段阻止、破坏福建晋华的健康发展。联华电子则以自己在 DRAM 方面拥有的技术实力为有力证据，否认其窃取美光科技公司技术一事。

这是继中兴之后，美国政府再次对中国科技企业实施禁售令。福建晋华是福建省电子信息集团、泉州和晋江市政府在 2016 年共同出资设立的存储芯片制造商，与中国台湾的联华电子达成技术合作，主要生产 DRAM 芯片（随机存取存储芯片）。此次禁售被认为是中国存储芯片制造本地化的重大挫折。

2018 年 1 月，福建晋华对美光科技公司提起诉讼，理由是侵犯

---

① 《中兴之后，美国商务部又瞄上了福建晋华》，http：//www. fj. chinanews. com/news/2018/2018 - 11 - 05/425139. html。

专利。7月，福州中院判定美光科技公司26种芯片产品在国内遭到临时禁售。在分析人士看来，包括福建晋华在内的中国存储芯片新势力的崛起所带来的潜在威力，是美光科技公司所无法忽视的。

伴随经济全球化，福建企业融入全球市场越来越快，但各种国际贸易摩擦、贸易壁垒也越来越多，闽商要加大在这方面的研究与应对。

2. 富贵鸟债券价格暴跌

2018年4月到期的“14富贵鸟”债券回售违约，引爆富贵鸟股份有限公司（以下简称富贵鸟）债务危机。面值100元的“14富贵鸟”债券，只有9.18元，暴跌超过90%，成为两市最便宜的公募公司债。

创始于1991年的富贵鸟，曾经是中国第三大品牌商务休闲鞋产品制造商，还是全球排名第六的品牌鞋产品制造商。多年来，富贵鸟产品多次荣获“中国真皮鞋王”“中国驰名商标”“最具市场竞争力品牌”等多项称号及奖项。①

3. 好来屋破产清算

2018年8月17日，全国企业破产重整案件信息网发布的破产公告显示，福建省厦门市中级人民法院根据厦门高林木业有限公司的申请，裁定受理好来屋橱柜（厦门）有限公司（以下简称好来屋）破产清算一案，并随机选定福建联合信实律师事务所担任好来屋管理人。②

成立于2001年的好来屋厨柜（厦门）有限公司，曾经是闽派厨柜的杰出代表，曾获得中国十大橱柜品牌称号，请过著名女星马伊琍代言。好来屋也是国内为数不多的一家能够生产实木、烤漆、膜压三

① 《富贵鸟债券暴跌，祸起P2P》，《闽商》2018年第2~3期合刊，第70~71页。

② 《名企好来屋厨柜遇危机，负债累累，面临破产》，东南快报，http://www.sohu.com/a/249348621_99957155，2018年8月22日。

大核心厨柜部件的厨柜品牌企业，还是《家用厨房设备》国家标准参编单位，兴旺时拥有加盟店近1000家。但这样一家非常优秀的家具制造业企业在市场竞争中出局了。

4. 诚丰定具破产清算

2018年8月20日，最高法院企业破产重整案件平台显示，福建省福州市中级人民法院根据申请，裁定受理诚丰家具（中国）有限公司（以下简称“诚丰家具”）破产清算一案，并指令福清市人民法院审理本案。

诚丰家具号称国内最大家具企业，成立于20世纪90年代初，曾有员工5000人，资产达30亿元。曾经被评为“中国办公家具十大顶级品牌”之一，也是“中国驰名商标”拥有者。

5. 苏菲尔破产

2018年10月14日，福州市鼓楼区人民法院裁定，宣告福州苏菲尔股份有限公司（以下简称“苏菲尔”）破产。苏菲尔是福建中高端女鞋品牌代表之一，2014年初，苏菲尔“不走寻常路”，签约当年被誉为“亚洲男神”的韩国明星李敏镐作为代言人，苏菲尔也因为“男神代言女鞋第一品牌”而广为人知。①

沉舟侧畔千帆过，病树前头万木春。在市场竞争中，企业要面临各种挑战，只要战胜困难，企业就能够在新的地平线上起飞，取得更大的成功。如果无法克服障碍，那么企业也会很快在竞争中消失，这是经济规律。

## 三　福建省内闽商发展趋势

40年的砥砺前行，福建从“穷山恶水”到青山绿水，到众多的

① 《中小企业破局探寻》，《闽商》2018年第12期，第111页。

产业集群形成，既是经济建设的重大成果，也是未来发展的强大动力。

## （一）闽商与产业集群共成长

2018 年 9 月 30 日，福建省发改委发布了《建设现代产业体系培育千亿产业集群推进计划（2018—2020 年）》（以下简称《计划》）。《计划》根据福建省产业发展基础、主导产业规模，以及相关产业链配套等情况，特别甄选出一批主业基础好、产业特色强、成长空间大的产业集群，作为重点培育和发展对象进行扶持。目标是到 2020 年，争取培育形成 20 个以上产值（营业收入）超千亿元的重大产业集群，基本形成产业布局合理、区域特色突出、结构明显优化的产业集群发展格局。①

《计划》中，包括集成电路和光电产业集群、计算机和网络通信产业集群、动力电池和稀土石墨烯新材料产业集群、生物与医药产业集群、纺织鞋服产业集群、旅游产业集群等 27 个产业集群，成为福建省重点打造的产业集群，这些产业是福建省具有国内、国际竞争力的优势产业。

《计划》提出，通过强化龙头引领、突出链条延伸、鼓励集聚发展、加强区域协作、完善服务配套等保障措施，来实现规划目标。

有系列保障措施作后盾，庞大的产业集群带动大量的行业企业壮大；行业内催生优秀的龙头企业，又进一步完善产业集群的竞争力，从而形成一个良性循环。

《计划》是对福建现有产业集群的梳理，以及对福建未来产业集群发展的期待。入选福建《计划》的产业，有的是已经相对成熟的

---

① 《福建省发展和改革委员会　福建省经济和信息化委员会关于印发〈建设现代产业体系培育千亿产业集群推进计划（2018—2020 年）〉的通知》（闽发改工业〔2018〕568 号），2018 年 9 月 30 日。

闽商龙头企业，对产业发展有极大的带动作用；有的还在进一步孕育，未来可能在集群成长中成为新的闽商龙头企业。

比如长乐的纺织产业集群，已经形成恒申控股、金纶高纤等龙头企业，与大量的配套小企业合力，能够满足产业的创新发展需要。

比如南安的水暖产业，也形成了九牧厨卫股份有限公司（以下简称九牧厨卫）、中宇厨卫等一批龙头闽商，以及大量中小企业配套发展的格局。

还有宁德的动力电池，正因为有宁德时代这样的龙头企业为基础，吸引了大量外来企业在宁德设立关联企业，形成较大的集群；而产业集群又进一步给宁德时代带来发展助力。

而石墨烯这样的新材料产业集群，目前在福建省内还处于培育过程。相信伴随技术进步与市场拓展，也必将在福建产生一批新的龙头企业。

可以说，龙头企业与产业集群之间是相辅相成的关系。量变引起质变，只要有足够多的中小企业专注产业的发展，那么必然有一些闽商会在成长中脱颖而出。同时，质变带来量变，如果有大型的龙头企业带动，也必然会带动相关大量的配套企业跟进。

## （二）闽商在创新上可圈可点

40 年的改革开放，中国经济总量已经超过 90 万亿元大关，福建 GDP 总量也突破 3 万亿元大关。伴随经济的持续增长，需求也日趋多样化，也就是人们常说的需求升级了。需求升级，需要的是供给也升级，才能保证供需结构相匹配。

要实现供需结构相匹配，唯有创新，创新是企业满足市场需求的关键。福建闽企在创新力方面的表现令人惊喜。在“2018 年国家技术创新示范企业名单”中，全国共有 68 家企业上榜，其中入选的福建企业有 6 家，数量在各省份位列第一。

这6家福建企业是：福建省闽发铝业股份有限公司、福建天马科技集团股份有限公司（以下简称“天马科技”）、福建锦江科技有限公司、安踏（中国）有限公司、厦门盈趣科技股份有限公司、厦门天马微电子有限公司。[①]

能够在市场上不断超越的福建民营企业，都是在创新领域有突出表现的企业。

以“打造特种水产饲料行业全球最大供应商”为愿景的天马科技，是国家技术创新示范企业，创建了国家企业技术中心、博士后科研工作站、院士专家工作站等多个研发平台。

坚持“自主创新，科技兴业”的天马科技，开发了具有自主知识产权的高科技产品，玻璃鳗配合饲料、鳗鲡膨化颗粒配合饲料等，填补多项国内空白；已获得授权专利51项，其中授权发明专利42项，实用新型专利2项，外观专利7项，还主导参与制定、修订多项国家、行业以及地方标准。[②]

从2005年在国内成立了第一间运动科学实验室至今，安踏体育拥有自主研发的专利超过600项。年投入科研经费超过4亿元，占营业收入的5%左右。从一家制鞋的传统企业，跻身于现代体育科技创新公司，技术进步是安踏体育成为中国第一、世界前三的体育用品供应商的核心竞争力。

宁德时代，近三年累计投入研发经费29.65亿元，年均研发经费占当年营业收入的比例超过8%，研发人员占总员工人数的23.28%。截至2017年底，公司共拥有境内专利907项、境外专利17项，正在申请的专利1440项，涵盖了电池材料、电池、电池管理系统、电池

① 《工业和信息化部　财政部关于公布2018年国家技术创新示范企业名单的通知》（工信部联科函〔2018〕420号），2018年10月12日。

② 天马集团简介，福建天马科技集团股份有限公司官网，http://www.jolma.cn/index.php?c=content&a=list&catid=4。

储能系统等领域。[①]

厦门特宝生物工程股份有限公司、未名生物医药有限公司两家福建企业，凭借可持续创新能力入榜“2017 中国生物药研发实力榜 TOP50”。

脱胎于万利达网控事业部的盈趣科技，现已发展成为行业内知名的工业化、信息化两化深度融合的高新技术企业。以自主创新的 UDM 模式（也称为 ODM 智能制造模式）为基础，形成了高度信息化、自动化的智能制造体系，满足协同开发、定制服务、柔性生产、信息互联等综合服务需求。

从企业角度来考量，福建企业在产业布局方面，也有创新型成果。比如爹地宝贝斥资 5 亿元，持续三年，引入 30 万级无菌车厢，搭建起的“工业 4.0”全新厂房在 2018 年投入使用。

还有圣农集团从肉鸡养殖开始，逐渐将产业扩张到种鸡培育、饲料加工、食品加工、生物发电等领域，形成完备的全产业链条生产模式，从传统养殖业，跨入高科技领域。

2018 年 11 月，七匹狼荣膺“2018 年全球化发展十大创新企业”。从“夹克之王”到“品格男装”，七匹狼在男装产业延展，进一步拓展了闽派服装的深度与广度。

美柚作为国内互联网行业女性垂直消费领域头部企业，荣获 2018 年度“最具投资价值”大奖，美柚创始人兼 CEO 陈方毅荣获“年度影响力人物”大奖。[②]

自 2013 年成立以来，美柚坚持以数据驱动创新，不断拓展服务边界，目前已形成美柚、柚宝宝、柚子街和返还购四大 App 产品矩

---

① 《从宁德时代看创新企业的发展路径》，《福建日报》2018 年 8 月 28 日，http://www.fujian.gov.cn/xw/fjyw/201808/t20180828_4353978.htm。

② 《美柚斩获 2018 中国财经峰会双料大奖　助力女性经济市场发展》，美柚官网，https://www.meiyou.com/dongtai/xiangqing?id=MTI5bWVpeW91d2Vic2l0ZQ==。

阵，服务经期、备孕、怀孕和辣妈等整个女性生命周期。此外，美柚在多年的发展过程中，已经成功打造“工具+社区+电商服务+数字营销”商业闭环，逐渐成长为国内纯女性互联网平台头部企业，截至2018年底，美柚已拥有2亿用户。

在2018年11月举办的“虎嗅F&M创新节”上，美柚获得行业认可，被评为“2018社交零售十大影响力平台”之一。

公开数据显示，美柚从2013年4月创立至2016年8月，先后完成了5轮融资，其中仅E轮融资额就高达10亿元。2017年，美柚实现1亿元净利润。

### （三）闽商自主品牌角逐国际市场

中国经济是从稀缺经济走过来的，福建民营企业也是从稀缺时代开始萌芽的。因此，早期民企的发展思路是：只要能够生产出来的东西，都有市场，也都能卖出去。

而在加入WTO之后，庞大的国际市场对中国物廉价美的产品也是趋之若鹜；一些国际品牌也看中中国优秀的劳动力与劳动纪律带来的优质生产能力。

但这些已经过去，伴随过剩经济时代的来临，经济发展已经从单纯对“数量”的追求过渡到对“质量”的追求。这个质量不是单纯的产品质量，还包括由品牌带来的消费体验等综合“质量”。自主品牌也成为闽商从福建走向全国，并进入国际市场竞争的重要武器。

2018年2月，在韩国举办的平昌冬奥会上，福建省内闽商又一次“集体出战”。

在2018年韩国平昌冬奥会美食展上，作为中国美食唯一代表的沙县小吃高调亮相。沙县小吃在韩国的定价，也与其在国内的售价大为不同：一碗扁肉定价8800韩元，折合人民币约53元。这是沙县小吃走向国际市场的一个里程碑。沙县快讯报道，截至2018年，沙县小吃已经在日本、美国、法国、葡萄牙、马来西亚、澳大利亚、柬埔寨等国开办了挂有统一品牌标识的沙县小吃加盟店。

安踏体育董事局主席丁世忠、执行董事郑捷作为火炬手，分别以 19 棒与 20 棒，参加本次奥运圣火火炬传递。这是丁世忠第二次参与奥运会火炬传递，2008 北京奥运会前夕，丁世忠就在家乡福建与泉州众多企业家一同高举祥云火炬，传递奥林匹克精神。

2009 年，安踏体育经过努力终于成为中国奥委会合作伙伴，此后安踏体育与中国奥委会一道，伴随中国体育代表团连续历经伦敦、里约两个奥运周期。2018 年平昌冬奥会，安踏体育为中国奥运代表团打造了冠军龙服。

安踏体育品牌国际化不仅在传播上着力。2018 年 3 月 4 日，安踏体育推出的以汤普森和爱犬为设计元素的 KT 系列球鞋 KT3 – Rocco 在旧金山 Nice Kicks 鞋店限量发布，每双售价 159. 99 美元，总共 200 双。结果引发近千人排队购买，这也是中国品牌球鞋首次在美国引发排队抢购的热潮，说明安踏体育品牌初步得到美国消费者的认可。

在 2018 年平昌冬奥会上，匹克集团赞助了巴西、斯洛文尼亚、新西兰、冰岛、乌克兰和罗马尼亚六国代表团的冬奥装备。这不是匹克集团第一次在国际超级大赛中现身。

早在 2005 年，匹克集团就启动品牌国际化战略，并在当年，匹克集团首次登陆欧洲市场，在 2005 年欧洲篮球全明星赛上，匹克集团作为官方赞助商第一次出现在欧洲赛场。2007 年 11 月，匹克集团成为 NBA 官方市场合作伙伴，这是中国体育品牌的第一个。2009 年 3 月，匹克集团正式签约国际蓝联（FIBA），双方成为战略合作伙伴。

在奥运会赛场上，匹克集团也是屡有惊人之举。2012 年奥运会，匹克集团赞助了伊拉克、新西兰、斯洛文尼亚、阿尔及利亚、黎巴嫩、约旦以及塞浦路斯 7 个国家；2016 年奥运会，匹克集团赞助了

12个国家运动员服装以及体育装备。

2018年7月9日，匹克集团与比利时奥委会达成战略合作伙伴关系，奥运战略再下一城。截至2016年，匹克集团已经以自有品牌进入近100个国家和地区，品牌国际化取得极大成功。[①]

在2018年6月14日开幕的世界杯赛场上，来自福建石狮的帝牌男装让人印象深刻。它创纪录地成为全球首家世界杯官方区域赞助的商务正装品牌。

本次赞助，帝牌获得FIFA世界杯官方称谓、各类官方标识以及素材使用权等多项权益。帝牌Logo也出现在FIFA世界杯每场比赛的场边LED广告牌、新闻发布会背景板上以及其他相关重要场合。[②]

世界杯、奥运会都成为闽商自主品牌国际化的重要平台与通道。而跨国并购与境外设厂，也是闽商自主品牌角逐国际市场的新动向。

一些在国内已经处于领先的闽商，开始向国际市场进军，并取得了很好的成果。比如福耀玻璃美国工厂在2018年已经全面赢利；恒安集团2018年在欧洲、俄罗斯设厂投资，以及更早之前，恒安集团已经在东南亚与当地企业合资；紫金矿业发起多起新的跨国并购；宁德时代在2018年投资德国；等等。

### （四）服务业成为创业主要聚集地

随着经济的持续发展，新一轮创业热潮正在福建涌动，服务业正成为福建省内闽商新的创业重要区域。

福建省工商局发布的《2018年福建省市场主体发展报告》显示，2018年，福建全省新设个体工商户644185户，比上年同期增长37.92%，新设户数首次突破50万大关，新增资金数额628.39

① 《平昌冬奥闽商精彩演绎》，《闽商》2018年第2~3期合刊，第64~65页。

② 《4万国人带着10万小龙虾去看世界杯》，《闽商》2018年第7期，第63页。

亿元，比上年同期增长7.97%。截至2018年底，全省实有个体工商户2540187户、资金数额2437.73亿元。在2018年全省新设个体工商户中，第一产业有17023户，比上年同期增长50.69%，占全省新设总数的2.64%；第二产业有28408户，比上年同期增长9.70%，占全省新设总数的4.41%；第三产业有598754户，比上年同期增长39.29%，占全省新设总数的92.95%，较去年占比（91.21%）又提升了1.7个百分点。第三产业不仅新设户数多，而且保持了约40%的高增长，说明福建省个体工商户更加集聚于服务业。其中批发和零售业，住宿和餐饮业，居民服务、修理和其他服务业，分别新设386657户、111840户、54406户，分别比上年同期增长57.33%、6.25%、14.88%，这三个行业占全省新设个体工商户总户数的85.83%。①

2018年7月3日，“冻品在线”宣布获1.2亿元B轮融资，本轮融资由创新工场领投，顺为资本、隆领资本以及厦门政府引导基金跟投。这是冻品在线B2B领域迄今为止最大的单笔融资。②

成立于2015年8月的冻品在线，是一家冷冻食品B2B供应链平台，其核心价值是数据驱动的反向供应链。此前先后获得来自创业邦基金的天使轮、蔡文胜的隆领投资和赛富原合伙人王求乐的Pre－A轮、雷军和许达来创立的顺为资本A轮，以及汇信资本领投的A＋轮投资。

成立于2016年的朴朴超市，采用纯线上运营＋前置仓配送模式，以生鲜为主打，同时兼顾全品类运营，平台同时上线SKU数保持在3000个左右。2018年，朴朴超市已覆盖福州仓山、台江、鼓楼、晋

① 福建省工商行政管理局：《2018年福建省市场主体发展报告》，http：//gsj.fujian.gov.cn/xxgk/tjxx/tjfx/qyzc/201901/t20190125_4751698.htm，2019年1月25日。

② 新浪科技：《冻品在线宣布获1.2亿元B轮融资　创新工场领投》，https：//tech.sina.com.cn/i/2018－07－03/doc－ihevauxi6763440.shtml，2018年7月3日。

安等五个大区，同时进入厦门市场。

这种新型业态获得了风险机构的青睐，2018 年，朴朴超市已经完成天使轮及 Pre－A 轮融资，融资金额为千万级。[①]

量变引起质变。正是因为海量的创业者不断探索产业发展边界，从而进一步促进龙头企业不断向前。而龙头企业的带动，又反馈于大量创业者不断创新创业，推动福建经济发展质量不断跃迁。

### （五）专注主业，合纵连横

2018 年是一个特别的年份。经过 40 年的沉淀发展，福建省内闽商再一次取得了好成绩。规模不断扩大，数量继续在增加，眼光日趋远大。福建省内闽商能够有这样的格局，就是因为其拥有敏锐的市场洞察力，以及敢为天下先的创业勇气。

在改革开放初期，福建省内闽商可以说是在一清二白、一无所有中，就积极投身商海，在低端制造业中初显身手。野蛮生长的福建省内闽商，因为竞争对手少，市场供应不足，只要有产品，市场就能消化，这是闽商壮大的一个非常重要的基础。

在这样的基础上，对市场的敏锐洞察与把握，促使福建省内闽商逐渐从早期作坊式的工厂，到替境外企业代工，逐渐成长为重视质量、重视工艺，然后重视新技术，再到精于品牌运作、资本运作，可以说遵循了企业成长的基本规律与逻辑。

进入 21 世纪后，中国已经初步完成工业化阶段，国内常规产业，尤其是传统制造业已经面临饱和状态，各行各业竞争激烈，企业进入微利时代。这时，福建省内闽商在技术创新上、产业拓展上又有了新的趋势。新型业态层出不穷，在科研上的投入也逐渐增加；也逐渐从

---

① 搜狐科技：《朴朴超市：永辉忌惮的对手，“前置仓”模式获得千万级 Pre－A 轮融资》，http：//www. sohu. com/a/245839891_ 617271，2018 年 8 月 8 日。

成本领先优势，向技术领先优势靠拢；由低端产业，向高端产业逐渐转型；创业方向也从制造业，更多的转向服务业以及高科技行业。这也是经济规律以及投资逻辑在引导。

但福建省内闽商也存在一些比较明显的不足。比如总体规模依旧偏小，面对经济全球化的高强度竞争，实力略有不足，比如世界500强只有1家。而福建本土山多地少，市场总量有限，也是一个弱点所在。科技进步给社会需求带来的改变日益体现，技术迭代节奏加快，需要企业在研发上有更多的投入。

而伴随行业细分加剧，产品细分也在进一步蔓延。在消费者收入不断提高的情况下，人们的消费观念也在与时俱进，社会分层化、消费升级化、产品个性化逐渐凸显。因此，企业面临的市场竞争也越来越大，竞争激烈度越来越高，不加大研发投入是等死，加大研发投入是找死，尤其是对于中小规模的企业来说，在创新与发展之间，如何平衡是一个两难的课题。

从趋势来看，未来的企业发展，首先要积极研究国家的宏观政策走势。福建省内闽商的发展，就是在国家大政方针引导下，从无到有、从小到精、从大到强，逐步进化的。未来福建省内闽商，要继续发展壮大，依旧离不开国家政策的引领作用。要进一步加强对国家产业引导方面的方针政策的研究。因为很多时候，国家的产业引导政策，就是未来发展的方向、需求的重点，代表着良好的产业发展机会。闽商要进一步扩大“走出去”的步伐，就要积极跟随“一带一路”倡议带来的天赐良机，这是福建省内闽商“走出去”重要的平台依托。

其次，未来企业做大做强，要在诱惑中有所取舍。对于大中型企业来说，要在技术上进一步加大创新力度，从而确立自己在行业内的领先地位。而对于中小企业来说，因为资源有限，专注主业是一个很重要的选项。那么就应该重点打造一两款具有竞争优势的爆款技术、爆款产品，从而在某个细分领域竞争中占据优势地位。

对于传统企业来说，要加强管理系统化、决策科学化。在未来竞争中，企业家的主导作用毋庸置疑，但一位优秀的企业家与一位卓越的企业家之间还是有差别的。一位卓越的企业家，会更加注重企业管理团队的建设。企业家必须要更加重视团队的能量，因为在未来，个人发挥的空间将越来越小，团队的作用越来越突出。建立系统科学的现代管理体制，非常重要，从小的方面来说，可以节约成本；从大的方面来说，一个强大的管理团队，可以全面增强企业综合竞争力。

而加强合纵连横，则是值得福建省内闽商考虑的另一个发展路径。这既是产业集群发展的基石，也是事业长青的需要。在社会分工日趋精密的情况下，当一个产业内部有良好的分工，并形成积极的互补时，企业的竞争力将集体得到升华。如果大家都是单打独斗，那么很可能形成大量的资源浪费，并在面对国内其他地区，甚至国际市场的时候，无法形成自己的竞争优势。合纵连横并不仅限于与闽商之间的合作，而是与全国甚至全球优秀的行业领袖加强合作，包括技术、管理、营销等。与弱者联手，可以镜中窥势；与同行联手，可以抱团取暖；与强者联手，可以百尺竿头，更进一步。

在中国已经初步完成工业化的时代，制造业的创业机会相对减少，更加注重技术上的创新与进步、科研上的发明与创造。可以说，中国的创业机会，正从单纯的制造业、生产型，向服务型转变，未来服务业的机会相对更多。这是经济发展的必然，也是中国向服务型社会进化的必然趋势。

同时，伴随时代的进步，创业的环境也在急剧变化，要更加重视资本市场的引导作用。在改革开放初期，只要有百八十元的启动资金，闽商就敢创业，然后滚动发展，做大做强。但在新的时代，创业更需要注意项目的创意以及可行性，因为在创业过程中，天使资本、风险资金，直至上市，各种类型的资本，将给新创业者带来极大的帮助。资本从来都是逐利而生，“跟着苍蝇找厕所，跟着蜜蜂找花朵，跟着千万赚百万，跟着乞丐去要饭”。要适应新的时代新的创业导向，需要更加重视资本的作用。

福建省内闽商在新的历史机遇时期，要适应时代发展，尊重经济规律，敬畏产业逻辑，开拓创新进取，与时俱进，在 40 年改革开放奠定的雄厚基础上，百尺竿头更上一层，开创更加美好的未来。

**B**.3

# 2019年福建省省外闽商发展报告

邹挺超 *

**摘　要：** 近年来，国家连续就区域经济一体化推出重大政策，尤其是京津冀协同发展、长三角城市群以及粤港澳大湾区等，带动了闽商在省外的发展。“一带一路”倡议提出以后，不仅给东部沿海闽商带来机遇，也让西部地区与其相邻的“一带一路”沿线国家（地区）经贸往来更加密切，这也推动了闽商在该区域的落地。根据各地福建商会提供的数据及资料，本报告略述近年来闽商在上述区域的发展概况，就闽商在省外发展的趋势和问题进行归纳，并探讨省外闽商在企业规模、产业分布及地域分布方面的特点。

**关键词：** 闽商　区域经济　一体化　“一带一路”

## 一　改革开放以来闽商出省的五种形式

20 世纪 80 年代，从有名的“晋江跑全国”开始，闽商开启了大举出省创业的历史。

闽商出省，主要有以下几种形式。

第一种形式，是各种销售大军：闽清电瓷销售，南安水暖、石材

---

* 邹挺超，《闽商》杂志社副总编辑。

推销大军，安溪铁观音推销大军……

这方面较为典型的是南安人。20世纪70年代，南安仑苍开始自制水龙头，从最初的纯手工加工，到机械化生产，逐渐打下了当地水暖产业的基础。由此遍布全国的水暖产品销售大军，成为南安最早"走出去"的一批人。这支"大军"的数量曾达到30多万人，并掌控了全国70%以上的水暖销售市场。

1999年，闽南第一建材市场建成，并举办了第一届建材展销会。2000年，南安水头、石井、官桥沿海三镇的石材销售大军开始走向全国，他们不仅从事销售，也承包工程，并且在各地拿下了不少重大工程项目。近十年来，他们又在各地创办石材专业市场。

和南安的发展路径相似，依托闽东、闽南的产业基础，闽商将福建产品推向省外，因此，在许多省份，闽商往往在石材、水暖等领域占据当地一半以上的市场。

通过销售积累了第一桶金后，闽商开始向其他领域迈进。以在上海的宁德人为例，20世纪80年代，许多来自闽北、闽东山区县的福建人来到上海，从经营土特产和建筑材料等小商小贩做起，逐渐带动了越来越多同乡。1990年4月18日，浦东开放开发正式启动，在上海已经有了一笔积蓄的福建人，开始向汽配、灯具、橱柜、卫浴、钢材、石材、鞋类、轻纺等领域延伸。

闽商走向省外的第二种形式，是资源创业。这方面，最典型的是莆田人，以及在山西做投资煤矿的闽商。

出外创业的莆田人，有几个商帮比较出名：忠门的木材帮，莆田的民营医疗帮、加油站帮。他们都采取从全国各地寻找资源，然后以此为依托的创业模式。

20世纪80年代，忠门人背着蒸笼，跑遍了国内很多地方的机关、单位食堂。随着改革开放的到来，中国基础设施建设对木材的需求加大，忠门人开始向木材的主要产区——东北进发。他们把当地丰富的木材转卖到北京、上海等基础设施建设如火如荼的城市，也由此在那里站稳了脚跟。

而莆田的民营医疗，也是从20世纪80年代开始走南闯北，从贴小广告、在旅馆开小诊所起步，到承包医院科室，到创办民营医院，民营医疗帮对中国民营医疗领域和医疗美容领域有不少贡献，也引起了不少争议。

而莆田加油站帮的成功，则依托新加坡莆田籍华侨林恩强。在老乡的口中，这位“OK林”通过传帮带，对“看得起的同乡后辈”提供了不少点拨。原油紧缺时，林恩强只给福建同乡人供货，由此造就了一个外人很难涉足的圈子。以莆田人为代表的“福建派”加油站，主要集中在云南、贵州、四川、河北和东北三省等地区，以南方为主。

2006年，山西阳泉市郊区政府进行新农村建设项目招标。中标人要投资回填矿渣坑、处理地质灾害、做好复垦及绿化，并且为当地村民建设新住宅区；作为补偿，中标人可以开采原来宅基地下压覆的煤炭资源。福清人卓杏生不失时机地参与投标。一年多后，项目完成，近3倍的投资回报率，让他的不少福清老乡看到了新的机会。

一时间，你拉我，我拉他，福清人开始大量以新农村建设的形式介入山西煤炭业转型改造。一位山西闽商曾表示，保守估计，当时有五六万福清人在做煤矿投资，参与煤矿生意的至少有10万人。在2008年这一模式被山西省叫停以前，“露天煤商”已成为福建尤其是福清“煤老板”的代名词。

闽商走向省外的第三种形式，是中小型制造业。这方面，较为典型的是长乐中小钢铁厂。

20世纪80年代初，长乐金峰镇的陈法官，与亲朋好友合资建起长乐人的第一家钢铁厂。随着企业扩大，亲朋好友纷纷独立，创建了第一批钢铁企业。到90年代时，长乐人开始走向全国，涌现出一大批中小钢铁厂。2004年，长乐籍域内外冶金企业家组成了长乐冶金行业协会，成为国内冶金行业的第二大社团组织。

闽商出省的第四种形式，是技艺创业。这方面的典型有沙县小吃和平潭隧道业。

20 世纪 90 年代，行走四方的沙县人为了生存，靠制作小吃的技艺开起了餐饮店，从此，以拌面、扁肉、炖罐、蒸饺“四大金刚”为主打的“沙县小吃”开遍中国。

沙县小吃的繁荣，引起沙县政府的注意。县政府在当地建成了沙县小吃一条街，动员厦门经营沙县小吃的业界领袖邓世奇，牵头成立了沙县小吃同业公会。沙县小吃还注册了品牌商标。2008 年，在沙县政府的主导下，沙县小吃集团有限公司注册成立，随后，集团绝对控股的沙县小吃集团餐饮连锁有限公司成立。

而平潭的隧道业则起源于当地人修防空洞的技艺。1962 年，福州市永泰县的一条隧道由平潭平原镇的建筑队成功承接、施工，成为平潭人打造的首条隧道。在承建了京九线、南昆线等重大工程后，平潭的隧道业开始走向全国。

立足福建，发展起来后向全国布局，是闽商出省的第五种形式。这方面，较为典型的是闽系地产，零售业的永辉超市、新华都实业集团股份有限公司（以下简称新华都），以及晋江的体育用品企业。融信集团、正荣集团等不少闽系房地产企业是从福建发展起来后，再瞄准长三角等区域。而零售业和体育用品企业以连锁经营的形式遍布全国。

经过改革开放 40 年的发展，如今在中国 34 个省级行政区都能找到闽商的身影。不过，京津冀、长三角、粤港澳大湾区三大城市群作为中国最重要的经济中心，仍是闽商省外布局的核心区域。

## 二　区域经济一体化与“一带一路”为闽商带来创业机遇

关于 2018 年闽商在省外的总人数和投资总额，缺少相关的统计。

近几年来，中文网络上普遍流传的数据，是“据不完全统计，如今在省外投资兴业的福建人超过400万”[①]。估计2018年在省外闽商当接近或超过此数。

投资总额方面，仅据部分省级商会提供的会员在当地的投资总额，总计已经接近4万亿元。

2018年，京津冀协同发展、粤港澳大湾区以及长三角一体化等区域经济一体化程度的加深，给上述地区以及周边的闽商带来了更多发展机遇；2018年，也是“一带一路”倡议提出5周年，闽商走向全球更是大势所趋，与全球经济关联紧密的上海、粤港澳地区，与“一带一路”沿线国家（地区）关联紧密的西部地区，都成为闽商省外布局的热门。这也构成2018年闽商省外发展的最主要特征。

### （一）京津冀：闽商资本联盟与互联网闽军

北京是中国的首都，也是闽商集中的一大区域。

据北京福建企业总商会统计，闽籍在京注册企业近3万家，涉及地产、建材、物流、茶业、木业、鞋业、医疗、水产、隧道、服饰、珠宝、金融、电子等20多个行业，其中木业、水产、茶业、医疗、石材、珠宝、建材市场等在北京市场占主导地位，年创产值7500多亿元，缴纳税费150多亿元，提供就业岗位约45万个。[②]

北京闽商汇集了来自福建九地市的企业家群体，其中，福州的榕商和莆田的莆商较具代表性。据初步统计，在京榕商拥有的总资产在2000亿元左右，涉及地产开发、能源投资、酒店餐饮、文化传媒、

① 《坐拥达利，手握银鹭、盼盼……18家行业大佬，“闽商”食企牛得超乎想象!》，http：//www.sohu.com/a/243186766_100016702，2018年7月25日。

② 北京福建企业总商会官网，http：//www.jingmin.org/about/shanghuiwenhua。

工程建设、水产批发、投资管理等十几个行业。[①] 而莆商则是较早来到北京的闽商群体，开办的建材、钢材、木材等大中小型市场达1000多个，在北京市场上所占的份额在70%以上。[②]

而在天津，闽商投资规模已经超过3000亿元，随着滨海新区的建设不断推进，在津闽籍人士已经超过30万，闽商在第三产业投资比重最大，超过八成。而在水暖阀门、钢材、木材、石材、陶瓷、茶叶、房地产、民营医院等领域，闽商占据天津市场份额的60%～80%。[③]

在河北，闽商主要分布在保定、廊坊等地。涉及旅游、文化、金融、房地产开发、石油、商贸、矿业、钢铁、阀门、建材、陶瓷石材、茶叶、鞋服、医疗大健康等60多个行业，纳税近100亿元，安排就业20余万人。[④]

2016年，北京福建企业总商会牵头组织了私募基金——闽商资本，首期基金规模约10亿元，聚焦国家战略新兴产业，尤其是节能环保、新兴信息产业、生物医药产业、新能源、高端装备制造业、新材料和文化创意产业等。这也标志着在京闽商的发展已经开始向资本联盟发展。

随着京津冀协同发展的提速，闽商产业转移也在进行。北京等地的石材产业闽商也在加速外迁。在河北沧州，福建华泰集团牵头打造了中捷产业园区海滨经济区黄骅港万国（国际）石材商贸城基地，整合京津冀晋鲁等地石材流通，打造一级石材总部基地。

北京还是闽商中互联网创业军团的一大集中地。这里汇集了

① 北京福建企业总商会官网，http://www.jingmin.org/news/details/2918。

② 北京福建企业总商会官网，http://www.jingmin.org/news/details/2915。

③ 天津市福建商会官网，http://www.tjfjsh.com/ShowNews.aspx?JsWebNewsID=1。

④《河北省福建商会换届　叶少华当选会长》，https://www.sohu.com/a/282813117_99960000，2018年12月18日。

有“龙岩三杰”之称的张一鸣、王兴、方三文创立的企业：打造出今日头条、抖音等爆款产品的字节跳动，聚焦本地生活服务、以外卖服务和大众点评等产品闻名的美团点评以及聚焦财经资讯的雪球。

北京有被誉为“中国硅谷”的中关村，作为中国第一个国家级高新技术产业开发区，对互联网创业群体有着巨大的吸引力。闽商、美图秀秀董事长蔡文胜，2004 年也曾北上北京，在北京三年，结识了 IDG 资本合伙人过以宏、凯雷中国区总裁肖枫等创投界人士，以及 Google 大中华区总裁李开复等互联网领域领军人物，建立了自己的投资圈子。

北京还有闽商陆正耀创立的神州优车，聚焦互联网专车服务；另外，闽商詹克团创立的、聚焦区块链和芯片设计的比特大陆，也在北京。

京津冀周边的山西、河南、山东，也是闽商较为集中的区域。

山西的闽商主要来自晋江、福清、莆田、南安、福鼎等地，主要分布在省会太原以及长治、阳泉、晋城、临汾、孝义等地。截至 2016 年底，在晋从事工商活动的闽籍人士有 10 万余人，兴办大小企业 6000 余家，涉及冶金、煤炭、建材、陶瓷、服装等 40 余个行业，在晋总投资 2000 多亿元，每年创造税收 30 亿元，给山西人才劳务市场提供了 7 万 ~8 万个就业岗位。① 闽商经营的传统行业，在山西市场上已占有较大份额，如木材近 100%，茶叶 60%，水暖阀门 85%，水产 70%，汽配 40%，运动鞋 80%。②

而河南也有 50 多万闽商，据河南省福建商会统计，商会会员在河南各地兴办的工厂、企业、公司达 7 万多家，总投资 6000 亿元以上，经营范围涉及房地产、交通运输、钢铁、石油化工、机电、建

① 山西省福建商会官网，http：//www. fccsx. cn/intro/5. html。

② 山西省福建商会官网，http：//www. fccsx. cn/intro/5. html。另见：《闯山西》，《闽商》2014 年第 3 期，第 14 ~84 页。

材、汽配、陶瓷、装饰工程、消防、物业、通信电子、家具、涂料、服装、食品、茶叶、珠宝、百货，还有医疗机构、文化传媒、金融投资及律师事务所等。①

山东闽商最初从海鲜、茶叶等小商品销售起家，著名的如济南的海鲜市场、茶叶市场、中恒小商品市场等，都是闽商小商贩集中的地方。如今已经发展到地产、智能化物流、商业、食品、投资、生物科技、石油、焦化等产业。据不完全统计，山东省福建总商会会员企业在山东累计投资总额逾 3000 亿元，利税达 300 多亿元，为山东地区创造 10 万多个就业岗位。②

而在东北老工业基地，闽商也是当地表现较为突出的商帮。

在黑龙江，闽商已经从传统的建材等行业，向房地产、矿产、医药医疗、能源、农副产品、茶叶、金融、金银珠宝、商贸物流等行业及城市发展带来的新机遇发展。闽商吴庆和创立的哈尔滨禧龙国际商贸物流园区，经营业户已达 6500 余家，从业人员 11 万余人，年销售额近 300 亿元，上缴国家税金近亿元，已成为超大规模的家装建材集散地。而据黑龙江省福建商会统计，其会员企业在黑龙江省投资累计达 3000 多亿元，年缴税额上百亿元，提供就业岗位 300 多万个。③

在吉林，闽商有 20 多万人，生意遍布金融、环保、农业、生物制药、房地产开发、冶金化工、电子、服装鞋帽、建筑、建材、旅游、医疗、餐饮、文化娱乐、金银珠宝、百货商场、茶叶、食品等行业，投资总额超过 1000 亿元。④

在辽宁，闽商投资总规模超过 5000 亿元，涉及行业主要包括房

---

① 《河南省福建商会报告》，未刊本。

② 山东省福建总商会官网，http：//www. sdsfjsh. com/about. aspx？ lx = 1&id = 8。

③ 《黑龙江省福建商会报告》，未刊本。

④ 《2018 闽商年度影响力商协会 60 佳详解》，《闽商》2018 年第 12 期，第 177 页。

地产开发、石油化工、陶瓷建材、医疗卫生、食品、物流等。仅仅沈阳一地，闽南人就已经超过 10 万人，沈阳闽南国际石材城和沈阳红旗石材市场，已成为沈阳石材市场的两大集散中心。

### （二）长三角地区：闽系地产与纺织业闽商集中地

长三角地区往往是闽系地产全国布局的第一站，而上海则是闽系地产总部最集中的地区。目前，总部在上海的闽系地产有世茂集团、阳光城、旭辉控股、正荣集团、融信集团、宝龙地产、禹洲地产、中骏置业等。

2000 年，世茂集团在上海陆家嘴一战成名，被称为“中国第一个真正意义的豪宅”的世茂滨江花园，让创始人——闽商许荣茂——拿下了“中国豪宅教父”的头衔。世茂集团所开创的“滨江模式”，将景观、亲水、园林和建筑等元素融于一体，打造水岸住宅区，也成为此后众多中国房地产企业模仿的对象。

就在这一年，闽商林中创立的旭辉控股也将总部迁往上海。这是最早将总部设在上海的两家闽系地产公司。此后，宝龙地产、阳光城、正荣集团等企业跟进。到 2016 年，禹洲地产、融信集团也将总部迁往上海。2017 年，中骏置业也宣布总部入驻上海中骏广场。

闽系地产中的著名企业，除了泰禾集团偏爱京津冀、融侨扎根福建本土、融汇集团西进重庆外，大多数企业偏爱实行先在长三角立足，然后辐射其他地区的策略。同时，上海还是国际金融中心，对于房地产这类与融资密切相关的行业，也能提供更多融资渠道。

长三角地区还是纺织业闽商较为集中的区域。浙江的绍兴、江苏的苏州等地都是纺织业重镇，也是纺织业闽商青睐的地区。

闽商洪天祝创立的天虹纺织集团，是全球最大的包芯棉纺织品供应商之一，总部位于上海，业务中心则位于江苏常州。除此之外，在江苏的泰州、南通、徐州，山东的济宁、淄博，浙江的浦江，广东的珠海、湛江、佛山等地，乃至海外都有大型产业基地。

在绍兴，有5万多闽商，他们主要活跃在生活用品、纺织印染、蕾丝网布、梭织布、针织布等传统纺织产业领域。[①] 位于绍兴柯桥区的中国轻纺城，是目前全国规模最大、设施齐备、经营品种最多的纺织品集散中心，也是亚洲最大的轻纺专业市场。这里也是闽商集中的地方，绍兴市福建商会与绍兴柯桥区中国轻纺城福建商会实行两块牌子一套领导班子。

近年来，随着纺织业的发展，他们也开始向互联网领域发展，如闽商蔡少波创办的绍兴布码头展览服务公司，就致力于打造线上线下相结合的面料展厅。

苏州吴江是有名的中国绸都，这里也有纺织业闽商落户。闽商在吴江地区建立实体企业100多家，设立贸易公司500多家，涌现出福华世家、文兴展华等一大批规模型纺织企业。[②]

湖州织里是童装产业基地，据不完全统计，在湖州的闽商总人数约3万，90%集中在织里。闽商柯文化创立的“男生女生”，也是知名童装品牌。

在安徽，闽商有近10万人，芜湖、滁州、合肥等长三角城市也深受闽商青睐。长江之滨的芜湖是安徽的水运中心，也是闽商黄祖仕创立的融汇集团的辅助产业之一——化工的重要基地。2003年，融汇集团收购当地一家老国企，成立了芜湖融汇化工有限公司，成为安徽省第一家民营氯碱化工企业。

在滁州，则有闽企盼盼食品集团下属的安徽盼盼食品有限公司，滁州也是盼盼集团最大的生产基地，有食品生产线60条，多达400多种，年精深加工各类农副产品近10万吨；有饮料生产线13条，年

① 《2018闽商年度影响力商协会60佳详解》，《闽商》2018年第12期，第186页。

② 《扎根吴江20年！他们缔造了一个又一个令人称叹的商业奇迹！》，http：//www. sohu. com/a/117597179_ 349681，2016年10月29日。

生产能力达到30万吨。[①]

在长三角地区周边，江西作为福建邻省，是不少泉州企业劳动力的主要来源之一，也因此，一些泉州企业也将赴江西设厂作为省外投资的重要一步。

江西闽商主要分布在吉安、宜春、上饶、新余、鹰潭、抚州、赣州、景德镇、萍乡等地，据江西省福建商会统计，其会员达5500多家，在赣总投资8000多亿元，涉及股权投资、房地产投资、公路桥梁建设、机械设备制造、采矿冶炼、建材生产与销售、医疗健康、酒店管理、商贸物流、现代农业、新能源、环保科技、珠宝玉器、建材家居、计算机技术等众多领域。[②]

沿长三角往上游，属于中部地区的湖北和湖南，也是闽商青睐的地方。

2018年1月28日至30日，湖北枝江在福州举办田园枝江·情系闽商——枝江市“宜才宜用·资智回枝”福建推介会，新签约项目7个，协议总投资额30.5亿元，涵盖新能源、新材料、电子信息、食品加工等多个行业领域。长乐著名纺织企业福建金纶高纤股份有限公司，便以此次考察为契机，在枝江投资10亿元，谋划了化纤下游、康养、智能制造投资等项目，打造华中地区高端纺织生产中心。[③]

据湖北省福建商会统计，在鄂闽籍人士超过30万人，注册成立闽籍商会27家，各闽籍商会会员企业已近万家，累计投资近5000亿元。[④]

根据湖南省福建商会统计，改革开放以来，先后有20多万闽商到

---

① 《安徽盼盼食品有限公司总经理步显勇：“一凤高歌”引来“群凤和鸣”》，https://ah.ifeng.com/a/20170724/5847905_0.shtml，2017年7月24日。

② 江西省福建商会官网，http://www.jxsfjzsh.com/Item/1079.aspx。

③ 《枝江引进闽商投资30.5亿元　闽商称赞枝江是投资创业宝地》，http://zy.cnhubei.com/dongxiang/wIdmCqm100，2018年11月29日。

④ 湖北省福建商会官网，http://www.hbsfjsh.com/gysw_shgk.aspx?jy=6A0ECA1530324CE3&cjy=EE64008D9970BBF4。

湖南投资，总投资达4000多亿元，主要有房地产开发、制造业、建筑装饰、矿冶建材、陶瓷石材、物流工贸、水暖阀门、酒店休闲、粮油食品、茶叶茶具、服装鞋帽、医疗投资、海鲜水产、黄金珠宝、化工冶炼、营销策划、体育服装及器械等60多个行业。[①] 闽商许连捷、施文博创立的恒安集团，在湖南常德投资了常德恒安纸业，是其国内三个生产基地之一。在长沙，闽商占据当地八成建材市场份额、七成茶叶市场份额，闽商林齐明创办的湖南天邦投资集团还与郴州宜章县成功签约，投资30亿元在该县建设总占地约800亩的“湘粤边贸城”。[②]

### （三）粤港澳大湾区：闽商国际化的跳板

粤港澳大湾区包含香港、澳门两个特别行政区和广东省广州、深圳、珠海、佛山、惠州、东莞、中山、江门、肇庆九个城市，是中国开放程度最高、经济活力最强的区域之一。

对于粤港澳大湾区的机遇，闽商有着敏锐的嗅觉。早在2014年，闽商就在珠海成立了拥有1000多家会员企业的粤港澳福建商会。2017年，中山市福建商会、粤港澳福建商会、江门市福建商会、佛山市福建省商会、肇庆市福建商会、清远市福建商会、茂名市福建商会、广东省福建龙岩商会8家商会组织了“粤港澳大湾区福建商会联谊会”；2018年，该联谊会还主办了粤港澳大湾区闽商投资项目考察。

在广东，闽商涉足地产、纺织、服装、金融、建筑、钢铁、能源、电子、文化产业、物流等多个行业和领域。[③]

在深圳，闽籍企业家超过15000人[④]，其中最著名的闽商企业就

① 湖南省福建商会官网，http：//www. hnfjsh. net/channels/157. html。

② 《闽商5年在湘投资逾400亿元》，https：//www. icswb. com/newspaper_ article - detail - 308080. html，2018年8月17日。

③ 《2018闽商年度影响力商协会60佳详解》，《闽商》2018年第12期，第171页。

④ 《2018闽商年度影响力商协会60佳详解》，《闽商》2018年第12期，第184页。

是与福耀玻璃并列为闽商汽车玻璃两大巨头的信义玻璃。其创始人李贤义，早年在香港打工，1983 年到深圳创业，此后，进军玻璃产业。

作为中国及亚洲最大的浮法玻璃生产商，信义玻璃旗下主要产品为浮法玻璃、光伏玻璃及汽车玻璃和工程玻璃等，几乎打通了玻璃行业的产业链。信义玻璃的全资子公司——总部在安徽芜湖的信义光能控股有限公司，则是全球最大的太阳能光伏玻璃制造商。

李贤义曾在香港打拼，具有国际化视野，信义玻璃所生产的汽车玻璃近 75% 出口至海外的售后市场，12% 在国内售后市场销售，剩余的 13% 出售给 OEM 市场。其出口的汽车玻璃，则占海外替换市场 20% 以上的份额。

在东莞，闽商在现代服务业、制造业、新能源乃至互联网等新兴领域多有布局。闽商郑耀南创立的都市丽人，总部就位于东莞。都市丽人是国内首家快时尚的内衣品牌，在全国拥有近 8000 家销售门店，是国内目前最大的贴身衣物品牌企业。

香港是福建企业“走出去”的重要平台，截至 2017 年 5 月，福建在港投资企业达 1118 家，投资额近 100 亿美元。[①] 香港也是不少闽商境外上市的首选。1998 年，许连捷、施文博创立的恒安集团登陆香港联交所。2007 年，安踏体育在香港上市，更是带动了一波晋江企业上市潮。在香港上市的福建企业已近 80 家，数量居内地首位，融资额超过 1000 亿港元。[②]

2017 年营收超过 10 亿元的香港上市闽企有 41 家[③]，见表 1。

---

① 《闽企在港上市数量居内地首位　融资额超 1000 亿港元》，http：//news. fznews. com. cn/shehui/20170526/5927846183a9e. shtml，2017 年 5 月 26 日。

② 《闽企在港上市数量居内地首位　融资额超 1000 亿港元》，http：//news. fznews. com. cn/shehui/20170526/5927846183a9e. shtml，2017 年 5 月 26 日。

③ 《2018 闽商全国百强榜》，《闽商》2018 年第 12 期，第 28 ~ 31 页。

**表 1　2017 年营收超过 10 亿元的香港上市闽企**

| 公司名称 | 行业 | 控制人 |
|---|---|---|
| 世茂房地产控股有限公司 | 房地产 | 许荣茂 |
| 冠捷科技有限公司 | 电子 | 中国电子信息产业集团公司及三井物产株式会社 |
| 美团点评 | 信息服务 | 腾讯控股有限公司、沈南鹏、王兴 |
| 旭辉控股(集团)有限公司 | 房地产 | 林中 |
| 融信中国控股有限公司 | 房地产 | 欧宗洪 |
| 禹洲地产股份有限公司 | 房地产 | 林龙安 |
| 正荣地产集团有限公司 | 房地产 | 欧宗荣 |
| 恒安国际集团有限公司 | 卫生用品 | 许连捷、施文博 |
| 福建达利食品集团有限公司 | 食品饮料 | 许世辉 |
| 福耀玻璃工业集团股份有限公司 | 玻璃制造 | 曹德旺 |
| 安踏体育用品集团有限公司 | 体育用品 | 丁世家、丁世忠 |
| 天虹纺织集团有限公司 | 纺织化纤 | 洪天祝、朱永祥 |
| 中骏集团控股有限公司 | 房地产 | 黄朝阳 |
| 宝龙地产控股有限公司 | 房地产 | 许健康、许华芳 |
| 信义玻璃控股有限公司 | 玻璃制造 | 李贤义 |
| 中国龙工控股有限公司 | 机械设备 | 李新炎 |
| 裕华能源控股有限公司 | 能源 | 中泰国际资产管理有限公司、林财火 |
| 敏华控股有限公司 | 家具制造 | 黄敏利 |
| 信义光能控股有限公司 | 玻璃制造 | 李贤义 |
| 通达集团控股有限公司 | 电子 | 王亚榆、王亚扬、王亚南、王亚华 |
| 百宏实业控股有限公司 | 纺织化纤 | 中国节能环保集团公司、施天佑 |
| 力高地产集团有限公司 | 房地产 | 黄若虹、黄若青 |
| 飞毛腿集团有限公司 | 锂电池 | 方金 |
| 361°集团 | 体育用品 | 丁伍号、丁辉荣、丁辉煌、王加碧 |
| 特步国际控股有限公司 | 体育用品 | 丁明忠、丁水波、丁美清 |
| 天喔国际控股有限公司 | 食品饮料 | 林建华 |
| 都市丽人(中国)控股有限公司 | 服装 | 程祖明、林宗宏、张盛锋、郑耀南 |
| 美图公司 | 信息服务 | 蔡文胜、吴泽源 |
| 达芙妮国际控股有限公司 | 服装 | 张智凯、陈怡勋 |

续表

| 公司名称 | 行业 | 控制人 |
|---|---|---|
| 网龙网络控股有限公司 | 信息服务 | 刘德建、刘路远、郑辉 |
| 世纪阳光集团控股有限公司 | 化　　工 | 国际金融公司、池文富 |
| 优源国际控股有限公司 | 包　　装 | 柯文托 |
| 冠城钟表珠宝集团有限公司 | 仪器制造 | 韩国龙 |
| 中国利郎有限公司 | 服　　装 | 晓升国际有限公司 |
| 一化控股(中国)有限公司 | 化　　工 | 林维华、林强华 |
| 天福(开曼)控股有限公司 | 食品饮料 | 李家麟、李瑞河 |
| 中怡国际集团有限公司 | 化　　工 | 杨毅融 |
| 雅高控股有限公司 | 建筑材料 | 梁迦杰、王江泽 |
| 浩沙国际有限公司 | 体育用品 | 施洪流 |
| 信佳国际集团有限公司 | 电　　子 | 吴自豪 |
| 中国虎都控股有限公司 | 服　　装 | 郭建新、Asia United Fund、郭汉锋 |

闽商青睐香港上市，固然因为香港作为国际金融中心，是国际化的跳板，但也因为福建与香港之间联系密切。在香港的福建乡亲，超过 120 万人①，占香港总人口的 1/6。②

与香港相似，澳门有 1/5 的人口是闽籍乡亲。③ 在澳门的福建社团主要有澳门福建同乡会、澳门福建同乡总会、澳门福建总商会、澳门福建工商联合会、澳门福建青年商会等。

在澳门，闽商也有不少商界翘楚。闽系地产中著名的宝龙集团，就是澳门闽商许健康创立的。许健康在高科技方面的嗅觉也十分敏锐，早在 1995 年，就成立了宝龙信息产业，聚焦办公自动化产品。

---

① 《于伟国率福建省代表团访问香港》，http：//wb. fujian. gov. cn/ztzl/fjysj/xwgj/201810/t20181012_ 4536520. htm，2018 年 10 月 12 日。

② 《福建省委书记于伟国率团访港澳　专家指交流合作迈向“升级版”》，http：//www. fj. xinhuanet. com/2018jj/2018 -10/07/c_ 1123525029. htm，2018 年 10 月 7 日。

③ 《福建省委书记于伟国率团访港澳　专家指交流合作迈向“升级版”》，http：//www. fj. xinhuanet. com/2018jj/2018 -10/07/c_ 1123525029. htm，2018 年 10 月 7 日。

他还牵头成立了澳门晋江同乡会，这是福建人在澳门第一个同乡会组织。

粤港澳福建商会会长，是澳门宝盛集团总裁、恒和企业集团有限公司总裁、华星控股有限公司董事局主席颜奕。而恒和集团的创始人，则是澳门著名闽商颜延龄。1988 年他同中国（福建）对外贸易中心集团合作成立了澳门宝盛集团有限公司，1994 年他又通过中国（福建）对外贸易中心集团入股中国联合网络通信集团有限公司（以下简称中国联通），成为中国联通的股东之一。

2018 年，澳门特别行政区政府公布的年度授勋名单中，18 岁就闯荡澳门的闽商、澳门金龙集团有限公司董事长陈明金成为唯一获颁金莲花勋章的人士。

在粤港澳大湾区周边的海南，闽商估计有 30 多万人，在建筑建材、热带农业、水产冷冻加工等领域，有较大优势；此外，近年来在新材料与环保领域，闽商也有不少投资。

### （四）西部地区：探索“一带一路”建设与闽宁协作机遇

西部地区包含 12 个省份，与蒙古国、俄罗斯以及中亚、南亚、东南亚多个国家（地区）接壤，是闽商投身“一带一路”建设的重要平台。

闽商大规模进入西北的第一波，是由 20 世纪 90 年代闽宁协作带动的。1996 年，以福建省委时任副书记习近平为组长的“福建省对口帮扶宁夏领导小组”成立；1997 年，闽宁村在宁夏奠基。而闽商也从此进入宁夏，1997 年成立了宁夏福建企业家协会。

截至 2018 年，已经有近 8 万闽商先后奔赴宁夏投资办厂，5600 多家福建企业落户宁夏，总投资 800 多亿元。宁夏福建企业家协会还成立了以闽商为主的宁夏木材商会、宁夏石材商会、宁夏汽车行业商会、宁夏黄金协会及宁夏健康产业协会，以促进闽商对当地产业的带动。

闽宁协作已经成为闽商联系大西北的重要渠道之一。

2000 年掀起的西部大开发，让更多闽商来到西北。在陕西，闽商涉足钢铁生产及贸易、红木原材料生产销售、房地产、商业地产、建材、桥梁隧道工程、超市、文化教育、医疗、旅游、宾馆、商贸、餐饮等领域，投资规模超过 1000 亿元，年投资总额均超过 100 亿元。[①] 从 2002 年西安市南安商会成立以来，一共有 20 多家闽籍商会在陕西成立，由此也可以反映出闽商投资陕西的盛况。

在甘肃，也有 8 万多闽商在此创业，覆盖投资管理、房地产开发、市场开发、矿产开发、石油化工、医疗服务、机械设备、建材石材、水暖器材、建筑装饰、消防工程、电子通信、体育产业、物流、食品、水产、餐饮、娱乐、服装、茶叶等 30 多个领域。

在青海，根据青海省福建商会的数据，其会员主要分布在省会西宁，少数分布在青海各州、地、县，涉足房地产开发、矿山开采、卫生、食品、茶叶、餐饮、木材、石材、陶瓷、钢材、建筑装饰材料、酒店、文化娱乐、物流等领域。

在新疆，也有 10 万多闽商在各地投资。

随着“一带一路”倡议的推进，新疆作为“丝绸之路经济带”核心区，吸引了闽商大型企业的目光。2013 年，恒安集团进驻新疆昌吉高新技术产业开发区福建工业园，投资 3000 万美元，建设占地 300 亩的生产和销售生活用纸基地。2018 年初，恒安集团投资的生产线已经安装调试完毕，投产后成为西北地区乃至周边国家地区最大的造纸基地和优质生活用纸的造纸基地。[②]

在同属西部地区的内蒙古，闽商主要分布在呼和浩特、赤峰、包

---

① 《2018 闽商年度影响力商协会 60 佳详解》，《闽商》2018 年第 12 期，第 178 页。

② 《西北最大造纸基地将在新疆昌吉市投产》，http：//xj. people. com. cn/n2/2018/0105/c186332 - 31110756. html，2018 年 1 月 5 日。

头、鄂尔多斯等地。其中，仅鄂尔多斯一地，福建籍工商业者就有2万多人。内蒙古闽商主要涉足建材、石材、房地产、石油化工、酒店餐饮、茶叶、电子、医疗、矿业等领域。

西南地区的重庆和四川，也是闽商在西部投资较为集中的区域。

四川省福建商会会员企业已逾5000家，商会在四川凉山、广元、绵阳、攀枝花、遂宁、宜宾、泸州、南充、德阳、乐山、自贡、射洪、达州、阆中等14个市州县设立分会，并在成都成立石材和木业两个行业分会。在川闽籍企业年产值2000亿元，近年来每年新增投资过百亿元。[①] 在川从事生产、制造和经营木材的闽商，是一个年总产值达数百亿元的商人群体，足迹遍布四川。

而在重庆，黄祖仕创立的融汇集团，是当地闽商的领头羊。始创于1989年的融汇集团，至今已发展成为以房地产开发为核心产业，以化工、温泉旅游为辅业的大型企业集团。重庆融汇地产（集团）有限公司于2006年成立，以重庆为总部，以福建、山东、安徽、云南为主要战略基地，逐步形成依托大重庆，布局闽东南，深耕济南都市圈的战略布局。[②] 据估计，在重庆创业的闽商超过20万人。

在贵州，有将近40万闽商，涉足房地产、钢铁制造、煤矿采掘、金融担保、现代物流、机械施工、建筑建材、医疗卫生、酒店娱乐及商业流通等众多领域。[③]

在西藏自治区，闽商也是较有实力的商帮。2011年，闽商组建了西藏自治区第一家异地商会——西藏自治区福建商会，西藏闽商投资发展有限公司董事长柯元枝当选首任会长。闽商创立的上海世茂股份有限公司、晋江市浩盈进出口有限公司、泉州市中远进出口贸易有

① 四川省福建商会官网，http：//www. scfjsh. com/index. php/About/newsview/id/32。

② 融汇集团官网，http：//www. ronghui. com/about_ 1. asp。

③ 《2018 闽商年度影响力商协会60佳详解》，《闽商》2018年第12期，第181页。

限公司、石狮市金闽进出口贸易有限公司、上海梅森休闲健身俱乐部有限公司、厦门明发集团有限公司等还共同发起了西藏首家寿险公司。

云南西与缅甸接壤，南和老挝、越南毗邻，在这里经营的闽商已经超过40万人，投资领域涉及房地产、生物药业、水电站、矿产资源、机电产品、电器产品、食品、制造业、种植业、五金、建材、服装、百货等，累计投资超过2000亿元。仅在昆明，就有超过20万闽商。[①] 在与缅甸边贸发达的德宏州、瑞丽市等地，也有不少闽商从事珠宝玉石等边贸生意。

据不完全统计，在广西的闽商已经超过50万人，累计投资金额超过3500亿元，产业涉及农业、环保、钢铁、化工、机电、建材、房地产、文化、旅游等。2018年广西福建总商会有7家会员企业被评为广西民营企业100强：广西盛隆冶金、强荣控股集团、富丰集团、佳信集团、国悦集团、鑫利华集团、康佳龙农牧集团。其中，广西盛隆冶金有限公司位列100强榜首。[②]

## 三　趋势与问题：规模企业少，产业集中度高，东多西少

虽然闽商出省发展时间较早，也形成了较多有代表性的群体，但是总的来说，闽商的主体力量仍然在省内。

以上市公司为例，2017年营收超过10亿元，由闽商创立的、总部在省外的企业有以下32家[③]，见表2。

---

① 《2018闽商年度影响力商协会60佳详解》，《闽商》2018年第12期，第180页。

② 《广西福建总商会秘书处：春分时节，广西福建总商会与北海福建商会举行工作座谈》，http：//www. gxfjzsh. top/news/info/119，2019年3月23日。

③ 《2018闽商全国百强榜》，《闽商》2018年12期，第28~31页。

表 2　2017 年营收超 10 亿元的福建省外闽商

| 公司名称 | 行业 | 控制人 | 董事长 | 总部 |
|---|---|---|---|---|
| 世茂房地产控股有限公司 | 房地产 | 许荣茂 | 许荣茂 | 香港 |
| 冠捷科技有限公司 | 电子 | 中国电子信息产业集团公司及三井物产株式会社 | 宣建生 | 香港 |
| 美团点评 | 信息服务 | 腾讯控股有限公司、沈南鹏、王兴 | 王兴 | 北京 |
| 阳光城集团股份有限公司 | 房地产 | 吴洁 | 朱荣斌 | 上海 |
| 旭辉控股（集团）有限公司 | 房地产 | 林中 | 林中 | 上海 |
| 融信中国控股有限公司 | 房地产 | 欧宗洪 | — | 上海 |
| 正荣地产集团有限公司 | 房地产 | 欧宗荣 | 黄仙枝 | 上海 |
| 上海世茂股份有限公司 | 房地产 | 许荣茂 | 许荣茂 | 上海 |
| 天虹纺织集团有限公司 | 纺织化纤 | 洪天祝、朱永祥 | 洪天祝 | 上海 |
| 中骏集团控股有限公司 | 房地产 | 黄朝阳 | 黄朝阳 | 上海 |
| 宝龙地产控股有限公司 | 房地产 | 许健康、许华芳 | 许健康 | 上海 |
| 北京字节跳动科技有限公司 | 信息服务 | 张一鸣 | — | 北京 |
| 信义玻璃控股有限公司 | 玻璃制造 | 李贤义 | 李贤义 | 香港 |
| 中国龙工控股有限公司 | 机械设备 | 李新炎 | 李新炎 | 上海 |
| 敏华控股有限公司 | 家具制造 | 黄敏利 | 黄敏利 | 香港 |
| 信义光能控股有限公司 | 玻璃制造 | 李贤义 | 李贤义 | 安徽芜湖 |
| 通达集团控股有限公司 | 电子 | 王亚榆、王亚扬、王亚南、王亚华 | 王亚南 | 香港 |
| 力高地产集团有限公司 | 房地产 | 黄若虹、黄若青 | 黄若虹 | 广东深圳 |
| 美年大健康产业控股股份有限公司 | 医药生物 | 俞熔 | 俞熔 | 上海 |
| 海能达通信股份有限公司 | 信息设备 | 陈清州 | 陈清州 | 广东深圳 |
| 天喔国际控股有限公司 | 食品饮料 | 林建华 | 林奇 | 上海 |
| 都市丽人（中国）控股有限公司 | 服装 | 程祖明、林宗宏、张盛锋、郑耀南 | 郑耀南 | 广东东莞 |
| 达芙妮国际控股有限公司 | 服装 | 张智凯、陈怡勋 | 张智凯 | 香港 |

续表

| 公司名称 | 行业 | 控制人 | 董事长 | 总部 |
|---|---|---|---|---|
| 周大生珠宝股份有限公司 | 珠宝首饰 | 周宗文、周华珍 | 周宗文 | 广东深圳 |
| 游族网络股份有限公司 | 信息服务 | 林奇 | 林奇 | 上海 |
| 世纪阳光集团控股有限公司 | 化工 | 国际金融公司、池文富 | 池文富 | 香港 |
| 恺英网络股份有限公司 | 信息服务 | 王悦 | 金锋 | 上海 |
| 冠城钟表珠宝集团有限公司 | 仪器制造 | 韩国龙 | 韩国龙 | 香港 |
| 上海莱士血液制品股份有限公司 | 医药生物 | 黄凯、郑跃文 | 陈杰 | 上海 |
| 北京首航艾启威节能技术股份有限公司 | 机械设备 | 黄文佳、黄卿乐、黄文博 | 黄文佳 | 北京 |
| 浩沙国际有限公司 | 体育用品 | 施洪流 | 施洪流 | 香港 |
| 信佳国际集团有限公司 | 电子 | 吴自豪 | 吴自豪 | 香港 |

从表2可以看出，闽商总部在省外的上市公司，比较集中的地域是上海，其次是粤港澳大湾区。其中，总部在香港的企业情况较为复杂，如冠捷科技有限公司，其主要生产部门在福建，且由台商创立，因此，严格意义上说，不能算闽商在省外的企业。而世茂房地产控股有限公司虽然总部在香港，但其聚焦的主要区域则是上海及周边的长三角地区。

而总部在上海的企业，多数是闽系地产，这些企业中除了上海世茂股份有限公司、旭辉控股（集团）有限公司等少数较早进军上海的企业外，其余多数是在福建发展壮大后才搬迁到上海的。

在这些企业中，世茂、信义各有两家上榜，扣除重复，以及主要在福建发展的冠捷科技有限公司、浩沙国际有限公司，剩余28家，与2017年营收超过10亿元的省内上市企业数量68家①相比，

① 《2018闽商全国百强榜》，《闽商》2018年12期，第28~31页。

数量较少。

而就市值来看，根据 wind 发布的 2019 年第一季度“中国上市企业市值 500 强”[①]，有 16 家闽企上榜，扣掉闽商陈发树担任董事长的云南白药（非闽商创立），只有美团点评、世茂房地产控股有限公司、旭辉控股（集团）有限公司、阳光城集团股份有限公司、信义玻璃 5 家是总部在省外的闽商上市企业，其余 10 家：宁德时代、安踏体育、永辉超市、紫金矿业、恒安集团、片仔癀、达利食品、福耀玻璃、三安光电、圣农发展的总部均在福建。

对比省内外上市公司的状况，可以从侧面反映出省外闽商缺少大型、超大型企业集团。

首先，从闽商发展历程来看，闽商出省最初是从销售或寻找资源开始，晋江、南安的销售大军，莆田的木材销售、珠宝销售以及民营医疗投资，平潭的隧道大军，安溪等地的茶叶销售，长乐的中小钢厂投资等小成本投资长期是主流，由此也限制了大型企业集团在省外的培育。

其次，从产业分布上说，行业集中度高，尤其是县域出身的闽商聚集在同一行业，形成了较多有代表性的群体，擅长传统产业，但是近年来互联网、高科技等领域也有不少闽商崛起。

木材、石材、水暖阀门、鞋服、茶业等传统领域，至今仍然是闽商在省外创业的主体行业。在天津、山西、四川等许多地方，闽商对当地的这些市场都具有垄断性质。

在长三角地区，闽商还是以传统制造业和销售等为主，与当地产业分布较为契合。而在京津冀地区与广东省，不少闽商已经向高科技行业发展。

---

① 《总市值达 13511 亿，美团、宁德时代、安踏、永辉等 16 家上市闽企跻身市值 500 强》，http：//finance. sina. com. cn/stock/relnews/hk/2019 - 04 - 11/doc - ihvhiewr4969697. shtml?source = cj&dv =2，2019 年 4 月 11 日。

最后，从地域上看，闽商总体分布仍然呈现“东多西少”的特征：沿海发达区域较多，也较为集中，西部地区则相对较少。

从2014年提出京津冀一体化战略，到2016年国务院批准《长江三角洲城市群发展规划》，再到2017年《深化粤港澳合作推进大湾区建设框架协议》签署，京津冀、长三角、粤港澳已成为中国最主要的三大区域经济体，也由此获得了闽商的青睐。

长三角地区邻近福建，是闽商走向全国的重要跳板，而上海更是金融中心，闽商无论是走向全国，还是国际化，以上海作为总部基地都是一个不错的选择。近几年来，一些福建企业也选择将总部迁出福建，这也成为省外闽商大型企业集团的一大来源。除了此前一再提到的闽系地产外，2018年12月26日，安踏体育拿下上海青浦区一块地，根据出让文件，地块内需引进国内外高新技术产业人才并着力打造“单聚焦多品牌”世界级体育用品企业总部①，业内猜测，安踏体育此举意味着其或将在上海设立新总部，为国际化铺路。

香港是闽商“走出去”的重要跳板，也是闽商上市企业集中的区域。因此，粤港澳大湾区的推进，也给闽商带来新的机遇。尤其是香港、澳门有着众多的闽籍人士，这些人在当地的商业网络及人脉，都是闽商在粤港澳大湾区发展的重要资源。

随着“一带一路”建设的推进，闽商在西部地区的投资也越来越多。未来用好这些区域，将其作为走向“一带一路”沿线国家的跳板，是该区域闽商今后几年的重头戏。

---

① 《安踏8.06亿拿上海青浦商地　拟建世界级体育用品企业总部》，http://www.guandian.cn/article/20181226/212197.html，2018年12月26日。

# B.4
# 2019年境外闽商发展报告

杨宏云*

**摘　要：** 一直以来，闽商走出福建，闯荡世界，以势不可当的姿态走向国际商业舞台。“福建军团”成为全球不可忽视的商业群体。他们在当地落地生根，顺势而为，累积了不俗的业绩。随着全球化的发展，2018 年，境外闽商群体的财富积累虽然持续增长，但仍存在地区分布不均、财富成就行业过于集中，以及家族企业接班、传承困难等问题。尤其是在新闽商集中的非洲地区和南美地区，安全困境加剧。本文按照地区划分对闽商发展状况以及上述问题进行梳理，并对其未来发展趋势进行展望。在“一带一路”建设展开以及福建发展的重要机遇下，境外闽商将进一步转型升级和跨国发展；同时，加速在地化融合过程，并进而成为中国与所在国互联互通的桥梁和枢纽。

**关键词：** 境外闽商　东南亚闽商　欧洲闽商　在地化融合

一直以来，闽商走出福建，闯荡世界，以势不可当的姿态走向国

* 杨宏云，福州大学经济与管理学院副教授，主要研究领域为东南亚华商、华商企业经营与管理等。

际商业舞台。而今，“福建军团”已成为全球不可忽视的商业群体。根据《闽商》杂志观察，在改革开放以来的40多年时间里，闽商在印度尼西亚、菲律宾、马来西亚、新加坡这四个东南亚国家，长期占据财富榜前列，这4个国家的首富，均由祖籍福建的华商所把持。其富豪榜前10榜单，至少有一半是闽商。仅就2015年胡润研究院发布的全球华人富豪榜榜单统计，来自港澳台及境外其他地区华人的有302位富豪，总财富达4.1万亿元人民币。从商帮来看，粤商和闽商是港澳台及境外华人富豪最多的商帮，占比分别达23%和21%。在财富不低于110亿元人民币的前100名富豪中，祖籍福建的达到了三成。① 截至2019年，来自67个国家、1931家公司的2470名10亿美元富豪登上“2019胡润全球富豪榜”，其中，5位闽商进入全球百强，印度尼西亚黄惠忠成闽商首富。②

当然，我们在关注境外闽商耀眼成就的同时，也应看到，因移民先后、所在国家环境规制以及诸多因素使然，闽商发展也存在明显的区域差异。

## 一　境外闽商区域分布与成就

### （一）亚洲闽商：传统优势依然

东南亚是境外闽商最早的创业基地。旅居世界各地的闽籍华侨华人80%集中在东南亚。在东盟国家（地区）2000多万华侨华人中，有近1500多万人祖籍福建。因此，东南亚成为境外闽商财富最集中

① 《港澳台及海外华人百富三成祖籍福建　王健林登顶》，《福州晚报》2015年8月20日，http：//news. fznews. com. cn/fuzhou/20150820/55d51cd3e221b. shtml。

② 《2019胡润全球富豪榜发布！5位闽商上百强榜！闽商首富是……》，搜狐网，https：//www. sohu. com/a/298193903_ 99957155。

的地方。其中，在印度尼西亚、菲律宾、马来西亚、新加坡这四个国家，闽商占据着绝对多数，且财富无与伦比。在福布斯 2011 年东南亚富豪榜中，前 31 名富豪分别来自印度尼西亚、新加坡、菲律宾、泰国、马来西亚 5 个国家。其中华人富豪为 24 名，祖籍福建的华商占 75%，达到了 18 人。[①] 2012 年的统计显示，新加坡华人富豪前 10 名中闽籍华人占 8 位，马来西亚富豪前 9 名中闽籍华人占 6 位，印度尼西亚富豪前 7 名中闽籍华人占 6 名。[②] 2015 年数据显示，在新加坡、马来西亚、印度尼西亚的富豪榜前 10 名中，闽商均占 5 名。[③] 在 2019 年 3 月公布的福布斯富豪榜中，新加坡 10 大富豪中有 7 位是闽籍，菲律宾有 8 位，马来西亚则有 5 位，印度尼西亚有 5 位。由此可见闽商不一般的财富实力。

其中大多数东南亚闽商的崛起得益于居住国的传统资源禀赋，如马来西亚、印度尼西亚、泰国的棕榈油、橡胶、椰子、木材，以及煤矿、铁矿等出口造就了许多闽商的财富。另有许多闽商仍保持历史以来华商在贸易和零售业的强大惯性。譬如菲律宾“商场大王”施至成，马来西亚著名的汽车和摩托装配及销售公司的骆文秀，王万源创立的大顺集团公司做 100 多种世界名牌汽车和摩托车的零部件批发和零售业务，印度尼西亚的阿尔法便利店经营者郭桂和，等等。另外，还有许多从事加工工业的闽商，如亚洲“薄饼大王”魏成辉、福川烟草的陈永栽、三林集团的林逢生、金光集团的黄志信等。此外，房地产业、金融业、酒店业也成就了许多闽商。这些闽商的财富至今仍在东南亚卓尔不群。

其他亚洲国家如日本可以说也是闽商的天下，主要是福清人的天

① 风雨莆商网，http://www.aiweibang.com/m/detail/71512651.html? from = p。

② 罗钦文：《以侨带路推动“海丝”建设》，《人民日报》（海外版）2014 年 6 月 2 日第 8 版。

③ 《第五届世界闽商大会新闻发布会答记者问》，东南网，http://www.fjsen.com/a/gov/2016-05/23/content_17855369.htm，2016 年 5 月 23 日。

下。仅福清一域，每年就从日本汇回30亿元人民币。[①] 前往日本的福清人，较多的从食品和餐饮行业起步，势力壮大后则进行多元化经营。近年来，随着中东石油国家的经济转型，发展机遇增多，闽商迅速进入。他们采取以阿联酋为中心，逐步向周边辐射的经贸策略，为此，还成立了阿联酋中国福建商会，共127家企业参与。在阿联酋的闽商中，泉州籍的陈志祥最为耀眼。他在迪拜创建了中东欧美龙建材、迪拜卫浴中心等集团公司，经营范围有建筑材料、工程设备、钢材、油料、轮胎、卫浴洁具、灯饰照明、大理石、瓷砖等，产品远销中东阿拉伯国家并辐射非洲地区。[②]

### （二）欧洲闽商：崭露头角

根据李明欢教授2008年的报告，全欧洲华侨华人总数已经达到250万人，几乎遍布欧洲各个角落。他们在经济界的活跃身影，已引起欧洲各国各界瞩目。其中，闽商成就颇为耀眼。据来自荷兰内政部的统计，截至2005年底，荷兰有闽籍华侨华人约2万人。这些新移民大部分从事传统的中餐业，少部分人从事中医、针灸行业，也有一些人从事商品批发、零售，对外投资以及国际贸易等。如福州亭江人杨金华，20世纪90年代闯荡荷兰，白手起家，成为荷兰著名的华人企业家。他创办的荷兰联鹰集团，是一家以经营中荷商品和贸易为主的多元企业，并在海牙投资建设了一座建筑面积27500平方米的“荷兰中国商品调拨中心”。英国的福建籍华人有近15万人，[③] 而装修业一直是他们从事的热门行业。但福清籍华人何家金，则从食品零售商店做起，后逐步扩大到批发食品、餐饮

① 《第五届世界闽商大会特刊》，2016年6月18日，第14页。

② 《阿联酋福建总商会会长陈志祥：懂抓机会的商业巨子》，《泉州商报》2015年10月12日。

③ 《福建新一代的英漂路：从打工到留学见证艰辛打拼》，中国新闻网，http://www.chinanews.com/hr/2013/03-24/4670549.shtml，2013年3月24日。

业、超市金融、旅游与媒体等。其中，他所创办的满利通国际（Money TT）是在英国合法注册的机构，经营货币兑换、贸易结算等业务，年交易额达到70多亿美元，现在已发展到23家分店。[①]

意大利侨胞中10%是福建籍。[②] 其中三明、莆田籍居多，并以经营餐馆业、纺织业为主，另还有经营进出口贸易或创办小微企业的。仅在意大利南部纺织基地之一的那波里省TERZIGNO市从事服装加工业的数万华商中，莆田人就占到近半数。[③] 西班牙是欧洲各国中连江籍华侨华人最多的国家。比较知名的闽商有蒋梦麟，主要经营餐饮业，在瓦伦西亚创办有新加坡大酒楼。蒋铜官，主要从事餐饮、服装、百货等行业。王瑞富则另辟蹊径，着力于新型材料泡沫铝的制造。葡萄牙的张剑旻是改革开放以后第一批到葡谋生的福建人，以中餐馆起步，在里斯本开办有3家中餐馆，宾客盈门，鼎盛一时。

俄罗斯、匈牙利等国家因面临经济转型，为闽商发展提供了难得的机遇。大量的闽商通过合法或非法途径进入这些国家从事经济活动。仅明溪县就有10万人集中在匈牙利和捷克。[④] 他们在此创造的辉煌业绩，已成为中国“一带一路”建设的前奏。在匈牙利，闽商主要涉足服装鞋类的贸易与生产，并涉足传媒业等。其中匈牙利的高文新主要从事服装批发，并合资在国内开办了服装厂，从事服装的设计和生产。目前，高氏集团的服装批发业务遍布匈牙利的各个角落。随着事业日益发达，他也成长为一个集服装生产、批发、地产开发、

① 《英国侨报社社长何家金：华文新媒体要拧成一股绳》，光明网，https：//www.gmw.cn/media/2014-09/05/content_13050630.htm，2014年9月5日。

② 《意大利福建总商会成立》，福建侨网，http：//qb.fujian.gov.cn/hqwh/hrsj/201310/t20131015_274720.htm，2013年10月15日。

③ 《维苏威火山下有万名莆商　意大利TERZIGNO市迎来莆田访问团》，《福建侨报》2015年9月9日。

④ 马占杰、孙锐：《闽籍境外华商国内发展的驱动因素、特征与未来挑战》，载贾益民主编《华侨华人研究报告（2014）》，社会科学文献出版社，2014，第190页。

矿业开采等多种经营于一体的成功企业家。[①] 魏翔创办的 WINK 公司，以生产鞋为主，总部设在匈牙利，在斯洛文尼亚、波斯尼亚和黑塞哥维那设有分公司。其 WINK 鞋在中东欧地区市场的年销量多达 300 万双![②] 在罗马尼亚的郑思勇从拖鞋销售入手，并在福州投资建起了一座现代化制鞋厂。从此之后，国内工厂生产的拖鞋源源不断地运到罗马尼亚，甚至乌克兰、摩尔多瓦、保加利亚等国的商人也来购买。每年拖鞋的销售量达 500 万多双。这为他赢得了“拖鞋大王”的称号。[③] 而在俄罗斯的福建人，主要活跃于莫斯科和远东地区，多从事商贸或兴办企业。其中，事业有成者首推何文安。1989 年，何文安来到俄罗斯布拉戈维申斯克市，致力于黑河两岸边贸交易，进而在布市开发房地产，从事副食品加工业、农业和森林开发。后又组建榕商贸易公司，于 1996 年发展壮大为华富集团，拥有千万资金和数百名员工。21 世纪初，公司又在阿穆尔州开发天然矿泉水、兴建疗养院和休养所、生产涂料和石材、加工黄豆制品、种植甜菜、兴办糖厂，向国际化、现代化企业集团迈进。翁瑞龙则从摆地摊做起，闯出一条成功之道，相继成立数家公司。[④]

### （三）美洲闽商：谋定而后动

根据美籍华人陈清泉所言，福建人在美国有 200 万人左右，仅福州人就超过 100 万人。[⑤] 其中，约 30 万福建人从事餐饮、贸易和实体

---

① 《记世界华侨华人社团联合总会副主席、匈牙利高氏集团董事长高文新》，《福清侨乡报》2012 年 7 月 10 日。

② 余泽民：《多瑙河畔圣火手——一对旅匈华商夫妇的奥林匹克情结》《人民日报》（海外版）2008 年 8 月 5 日，第 2 版。

③ 《郑思勇：罗马尼亚“三联国际集团公司”总裁》，金羊网，http：//www. ycwb. com/gb/content/2005 -05/22/content_ 906471. htm，2005 年 5 月 22 日。

④ 黄意华：《俄罗斯的福州华侨华人》，《福州晚报》2013 年 6 月 29 日。

⑤ 《南非现有闽籍华侨华人 10 万左右》，中国新闻网，http：//www. nanfei8. com/huarenzixun/huarenshijie/2015 -01 -27/13952. html，2015 年 1 月 27 日。

企业，有 5 家闽商企业已经跻身于华人在美企业前 10 名。[①]

由于中国人到国外最难改的就是吃的习惯，因此福建新移民看准了华人市场，纷纷开办中餐外卖店。如今，纽约中餐外卖店的 90%都是福建人开的，至少有 5000 家。依托餐饮业的成功，闽商也将食品超市业带到了纽约。福建移民开办的中国食品超市，不仅空间大、货物品种齐全、卖场整洁干净，还配有大型停车场，完全是现代化的超市。中餐外卖与中国食品超市的成功，带动了很多关联性行业。最典型的是长途汽车运输业，也成为闽商新的增长点。依托餐馆业的成功，闽商也开始转型进入房地产业、建材行业、影楼婚庆公司以及洗衣业等。

在紧邻美国的加拿大，闽籍华侨华人多聚居在哥伦比亚和安大略省，主要从事餐馆、洗衣业、超市业，且许多是福清人。依托超市发展的平台，福清人也广泛涉足农场、食品、茶庄、家居装修、便利店、花店公司等。祖籍平潭的林飞康创建康利食品公司，在多伦多经营大商店，资产上亿元；并在国内几个大中城市承包公共交通，资产达 10 亿元以上。[②] 另外，房地产行业也是加拿大闽商努力发展的领域。值得注意的是，在投资和新兴科技产业领域，加拿大的福建人也有所成就，如林润泮依托其专业背景，创办了加拿大基因国际有限公司；赖灿成组建了加拿大平安投资集团等，成为闽商在加拿大发展的新贵。

此外，加拿大也有许多 20 世纪 90 年代初从东南亚及香港迁居而来的闽籍华人，以经营房地产、贸易为主，亦获得很大成功。

在南美的阿根廷，虽然中国人移居历史不长，但 1972 年中阿两国建交后，两国经济贸易往来频繁，双边关系融洽友好，至 2012 年，

① 《第五届世界闽商大会特刊》，2016 年 6 月 18 日，第 14 页。

② 福建省志·华侨志编纂委员会：《福建省志·华侨志（1991～2005）》（送审稿），2015 年，第 59 页。

在阿华侨华人数已达12万人，主要来自中国福建和浙江，从事餐馆、超市等初级行业。[①] 其中，福清人在阿根廷经营超市，已经超过20多年的历史。自1996年福清海口人陈大明开始，因经营得当，一直效益良好。随后不断有福清人进入阿根廷做超市生意。据阿根廷福建商会宣称：目前闽商完成了对阿根廷超市80%的“垄断”，仅福清人拥有的超市已超过1万家。[②] 在圣菲省罗萨里奥市，当地有200家华人超市，业主大部分来自福建。[③] 乌肯省境内约有500名来自莆田（兴化）地区的移民，他们经营着近百家超市和餐厅。[④] 超市行业已成为阿根廷闽商财富积累的源泉。如陈金平，1995年赴阿根廷后创办福升贸易有限公司，开展进出口贸易和经营连锁超市，资产总额近亿元。陈瑞平，1994年赴阿根廷定居，经营4家超市以及商场与酒店。王庆苍，从汽车修理业、餐饮业做起，进而成立宇宙超市集团，下辖10多家超级市场。同时，还购买和创办了一个占地750多亩的农场，进行食品加工，生产兴化粉、福州粉干和臭豆干等。[⑤] 王命达，是阿根廷著名的餐饮大王，拥有12家大型连锁餐馆，当地大多数百货超市都属于他拥有的集团或他占有股份。公司业务还涉及餐饮业、连锁百货业、房地产业、汽车业，年营业额上亿美元。公司属下的安第斯山矿业公司还拥有南美超大的钨矿和锡矿，占地面积达3.4万公顷。[⑥]

在巴西，根据2005年的数据，闽籍华侨华人有1.54万人，其中

---

① 《福清人陈大明 在阿根廷开了第一家华人超市》，《福清侨乡报》2015年4月14日。

② 《第五届世界闽商大会特刊》，2016年6月18日，第6页。

③ 《阿根廷华人超市公会盼望重建投资信心》，福建侨网，http://www.fjqw.gov.cn/hqwh/hrsj/201301/t20130121_60616.htm，2013年1月21日。

④ 《华埠资讯》，福建侨网，http://www.fjqw.gov.cn/hqwh/hrsj/201210/t20121003_60708.htm，2012年10月3日。

⑤ 福建省志·华侨志编纂委员会：《福建省志·华侨志（1991～2005）》（送审稿），2015年，第60页。

⑥ 黄意华：《阿根廷的福州华侨华人》，《福州晚报》2013年7月14日。

80%是福清人与连江人。[①] 不过，莆田籍侨胞亦有5000人左右。[②] 他们大多数从事商业贸易，一部分经营饭店、百货店、超市。在秘鲁，也有着为数不少的福建移民。据2004年侨情资料显示，在秘鲁的福清人有204人，而秘鲁官方统计为1500多人，另有莆田人500多人，近20年来，旅居秘鲁的三明顺昌乡亲增多起来。在秘鲁约有福建人2000多人，大多数居住于首都利马，其余散居于西部沿海一带，并以经营餐饮业、贸易、娱乐、连锁超市、进出口业和服务业等为主。而据厄瓜多尔官方资料表明，21世纪初，有福清人1万多人，他们集中居住于首都基多与瓜牙基尔、克维多3个城市，主要从事餐饮业、百货业、超市，有少数人从事进出口贸易。[③] 委内瑞拉也有闽籍华侨华人4300多人，他们主要经营超市、餐馆、洗衣等行业，也有人从事进出口贸易、旅游、娱乐业。[④]

### （四）大洋洲及南太平洋地区闽商：飞速发展

澳大利亚的闽籍华侨华人，早期多从事餐馆、商业零售和服务业。而20世纪末期前往澳大利亚的闽籍新移民，则多从事投资移民和技术移民，进入实业界和知识界的较多，职业呈多样性。如陈祖粤，1989年到达悉尼后，先在餐馆打工，后创办一家小型家具厂，成为大陆留学生办厂创业的先驱。经过多年经营，陈祖粤已成为悉尼有名的“家具大王”。郑长厚赴澳后以经营旅游业和商业贸易为主。林辉源经营地产、金笔、打火机、手表等产业，资产数亿澳元。林锦珊经营钟表、珠宝、房地产等。刘宏贺经营油轮运输业，并在国内的

---

① 黄意华：《巴西、委内瑞拉的福州华侨华人》，《福州晚报》2013年8月25日。

② 郑育俊：《增进乡情乡谊、促进交流合作，林庆生率团参访南美部分国家》，莆田乡音网，http：//www.0594xyw.com/news_ detail.php？id＝29945，2014年12月28日。

③ 黄意华：《秘鲁、厄瓜多尔的福州华侨华人》，《福州晚报》2013年9月1日。

④ 黄意华：《巴西、委内瑞拉的福州华侨华人》，《福州晚报》2013年8月25日。

福州、上海、南京投资有邮轮业运输，资产甚巨。[①] 随着中国经济飞速发展，许多闽商利用熟悉中国与澳大利亚两边市场的优势，觅得发展良机。如心脏外科医生林文灯博士，放弃医生职业，与人联手开发西澳铁矿石销往中国，由此起家，后经商海运筹帷幄，陆续拓展到房地产业、设计装修业、家具业等。目前他在西非 Burkina Faso 拥有 500 平方公里的金矿，企业正在准备上市。[②] 最近二十几年，中国移民澳大利亚的人数逐年增多，带动了澳大利亚房地产业发展。与此同时，华人移民增多，金融活动日趋活跃，由此在金融领域孕育着商机。叶方的“融侨速汇”即是在这方面的努力。为满足华人在货币汇款和现金兑换方面的需求，“融侨速汇”于 2009 年在华人聚居区奥本（AUBURN）正式组建。目前公司能提供 30 多个国家的现金兑换业务。同样，在文教、卫生领域，闽商也开始崭露头角。陈绍和是知名医生；陈敏华致力于文化产业发展，年营业额逾 20 亿元人民币。[③]

值得关注的是，在澳大利亚还有一些移民自东南亚国家的闽商，他们的经济成就也较大。如新加坡的邱德拔，以 1.1 亿澳元收购了澳大利亚最大的连锁酒店太平洋酒店后，又继续投资房地产，一度成为当地首富。马来西亚华人企业家李明治，到悉尼创建阳光控股公司，经营房地产业，尔后又将集团业务拓展到营建车场而迅速赢利。印度尼西亚盐仓集团蔡道行、蔡道平在澳广泛投资地产；香港星岛报业集团有限公司主席胡仙也在澳经营房地产，兴建写字楼和

---

① 福建省志·华侨志编纂委员会：《福建省志·华侨志（1991～2005）》（送审稿），2015 年，第 64～65 页。

② 《寓工作于享乐》，澳大利亚福建总商会官网，http：//www.afeai.com.au/index.php/extras/160－2014－11－11－10－22－35。

③ 黄意华：《澳大利亚的福州华侨华人》，《福州晚报》2013 年 6 月 15 日。

酒店等。[①]

在新西兰，据2005年统计，约有闽籍华侨华人6.16万，大多是改革开放后以投资、技术、留学、劳务、婚姻等形式移居的。其中，新西兰的福清人主要聚居在奥克兰、惠灵顿、克赖斯特彻奇、达尼丁等城市，多经营餐馆、茶室、咖啡馆，也有人以经营小型农牧场、果园、蔬菜园为业，少数学而有成者，或供职于当地工商企业、政府机构，或从事科研、教育、医务工作。[②] 另外，新西兰还有一些马来西亚当年闽清籍垦农的后代，他们聚居于肯特伯利（基督城）。

目前在汤加的福清人有1000多人，主要从事餐馆、食品、百货、建筑及水产等行业，也有涉足房地产业的。[③] 在巴布亚新几内亚经商的华人约有两万人，其中有八成是福清人，集中居住在莫尔斯比港和莱城等几个大城市，主要涉足超市、餐饮、服装，甚至地产等领域。[④]

### （五）非洲闽商：高风险中寻觅商机

在非洲大陆，南非是经济最发达的国家，对于这个开店容易、商贸繁荣的大市场，福建人更是蜂拥而至。据南非侨社大致统计，在南非的中国人达20万人，其中福建人就达10万人，而福清市人最多，约7万人。[⑤] 他们以商业贸易、服装鞋帽生产与销售，以及食品加工等产业为主，也有涉足制造业、房地产业的。如祖籍连江的李新铸，

① 福建省志·华侨志编纂委员会：《福建省志·华侨志（1991～2005）》（送审稿），2015年。第64页。

② 黄意华：《新西兰的福州华侨华人》，《福州晚报》2013年4月27日。

③ 《塞班岛华人夫妇惨被烧死　疑遭谋财害命》，人民网，http://world.people.com.cn/n/2014/0226/c1002-24473477.html，2014年2月26日。

④ 《巴布亚新几内亚商场失火　26岁女店主命丧火海》，泉州网，http://qzxw.qzwb.com/gb/content/2015-07/20/content_5149686.htm，2015年7月20日。

⑤ 《南非现有闽籍华侨华人10万左右》，南非华人网，http://www.nanfei8.com/huarenzixun/huarenshijie/2015-01-27/13952.html，2015年1月27日。

自20世纪90年代在南非经营超市开始，相继开办了近20家连锁店，进而创办了远盛工贸公司、远东贸易公司，并投资开办了远盛鞋厂、恒隆塑料彩印厂以及经营钻石加工的钻石公司等，成为南非著名的华人企业家。叶北洋在南非则投资酒店、茶叶城，均获成功。吴少康投资创办了南非亚洲城、南非东风商城、南非永兴电子行等，成了名副其实的“地产大王”。他还计划在约翰内斯堡国际机场附近修建一座四星级国际会议中心。我们知道，南非是世界著名的钻石王国，约翰内斯堡是黄金之都，为此，李新铸也投资了矿业开采，把南非的黄金、钻石、铁砂大量销往中国。

而国土被南非包围的莱索托，闽商也有踏足。福清籍的陈克辉、方则基、何青三人于20世纪90年代在此创业。他们从一家小型超市起步，迅速在莱索托8个城市开设了几百家超市、商场，经营品种也由单一的日用品发展到五金、副食、服装、鞋帽等，并开了餐馆、车行等。[①] 独立不久的纳米比亚，闽商黄松根也是早早进入。他从进出口贸易起步，陆续掌握了17家店铺，生意好时，每个店每月能有十几万纳元的收入。2002年，他又将生意重心由商品批发转为房地产开发，创立了领先商业开发公司，在首都投资建造了集仓储、商业、住房为一体的批发中心。不久，他又在纳米比亚北部建成两座大型商贸城，一个250套民用住房的建设项目也已启动。此外，他还在多个城镇购买了大量土地，静待时机开发，“中纳合作商贸城”也列入接下来的计划之中。[②]

在东部非洲的坦桑尼亚，也约有1万华人生活，且绝大多数是商

① 《闯荡非洲的特别华商群体——福清人》，http：//toutiao. com/i1071235849/，2015年6月5日。

② 《从水果小贩到开国总统座上宾——访纳米比亚福建同乡会会长黄松根》，网易新闻，http：//news. 163. com/13/1001/15/9A446B7300014JB5. html，2013年10月1日。

人。[①] 其中，闽商姚少青开办了进出口贸易公司、鞋业有限公司、投资有限公司，成就颇大。2012 年以来，他又在坦桑尼亚成立超越投资公司工业园区，建设 10000 多平方米厂房，并开始涉足生产生活用纸（卫生纸）及文化用纸行业。[②] 蔡清票开办的卫生巾、纸尿布等妇幼用品生产工厂，是该国唯一从事妇幼用品生产的工厂，每个月的出货量达到 50000 箱还供不应求，牢牢占据了坦桑尼亚国内 80% 的市场份额。[③] 在莫桑比克，闽商并非最早到达，但他们跑马圈地的宏伟计划实现得最快。在莫桑比克南部首都城市马普托、位于中部的第二大城市贝拉和位于北部的第三大城市楠普拉分别建立了三个贸易基地，他们以此为中心，向四周辐射开店，进而垄断了全国市场。[④] 泉州人蔡国伟在肯尼亚经营服饰，并成立了天球集团，发展为以进出口贸易为龙头，集房地产开发、物业管理、纺织服装贸易、工艺品、木材销售、电器、葡萄酒等于一体的多元化大型跨国集团公司。其投资生产的毛毯在整个非洲南部的共同体（共 7 个国家）市场占有率达到 30% 以上，是当地最大的毛毯制造、供应商。[⑤] 2011 年，他又应埃塞俄比亚梅莱斯总统的邀请，组建华坚公司赴埃塞俄比亚首都建设了"东方工业园"，生产的皮鞋运往美国销售。如今，华坚公司已成为埃塞俄比亚最大的出口企业。在留尼旺岛，21 世纪初，也有七八百名福清、连江人辗转进入，他们或开办超市、餐馆，或当小商贩，一些人站稳脚跟后，还创立公司，经营进出口贸易。[⑥]

---

① 《肤色不重要　异国有浪漫　非洲姑娘抢嫁中国男人》，福建侨网，http：//www. fjqw. gov. cn/hqwh/hrsj/201203/t20120326_ 60791. htm，2012 年 3 月 26 日。

② 《姚少青：扎根在非洲黑土地上的福清哥》，《福清侨乡报》2016 年 2 月 3 日。

③ 《坦桑尼亚福建同乡会蔡清票：建筑和农渔商机无限》，《泉州晚报》2012 年 9 月 14 日。

④ 《闯荡非洲的特别华商群体——福清人》，http：//toutiao. com/i1071235849/，2015 年 6 月 5 日。

⑤ 李闽榕、王日根、林琛主编《闽商发展报告（2012）》，社会科学文献出版社，2012，第 52 页。

⑥ 黄意华：《马达加斯加、留尼旺的福州华侨华人》，《福州晚报》2013 年 9 月 7 日。

## 二　2018年境外闽商状况

闽商成就在境外，这已成为学界共识。梳理境外闽商发展成就发现，经过一年国际局势的大变动，境外闽商2018年的表现仍是微变之中保持不变，具体表现如下。

### （一）财富成就地区不均趋势仍将延续

因移民历史不同，区域政治和社会环境有差异，境外闽商的经济成就明显存在地区分布不均现象。一般来说，东南亚地区的闽商已经成为全球不可忽视的资本力量。按照美国财经杂志《福布斯》近几年富豪榜统计，菲律宾十大富豪榜中7～8位属于闽籍，印度尼西亚也有5～6位，马来西亚有6～7位，而泰国的首富则是闽商苏旭明和粤籍人士谢国民轮流坐庄。许多闽商的财富可用富可敌国来形容。据英国《卫报》援引国际救援组织乐施会（Oxfam）的报告称，印度尼西亚最富有的四大家族掌握了超过250亿美元的总财富，其规模相当于印度尼西亚2.5亿人口中40%贫穷者的财产总和。最富有的四大家族全部为华人，而且全出自福建省。而在欧美国家和地区，以及新近崛起的非洲，虽然许多闽商也创造了不俗的成就，但还没有实力赶超东南亚地区的闽商。

### （二）行业分布过于集中趋势难以明显改善

境外闽商遍布世界，数量众多，一个显著特点是在行业上高度集中。闽商的财富集聚主要集中于消费品制造、餐饮、零售、农业等行业。如阿根廷80%的闽商从事超市业，且多数为福清籍。美国闽商的中餐业大多为福建长乐移民所掌控。南非的超市业也大多为闽商。在传统福建移民地区，东南亚的闽商财富也主要来自居住国的农业资源。如菲律宾陈永栽的财富集聚从烟草业开始，印度尼西亚的黄惠忠、黄惠祥兄弟，以及林天宝等，财富皆来自烟草行业；木材行业造就的闽商有印度尼西亚的黄双安、黄奕聪，马来西亚的张晓卿、刘会德等；棕榈油则属于马来西亚的李深静、郭鹤年，印度尼西亚的黄奕聪等；零售业更是闽商财产的主要来源渠道，如菲律宾的施至诚，印度尼西亚的郭桂和、林逢生。

近年来，闽商已开始从这些传统行业向资本和技术密集型行业拓展，尤其是高新技术产业也有闽商经营的身影，但在资本上仍很羸弱、分散。

### （三）传统经济转型升级进展缓慢

传统闽商企业大多依托居住国丰富的资源禀赋获得发展，形成许多占绝对优势的产业集团。但在经历了2008～2009年的全球金融危机和严重经济衰退后，当前世界经济正处于转型和调整当中。过往依靠资源出口赢利的模式已经陷入不确定性之中。同时，全球新一轮的科技革命和产业变革正在兴起，以信息技术、智能技术、生物技术、新材料技术、新能源技术为突出代表，正在改变传统产业模式并创造着新的产业。海外华商纷纷采用科技创新的方法来实现企业可持续发展，既包括技术创新，也包括管理创新和文化创新。相应地，境外闽商企业也进行了转型升级。然而，目前境外闽商虽有缓慢介入，如东南亚的三林集团、力宝集团都开始涉足电子商务，针记集团第三代投资互联网企业并有所成就。但从总体趋势来看，境外闽商对互联网经济还未能完全适应并有相应的应对措施，前景有待观察。

## （四）安全困扰仍是主要困难

传统闽商所在的东南亚区域因各国民主化的转型，政府相对稳定。各居住国的闽商逐渐落地生根，政治和经济相对安全。但间歇性地，各国仍有歧视华人或排华情绪。而许多新闽商移居国家则呈两极分化，安全问题也各不相同。许多前往发达国家的新闽商，如在英国、法国、西班牙、意大利等地，因为经营方式和理念不同，新闽商不时会爆发与当地人的冲突，或者因不法经商而导致财产损失。总体上看，他们面临的经济安全困扰较多，人身安全状况较好。另外一些前往非洲、南美洲谋生的新闽商，则因所在国经济落后，政治不稳定，社会治安堪忧。许多在地经营的新闽商不仅正常的经济活动无法保证，人身安全也常常受到侵害。如在南非的福清籍新闽商，在巴西、委内瑞拉等地的新闽商，经常发生财产被抢劫、人身安全被伤害等事件，甚至有时人财两空。

## （五）部分家族企业后继无人

一般来说，家族企业的寿命一般为 20 年左右；家族企业能延续到第二代的仅为 39%；能延续到第三代的更是只有 15%。但是境外华人家族企业的状况要高于这些数字。[①] 境外闽商的企业如何实现权力过渡，将直接影响未来的发展。在东南亚的闽籍家族企业传承过程中，一是企业的创业者纷纷将自己的子孙送往资本主义发达国家学习现代经营管理，学成回来后参与本家族企业的管理；二是通过传帮带手段，从小锻炼接班人，从而实现企业传承。目前许多东南亚的闽商家族公司已过渡到第二、第三代手中，相对比较顺利。如已故施至诚家族的 SM 集团已经由长女施蒂丝和长子施汉生顺利接班；已故的郑

① 赵耀：《家族企业的接力棒该传给谁?》，《江南论坛》2007 年第 7 期，第 13 页。

少坚自2008年起就启动代际交替工作，将家族企业交给两个儿子郑康为、郑康权，自己则担任荣誉董事长；陈永栽的传承也在有序进行；林绍良家族的三林集团在林逢生的领导下重回巅峰。但是，不可忽视的是，也有许多闽商的家族公司因为继承人问题，陷入困境或分崩离析。如黄双安去世后，财源帝集团因为继承人问题，据笔者了解似已瓦解；云顶集团的林国泰因为家族财产问题陷入诉讼还未平息。

更明显的，许多老一辈的闽商逐渐淡出舞台，但新一代的闽商因传统行业没落，对新的科技型产业介入不够，成就并不明显。

## 三　境外闽商未来发展展望

虽然闽商在境外发展存在许多困难，但也蕴藏着不少机遇。

### （一）境外闽商迎来中国崛起、福建发展的良好契机，将大有可为

当前，中国经济崛起已经成为不可逆之趋势。福建受“一带一路”倡议核心区、自贸区建设等政策扶持，境外闽商较为集中的东亚和东南亚又正好位于“一带一路”沿线，这为他们创造了巨大的发展机遇。而且，这些国家拥有庞大的人口和经济体量，基础设施投资空间巨大，境外闽商凭借自身在沿线国家和地区拥有的政治、经济影响力，已成为“一带一路”建设的独特力量，并从中觅得发展良机。此外，中国经济发展的广阔机遇，也为境外闽商实现跨国发展创造了市场空间。

### （二）境外闽商应大力推进企业全球化、跨国化发展

全球化、跨国化与信息技术一起被称为当今世界的发展趋势。尽管现在出现了一些逆全球化的声音，以及有关跨国公司的负面报道，

但是，全球化、跨国化仍然是世界发展的主流。因为全球化、跨国化的发展是一种经济规律。可以看到，近年来的跨境贸易和跨境投资不断增长，反对贸易保护主义，维护多边贸易体制依然是世界主要经济体的共同主张。在经济全球化趋势中，实现自身经营的全球化也是境外闽商企业发展壮大的重要标志。越来越多的闽商积极推进全球化、跨国化的企业运作方式，将“全球化、合作、共赢”作为企业发展的理念。他们不断寻求新的市场机会和发展空间，提升自身竞争优势，迎接全球化的机遇和挑战。

### （三）积极涉足电子商务，推动闽商企业转型升级

境外闽商参与跨境电商具有独特优势。闽商中有不少以传统商贸起家，已经具备仓储资源、物流和营销网络。因而，闽商通过电子商务平台实现转型与升级换代，无疑是一个可行的发展路径。而在东南亚国家之中，电子商务无疑是发展最快的地区，印度尼西亚被不少国内互联网公司认为有着无限的增长潜力。面对电商机遇，新老闽商都应该积极介入发展，依托互联网经济促使企业转型升级。

### （四）新闽商积极融入当地，合作维护华商利益的举措有所推展

东南亚传统闽商大多已经落地生根，并成为所在国公民。随着民主化转型发展，东南亚的华人也在政治领域崭露头角，积极维护自己的公民权益。同样，新闽商所在的欧美国家和地区，也开始介入政治领域，积极宣扬华人的正面形象。然而，在许多发展中国家的新闽商，受困于所在国家的政治不稳定、社会治安差，只能积极自救，通过华人社团、华商领袖，与所在地政府合作，建立警民合作等机构，维护社会治安，保障在地新闽商的人身和财产安全。成效如何，有待观察。

### （五）境外闽商家族企业现代化转型升级之路仍较漫长

许多传统闽商的企业一贯以家族企业模式运作。这种管理的局限性也使很多企业出现“富不过三代”的现象，或者企业陷入各种人事纠纷之中，影响企业的发展壮大。相较于欧美企业的百年以上传承，推动境外闽商企业将管理传统与现代相融合，迎接管理模式和运营理念的现代化，将有助于打造百年闽商企业。

## 结　语

分布在188个国家和地区，总数达1580多万人的闽籍华侨华人，[①] 追随全球化的步伐，深入世界各个角落，大胆创新，不仅将传统的优势产业发扬光大，也充分挖掘新的增长点，取得了非凡的业绩。总结近年来境外闽商的成就如下：一是，在传统地域、传统行业，传统闽商仍保持着财富的持续增长，在行业的领先地位无法撼动。如东南亚的闽商，在造纸、烟草、银行、棕榈油等领域一直为行业翘楚，并长期占据福布斯富豪榜排名前列。二是，新移民、新闽商在新的地域不断拓展、深耕，依托国内的产业优势，创造了许多优势产业，如超市业、餐饮业、制鞋业、服装业等，成为新闽商崛起的重要基础。三是，东欧、南部非洲等地，闽商开疆辟土，创新性地推进事业，既是闽商经济的新增长点，也为“一带一路”建设奠定了基础。四是，随着大量闽籍留学移民人数的增长，自身素质提高，新闽商利用自身的技术专长，在高端科技领域也开始崭露头角。如新加坡蓝伟光的膜技术、林玉程的环保技术，被誉为“新加坡的比尔·盖

① 《第五届世界闽商大会新闻发布会答记者问》，东南网，http：//www. fjsen. com/a/gov/2016 - 05/23/content_ 17855369. htm，2016 年 5 月 23 日。

茨”的沈望傅，林润泮创办的加拿大基因国际有限公司等，皆是境外闽商发展的新亮点。当然，我们在看到其优势和新趋势的同时，需客观审视其发展状况。他们受自身条件、中国经济发展的阶段性影响，产业多数为传统性、边缘性产业，较集中于亚洲，在欧美的主流国家（地区）、主流行业，仍未能取得显著性增长，且在新兴科技领域的发展仍显不足。

当然，正如胡润财富榜创始人表示的，以前我们对在境外经商的华人的理解停留在唐人街的中餐馆上，但现在华人已经涉足全球的各行各业。事业发展越来越全面，经济实力也在不断增长，这应是境外闽商近年的真实写照。

# 专题报告

Special Reports

## B.5 2019年闽商大数据产业发展报告

林仙平 *

**摘 要：** 2000 年，福建省做出发展数字福建的战略决策，经过 18 年的大发展，数字福建取得了巨大成果，并上升为数字中国的国家级战略部署。2018 年，福建数字经济总产值超过 1 万亿元，占福建省 GDP 总量的 1/3。数字经济是未来战略性新兴产业，也是推动福建经济再一次大跨越的重要经济形态。

**关键词：** 数字福建 大数据产业 数字经济 战略性新兴产业

* 林仙平，《闽商》杂志社新媒体总监。

## 一　回眸：泡沫中的历史机遇

环山之水，必有其源；参天之木，必有其根。

### （一）“数字福建”战略启航

2000年，全球互联网泡沫风声鹤唳，从大洋彼岸的美国起源的互联网泡沫破裂风潮，给全球刚开始萌芽的数字经济一记重击。诸多曾经风云一时的数字企业，被泡沫淹没。不少成长中的数字企业，被浪潮卷走。但在泡沫被打破的同时，其展示出来的技术力量，惊艳世界。

这时候，位处太平洋西海岸、中国改革开放前沿的福建省，却迎难而上，在国内率先由省级政府层面部署，向数字技术发起了冲锋的号角。

2000年10月12日，福建省时任省长习近平，在《“数字福建”项目建议书》上做出批示：“实施科教兴省战略，必须抢占科技制高点。建设‘数字福建’，就是当今世界最重要的科技制高点之一。”①

“数字福建”战略由此开始，正式揭开帷幕。

2000年10月，中共福建省委六届十二次全会决议提出：“加快开发利用全省信息技术和资源，建设以实现国民经济和社会信息化为目标，以信息资源数字化、网络化和信息共享为主要内容的‘数字福建’。”

“数字福建”战略规划明确提出，到2020年，实现“处处相连、物物互通、事事网办、业业创新”，基本实现“数字化、网络化、可视化、智慧化”的新跨越。

2001年初，福建省政府成立“数字福建”建设领导小组，福建省时任省长习近平亲任组长，三位副省长任副组长，由常务副省长兼

---

① 《习近平同志在福建推动信息化建设纪实》，《人民日报》2018年4月20日。

任领导小组办公室主任，18 个省直部门的主要领导作为小组成员。各设区市建立信息化主管部门，形成上下职能一致、业务衔接、分工负责的信息化管理体系。①

从 2001 年开始，逐渐建立了统一的政务网络、信息交换体系和信息安全体系等 3 套基础支撑平台，在此过程中奠定的数字福建战略总体框架一直延续至今。②

### （二）“数字福建”成果不菲

经过 18 年的努力，数字福建初步呈现“处处相连、物物互通、事事网办、业业创新”的良好发展态势，为源于 2000 年的“数字福建”战略部署，交上了一张亮丽的“数字答卷”。

2018 年 4 月 23 日下午，在首届数字中国建设峰会上，“数字福建”建设的两大重大平台“无线政务专网”与“福建省政务视频会议公共平台”正式开通，展示了对“集中、融合、共享、安全”的顶层设计理念的践行。

2018 年 4 月 24 日，福州，“数字中国核心技术产业联盟”正式成立。联盟聚焦大数据、云计算、物联网、人工智能、虚拟现实、智能制造等 12 个领域，加强行业协作，突破核心技术，推进数字中国向前迅速发展。

联盟由中国电子信息产业发展研究院和福建省电子信息集团联合多家行业领军企业联合发起，以掌握安全可控的核心技术、推进产业化发展为目标，所有致力于为数字中国生态建设与健康发展贡献力量、推动数字经济产业聚集的企业、机构都可以申请加入。

---

① 《习近平同志在福建推动信息化建设纪实》，《人民日报》2018 年 4 月 20 日。

② 《数字福建：激活经济新动能　提升群众获得感》，人民网，http：//fj. people. com. cn/n2/2018/0421/c181466 - 31490212. html，2018 年 4 月 21 日。

包括福建本土数字企业新大陆、星网锐捷等，以及国内数字企业领导企业华为、联想、紫光、曙光、腾讯、百度、小米，以及清华大学研究院等数字产业研究机构，共200多家中国最顶尖的相关领域企业和研究机构申请入盟。

数字中国核心技术产业联盟，对进一步推动数字中国的发展、增强中国在数字时代话语权，将带来极大裨益。

## 二 成绩：数字经济的福建力量

新故相推，日生不滞。

大数据产业是一个包罗万象的新型产业，是信息产业的最新迭代。互联网、智慧城市、智能制造，核心都在于数据利用。大数据产业涵盖了从芯片的研发、服务器的生产、云中心的建设、信息化软件平台的开发、信息化项目建设、数据的人工/自动化采集、数据加工和应用、软件工具（PAAS）等范畴。简而言之，大数据产业，就是数字经济。

18年前的规划与部署，“数字福建”如今已经初具雏形。这个成绩，是由一系列具体的成果验证的。

### （一）“数字福建”成果初探

2018年，福建数字经济总规模突破1万亿元，超过地区生产总值的1/3，数字经济正成为福建实体经济的重要推动力，也成为福建经济快速发展的重要动力源。①

2017年，福建省网站数量居全国第5位，信息化综合指数居第6

① 《数字经济，为新福建注入“活力因子”》，网信福建，http://www.cac.gov.cn/2018-03/31/c_1122616886.htm，2019年3月31日。

位，数字经济总量居第7位。福建成为国家电子政务综合试点省份、全国政务信息开放试点省份和政务信息系统整合共享应用试点省份，七成地级市成为国家智慧城市试点。①

在“2018赛迪数字经济百强城市”榜单上，福建9个设区市有6个上榜，包括福州、厦门、泉州、漳州、莆田、龙岩。数字福建总体框架建设也取得了巨大进展，初步形成“处处相连、物物互通、事事网办、业业创新”的产业布局。

截至2017年，福建所有地市均达到光网城市标准，4G网络全覆盖，行政村百分之百通光纤。建成全省政务信息网和电子政务外网、无线政务专网，形成覆盖省市县乡的四级政务信息网络体系，公共服务平台体系覆盖国民经济和民生主要领域。②

2018年，福建物联网产业总产值超千亿元，在交通监控、食品溯源、工业控制、家居安防等领域保持全国领先地位。技术应用范围不断拓展，福州市马尾区是全国物联网产业基地，厦门市被列入“国家物联网重大应用示范工程区域试点”。基本实现窄带物联网全覆盖，发展物联网终端用户800万户。③

2017年，福建省网上办事大厅共入驻行政审批和公共服务事项近13万项，便民服务事项1784项，3.5万多项服务事项的6万多份材料均可通过电子证照库实现共享。截至2017年底，“一趟不用跑”事项累计达2.3万件，“最多跑一趟”事项累计达9.1万件。④

到2018年，福建省网上办事大厅进驻行政审批和公共服务事项

---

① 《“数字福建”建设：转换发展动能，探路数字中国》，新华网，http：//baijiahao.baidu.com/s? id = 1598128916926237051&wfr = spider&for = pc。

② 《“数字福建”激活发展动能》，《人民日报》2018年4月19日。

③ 《“数字福建”激活发展动能》，《人民日报》2018年4月19日。

④ 《福建省网上办事大厅2017年度大数据报告》，《福建日报》2018年2月25日。

16 万项，95% 的事项开通网上办理，累计办结业务 1000 多万件，其中窗口申请 769 万件，电脑端申请 241 万件，微信及移动端申请 21 万件。①

在福建自贸区福州片区，已经实行了全国首创的行政审批全流程应用电子证照。在审批服务过程中，凡是电子证照库中存储的电子证照，不再要求企业来窗口重复递交纸质材料。2017 年 9 月，全省首张通过无纸全程电子化登记系统申办的营业执照从福建自贸区福州片区发出。②

2017 年，福建电子商务交易额达 1.4 万亿元，农村电商、跨境电商交易额均居全国第三位，大数据、云计算、虚拟现实（VR）等新技术、新模式、新业态、新产业快速发展，成为经济发展的新动能、新增长点。③

网络无处不在，数据自然而然地转化为重要的生产力。这种生产力催生出大量的新型互联网公司。新型互联网公司层出不穷，又进一步推动福建经济向前发展，形成一个良性循环。

### （二）“数字福建”企业先锋

在“数字福建”战略的推动下，福建数字企业得到极大的发展，并取得了很好的成绩。福建数字产业在政策的推动下，得到迅猛的发展。

成立于 2003 年的南威软件集团，是国内最早从事电子政务系统开发的软件集团之一，伴随数字福建战略的深入，南威软件集团逐步

---

① 《网上办事大厅业务量突破 1000 万件》，福建省经济信息中心，http：//fjic. gov. cn/bmzy/yyrjc/gzdt_ 24497/201812/t20181218_ 4711078. htm，2018 年 12 月 18 日。

② 《抢占新高地　福州新区昂首迈向“数字新区”》，中国新闻网福建，http：//www. fj. chinanews. com/news/fj_ tsxfj/2018/2018 – 04 – 19/407953. html，2018 年 4 月 19 日。

③ 《“数字福建”激活发展动能》，《人民日报》2018 年 4 月 19 日。

成长为数字经济企业的代表。目前南威软件集团设立了福建泉州、福州双总部，运营总部设立在北京。

截至2018年底，南威软件集团累计承担了国家科技支撑计划、国家电子信息产业发展基金、国家信息安全专项等超50项科研课题，获得中国智慧城市规划与建设优秀解决方案大奖3项、国家级和省市级科技进步奖超30项、专利超50项、自主知识产权软件产品超500项、中国国际软件博览会金奖7项，在重要核心刊物发表论文超百篇。

南威软件集团所创新设计的浙江“最多跑一次”、江苏“不见面审批”、河南“一网通办前提下的最多跑一次”、福建“全网通办”成为行业标杆，创新成果写入了2018年国务院政府工作报告，在数字中国建设峰会中央网信办公布的30个数字中国建设最佳实践典型案例中南威软件三个项目入选。智慧丰泽为全国首个综合型智慧城市建设工程，是新型智慧城市的示范项目。其打造的国家发改委四大核心平台之一12358全国价格监管平台，是国家发改委唯一由外部企业承担建设的核心平台，目前已经成为国家发改委的核心应用之一。

“12345，有事找政府。”福建榕基软件股份有限公司承担了12345从便民呼叫中心到网络化多维互动政务服务平台的转变工作，推出公司协同办公、移动办公、云办公等政务办公应用产品，成功建成国内首个省级移动办公云服务平台，帮助“数字福建”在政务移动化应用方面取得重大突破。

创建于1993年的榕基软件，经过多年发展，逐渐完善了自己的技术，完成了资金储备。2001年，伴随“数字福建”战略的推进，承担福建省人民政府“三网一库”工程的建设，这奠定了企业在政务信息化建设领域的里程碑。也是从2001年开始，榕基软件开始了全国扩张的步伐。

2017年，由榕基软件承建的国家质检总局新一代检验检疫核心业务系统——中国电子检验检疫主干系统（e－CIQ 主干系统）正式在全国运行，开始在“智慧口岸”建设过程中扮演关键角色，为国家“三互”大通关建设奠定了基础。

诸多数字企业蓬勃发展，福建数字经济成绩喜人。

从“2018 年福建互联网企业 20 强”名单上可以发现，这些福建数字经济的代表，都是在国内很有影响力的企业：美图公司、四三九九网络股份有限公司（以下简称 4399）、福建网龙计算机网络信息技术有限公司（以下简称网龙）、厦门吉比特网络技术股份有限公司（以下简称吉比特）、福建游龙网络科技有限公司（以下简称游龙）、厦门美柚信息科技有限公司（以下简称美柚）、厦门翔通动漫有限公司（以下简称翔通）、新中冠智能科技股份有限公司（以下简称新中冠）、厦门三五互联科技股份有限公司（以下简称三五互联）、厦门鑫点击网络科技股份有限公司（以下简称鑫点击）、厦门南讯软件科技有限公司（以下简称南讯软件）、厦门易名科技股份有限公司、厦门极致互动网络技术股份有限公司、厦门万翔网络商务有限公司、福建中金在线信息科技有限公司、福州靠谱网络有限公司、趣游（厦门）科技有限公司、厦门集微科技有限公司、厦门易功成信息技术有限公司、福建云脉教育科技股份有限公司。

其中，美图公司、4399、网龙等企业（见表 1），进入“2018 年中国互联网企业 100 强”榜单[①]。

在互联网企业之外，在“2018 中国软件和信息技术服务综合竞争力百强企业名单”上，福建也有多家企业上榜，包括排名第 29 位的星网锐捷，排名第 40 位的新大陆科技集团，排名第 46 位的福大自动化科技，排名第 61 位的网龙等。星网锐捷、福大自动化科技、新

① 《2018 年中国互联网企业 100 强榜单揭晓》，中国互联网协会官网，http：//www. isc. org. cn/zxzx/ywsd/listinfo－36191. html，2018 年 7 月 27 日。

**表 1 进入“2018 年中国互联网企业 100 强”榜单的福建企业**

| 企业名称 | 全国排名 | 主要品牌与服务 | 总部 |
|---|---|---|---|
| 美图公司 | 17 | 美图秀秀、美颜手机、美拍、美图手机 | 厦门 |
| 4399 | 34 | 4399 小游戏平台 | 厦门 |
| 网龙 | 36 | 魔域、征服、英魂之刃 | 福州 |
| 游族 | 51 | 游族网络、游族影业、游族体育 | 泉州 |
| 吉比特 | 60 | 问道、斗仙、不思议迷宫 | 厦门 |
| 游龙 | 69 | 19196 手机游戏俱乐部 | 福州 |
| 美柚 | 98 | 美柚、柚宝宝、柚子街 | 厦门 |

大陆科技集团还上榜“2018 年中国软件业务收入前百家企业”名单，分别居第 27 位、第 36 位和第 43 位。

福建省近 40 家企业的产品或技术，在行业应用软件、大数据、移动互联网、物联网、动漫游戏等细分领域，在全国范围内处于领先地位。

其中，吉比特是国内首家在 A 股主板非借壳独立上市的游戏企业，加上南威软件、榕基软件、星网锐捷、三五互联、飞鱼科技、网龙等，福建已诞生众多上市互联网企业，新三板上市企业更是数量众多。

网龙以游戏起家，早年卖掉游戏网站 17173 给搜狐，又以 19 亿美元高价将 91 无线卖给百度。现在的网龙，正全力孵化华渔教育，通过多起国际并购，将线上教育的版图铺遍全球。

来自厦门的美图公司，是与苹果公司、微软、Facebook、谷歌、百度、阿里巴巴、腾讯“肩并肩”的全球仅有的八家用户数超十亿的互联网企业。

2018 年 1 月，美图公司宣布旗下影像应用 BeautyPlus 海外用户突破 3 亿。美图的影像及社区应用矩阵在全球已经覆盖超过 15 亿台独立设备。

公开数据显示，2018 年 2 月，美图月活跃用户总数高达 4.547 亿，继续在影像类 App 市场保持首位。在流量就是钱的时代，美图未来的潜力无可估量。

美柚是一家专注为女性提供线上服务的移动互联网公司。2017 年营收 3.4 亿元，用户超过 1.5 亿，日活跃用户 700 多万。已经形成“美柚”“柚宝宝”“柚子街”“返还购”等 App 产品矩阵，全方位服务于女性经期、备孕、孕期、辣妈等整个生命周期，全面提供健康管理、孕育科普、社区交流和垂直电商等线上服务。据艾瑞、易观和 QuestMobile 等多家第三方数据机构监测，美柚的日活跃用户数、月活跃用户数和用户月度总有效时长等多项核心指标均在女性亲子 App 行业中排名第一。

作为全球从事电子数据取证业务仅有的两家上市公司之一，厦门市美亚柏科是全国第一个通过 CNAS 实验室认可的非公电子数据鉴定机构，并荣获 CNAS 实验室认可证书。旗下的“取证大师”获得了 2011 中国年度创新软件产品；“虎鲸号”勘查取证车惊艳国人，还与中国人民公安大学合作，完成国内首创的 10 本电子数据勘查取证教材项目。2018 年，美亚柏科营收 16 亿元。电子数据取证产品全国市场占有率第一（50% 以上），网络信息安全产品居全国前列。

福大自动化科技有限公司研发的“机械手”，通过福大自动化自主研发的 IAP 系统，能让由各厂家设计的不同品牌设备的三台机器通力协作。IAP 系统有效地打破了企业品牌垄断，能够实现异构设备之间的互联互通，可以让工业企业在选择控制器时，有更大的自由度。同时，IAP 系统还能进一步降低采购成本，从而增强产品的市场竞争力。

福建睿能科技股份有限公司（以下简称睿能科技）是一家专注于针织横机控制系统的软件企业，公司开发的产品，可以通过电脑控制系统识别针织打版文件，将设计人员的想象变为现实。目前，睿能科技拥有国内领先水平的核心技术，在纺织服装行业的电脑控制系统，以及针织设计 CAD 系统等关键技术上，打破国际垄断，率先实现国产化，取得较好的市场效益。

来自厦门的麦克奥迪，通过与人工智能技术结合，打造出产品 AE2000 倒置显微镜，成功助力绘制了全球首张哺乳动物细胞图谱。它独有的人机工程学观察筒和智能感应模式，为应用带来了更多的灵活性和多样性。[①]

将现代数字技术，与日常生活结合，与教育学习结合，与政务处理结合，与传统产业结合，与医疗健康结合……在政府的推动与引导下，无数种的组合，成为“数字福建”的核心推动力量，正在福建引发一个蓬勃发展的数字产业经济。

### （三）基础扎实名企“回归”

应该说，福建数字经济在政府的推动下，拥有比较扎实的基础。而其中也有大量的闽商在外地就学之后创业。一方面为了回报家乡；一方面因为福建良好产业基础的吸引，在外地取得较好发展的闽商数字企业，纷纷回归福建“再创业”。比如陆正耀的神州优车、张一鸣的字节跳动、詹克团的比特大陆。

2018 年 6 月 18 日，神州优车股份有限公司（以下简称神州优车）管理总部、瑞幸咖啡（中国）有限公司（以下简称瑞幸咖啡）全国总部正式落户厦门。这既是厦门总部经济建设的重要成果，也是厦门数字经济重要的吸引力，同时也是福建良好的数字经济基础吸引闽商回归的重要体现。

神州优车是宁德屏南人陆正耀在外地创办的一家高科技企业。企

---

① 《厦门火炬高新区软硬结合　激活数字经济产业新动能》，东南网，http：//xm. fjsen. com/2018 - 04/23/content_ 20963637. htm，2018 年 4 月 23 日。

业已经在新三板挂牌上市，也是新三板市值最高的企业，总市值约500亿元。

神州优车深度聚焦新一代汽车生活和汽车全产业链，其业务覆盖出行、电商、金融等板块，管理车队规模超过40万台，服务网络覆盖全国大约300个主要城市，用户数量约6000万，是国内最大的单一汽车购买商。[①]

陆正耀不但是神州优车的创始人、董事长，同时还是瑞幸咖啡的天使投资者，并兼任瑞幸咖啡（中国）有限公司的董事长。

作为瑞幸咖啡的天使投资人、董事长，陆正耀对瑞幸咖啡也有极大的影响力，这应该也是瑞幸咖啡直接将企业总部迁移到厦门的因素之一。而厦门良好的互联网产业基础，也是重要的推动力量。

截至2018年，瑞幸咖啡已经在国内22座城市开设2073家连锁店，成为仅次于跨国咖啡连锁机构星巴克的机构，也是中国本土诞生的最大的咖啡连锁品牌。瑞幸咖啡是实体店与互联网思维完美结合的新零售品牌，而厦门拥有良好的互联网经济基础，能够充分满足瑞幸咖啡在人才、平台等各方面的需求。瑞幸咖啡进入厦门，是城市与企业的双赢，可谓相得益彰。

对两家企业分别在厦门设立管理总部与企业总部，陆正耀表示，“厦门既有舒适的人居环境，也有优越的营商环境。相信厦门总部的建立，将为高速发展的神州优车和瑞幸咖啡再添新引擎；也希望神州优车和瑞幸咖啡的到来，能够为厦门的经济发展添砖加瓦”。[②]

闽商回归福建投资，甚至将企业总部迁移到福建，不仅有情怀上的考虑，也有对实际营商环境的斟酌。

2018年9月5日，字节跳动创始人兼CEO张一鸣回馈家乡龙岩

---

① 《神州优车曲线获新能源造车全牌照　布局绿色出行网络》，搜狐汽车，http：//www.sohu.com/a/240693885_440157，2018年7月12日。

② 《我市总部经济再添新军》，《厦门日报》2018年6月19日。

的首个实体项目、也是其在龙岩投资的第四个项目——今日头条龙岩内容质量中心正式投入运营。

作为字节跳动的“旗舰”产品，今日头条影响日著，已经在国内设立多个内容质量中心。今日头条龙岩内容质量中心，是今日头条继北京、天津等中心落地之后的第6个内容质量中心，主要承担文图音视分类标注工作。

在今日头条龙岩内容质量中心落地之前，今日头条已经与龙岩市政府有了一个合作大框架。包括之前的今日头条龙岩学院、今日头条创作空间（龙岩）项目、今日头条创作宣传龙岩项目、公益拓展项目等都是包含在合作大框架之中、相继落实的具体项目。

“与此前合作项目不同的是，龙岩内容质量中心是今日头条落地龙岩市的实体项目，在龙岩市注册了吉云互动（福建）科技有限公司，对解决当地就业、吸纳集聚互联网人才、提升龙岩互联网层级、带动龙岩互联网产业发展等，均有重要意义。”①

2018年9月21日，福州软件园闽侯分园揭牌成立，同时举行了招商项目签约活动，共有北京比特大陆科技有限公司（以下简称比特大陆）等29家企业签约入驻园区，总投资约32亿元。

相关协议显示，比特大陆计划投资13亿元人民币，在福州软件园闽侯分园，打造比特大陆集团区域总部项目，以及算丰科技产业园项目。比特大陆在此项目中，主要建设运营总部大楼、智能园区应用平台、智慧城市综合产业化项目、人工智能培训中心和双创中心以及产业园区相关配套等。②

比特大陆是由福建闽侯人詹克团创办的一家高科技数字企业。其官网介绍说，比特大陆是一家专注于高速、低功耗定制芯片设计研发

① 《张一鸣回馈龙岩家乡实体项目投入运营，今日头条大量招兵买马中》，e龙岩，https://www.sohu.com/a/252222517_100218248。

② 《福州软件园闽侯分园揭牌成立　首批29家企业入驻》，福州新闻网，2018年10月21日。

的科技公司。公司拥有低功耗、高性能的16纳米工艺集成电路的量产经验，并且已经成功设计量产了多款ASIC定制芯片和集成系统。重点面向全世界的中小型企业及个人用户，目前公司客户遍及全球多个国家和地区。

此外，随着ASIC定制技术的成熟及集成电路设计量产的优势，比特大陆积极拓展人工智能硬件及软件产品，积极研发深度学习加速卡及服务器、深度学习云平台等系列产品及服务，深入扩展云基础设施与人工智能计算领域。比特大陆的目标是让大数据用户借助其云平台更快速地开发和部署其深度学习应用。

福建良好的数字经济发展基础，为闽商数字企业“回归工程”带来很大的助力。

### （四）梧桐树秀，凤凰花开

有一句话叫“你若盛开，蜜蜂自来”。

福建数字经济发展得如火如荼，良好的数字经济基础与发展环境，也得到了大量数字经济企业巨头的青睐。

金龙客车官网显示，2018年4月，中国首款L4级无人驾驶巴士阿波龙首次面向公众试乘。2018年7月，金龙阿波龙第100辆量产车下线。

2018年7月3日，金龙汽车发布公告称，控股子公司金龙客车与SB Drive、百度日本公司签署《战略合作谅解备忘录》。备忘录显示，合作三方将争取在2018年底，抑或在2019年初，实现阿波龙汽车能够小批量供应日本市场；同时，合作方将进一步探索在日本构建以阿波龙为核心产品的无人驾驶运营平台。

这是中国领先的互联网企业百度，与金龙客车在数字汽车时代的一个代表性合作项目，也是数字技术与传统汽车技术之间无缝衔接的一个成果。

在此之前，阿里巴巴巨资入股新华都；腾讯、京东先后入股永辉超市，这既有对市场竞争的考量，也是互联网巨头期待用先进的数字科技，进一步提升传统零售业的尝试。

不仅只有入股，更多的企业，进入福建投资发展。

在首届数字中国建设峰会上，“数字福建”建设好戏连台：29个福建与央企、龙头企业、独角兽企业、高等院校合作的重大数字经济项目现场集中签约，总投资423亿元；齐聚福州的百度、阿里巴巴、腾讯、京东等互联网巨头，纷纷深化与福建项目的合作；《新时代数字福建“151”卫星应用示范工程》实施，海丝卫星数据中心启动建设。

2018年4月，国家健康医疗大数据中心及产业园建设试点工程（福州园区）正式落户数字福建（长乐）产业园。数字福建（长乐）产业园是福建省大数据产业重点园区，同时也是福建省推进“数字福建”战略的重要承载基地，吸引了360、浪潮、暴风影音等国内一些很有影响力的数字企业入驻。

更早之前的2017年5月，中国科技巨头华为，带着“华为云”落户福州软件园。据福州软件园官网介绍，“华为云”全称是华为云创新服务中心，由华为技术有限公司投资2亿元。“华为云”将助力云产业的发展，丰富软件产业形态，通过培育福州软件产业的创业服务能力，实现转型升级和名城产业品牌的打造。

在大陆数字巨头纷纷抢滩福建的时候，来自宝岛台湾的数字巨头也不甘落后。它们也看中福建优异的数字经济基础，西进淘金。

2018年8月，全球第四、台湾第一的台湾联发科技股份有限公司旗下的星宸IC产业园项目正式落户厦门火炬高新区，预计总投资10亿元人民币，并被列为2018年厦门市重大项目。

据公开资料显示，星宸IC产业园项目以厦门作为主要据点，成立了厦门星宸科技有限公司，并已在深圳、上海等地设立了子公司，将坚持主要 IP 自主研发，服务于消费电子、安防、物联网和多媒体人工智能芯片领域。同时，该项目计划在 2018 年实现营收 2 亿元。

更早之前，台湾的数字企业已经争先恐后进入福建。厦门市工商局登记资料显示，2017 年 5 月，闳康科技（厦门）有限公司注册成立；2017 年 8 月，厦门凌阳华芯科技有限公司成立。

闳康科技创始人谢咏芬女士，是台湾第一位材料学女博士，拥有（新竹）清华大学材料学与工程系博士学位，曾于美国贝尔实验室（AT&T Bell Labs）担任博士后研究员，参与国际性超导体研究项目，回台后先后就任于工研院电子所、联电（UMC）、联友光电（Unipac）以及后来的友达光电（AUO）。逐渐累积了对 IC 与光电面板生产流程、各种半导体产品特性的全面性了解以及经验之后，2002 年，谢咏芬在台湾创立闳康科技，专注于提供材料分析实验室的服务。[①]

厦门凌阳华芯科技有限公司的母公司为台湾凌阳科技，位于台湾新竹科学园区，是全球最大的消费性芯片设计公司之一，公司拥有多项自主知识产权的核心技术，旗下拥有三家上市公司。厦门凌阳华芯科技有限公司的产品涵盖了微控器芯片、多媒体芯片、液晶驱动和控制芯片及存储器芯片等。

栽得梧桐树，引得凤凰来。

福建多年以来创建了良好的经济环境，雄厚的数字经济基础、科学的园区规划，让数字企业巨头蜂拥而至。而大量的数字企业巨头进入福建，又进一步完善了福建数字经济产业链条，优化了产业布局。相辅相成中，福建数字经济正向更高的层次跃迁。

### （五）“数字福建”催生新业态

伴随经济的高速发展，以及“数字福建”成果逐渐显现，大量

① 《科技女力：坚持不懈的身影——闳康董事长谢咏芬》，搜狐网，http：//www. sohu. com/a/206334670_ 465219，2017 年 11 月 24 日。

的新业态产生。尤其是电子商务的出现，代表着福建省内闽商创业升级的一个大趋势。

另外，在人们解决了温饱问题之后，伴随收入持续增加，消费的选择变广，消费的模式也在升级，电子商务让消费者可以节约更多时间，用于干自己喜欢的事儿：比如看看书、品品酒、赏赏月。

而包括阿里巴巴等电子商务平台的出现，给具有良好数字经济基础的福建新生代带来了新的创业体验。新生代的创业模式，是基于福建良好的数字经济基础，以及雄厚的产业积淀。与最早一批“无中生有”的闽商创业者不同，新一代闽商利用福建良好的互联网建设成果，足不出户，在家里就能完成自己的创业体验，在偏远的农村也能向全球销售自己的产品。

随着电子商务在中国的发展，全国各地农村出现了一批专业的淘宝村，有力地推动农村经济发展，带动当地就业。所谓的淘宝村，是指活跃网店数量达到当地家庭户数10%以上、电子商务年交易额达到1000万元以上的村庄。如果一个镇、乡或街道，符合淘宝村标准的行政村大于或等于3个，即为淘宝镇。

2013年，龙岩培斜村仅上半年在淘宝上卖出的商品总额就超过了3000万元，培斜村成为“福建淘宝第一村”。截至2014年12月，全国共有211个淘宝村，19个淘宝镇（见表2）。其中，福建省有30个村入选淘宝村，数量位居全国第三。2017年，数量大幅增长。当年11月17日，阿里研究院公布2017年中国淘宝村及淘宝镇初步名单。数据显示，2017年全国有2100个淘宝村。淘宝村数超过100个的有6个省份。其中，福建共有189个淘宝村，数量位居全国第五。

2018年，福建淘宝村继续保持较高速度增长。阿里研究院公布的2018年中国淘宝村及淘宝镇名单中，福建共有233个淘宝村，占全国的7.3%，比2017年增加了44个。

2018年全国淘宝镇达363个，福建省拥有29个淘宝镇。泉州、福州以拥有 19 个和 7 个淘宝镇分列全国第 5 位、第 14 位。

2018 年，福建在淘宝村、淘宝镇数量上，都居于全国第五的位置，仅次于浙江、广东、江苏和山东等人口众多、经济发达的沿海省份。

2018 年，泉州市以 140 个淘宝村数量，居福建省第一，全国第五。福州紧随其后，2018 年福州共有 45 个淘宝村。莆田排全省第三，厦门、漳州、龙岩、宁德也有淘宝村上榜。晋江以 50 个淘宝村，成为福建县市中最大的淘宝村集群。

**表 2　全国、福建淘宝村、淘宝镇情况**

单位：个

| 年份 | 福建淘宝村 | 全国总量 | 福建在全国排名 | 福建淘宝镇 | 全国总量 |
|---|---|---|---|---|---|
| 2013 | 1 | 20 | | | |
| 2014 | 30 | 211 | 3 | 2 | 19 |
| 2015 | 71 | 780 | 4 | 6 | 71 |
| 2016 | 107 | 1311 | 5 | 13 | 135 |
| 2017 | 189 | 2100 | 5 | 24 | 240 |
| 2018 | 233 | 3200 | 5 | 29 | 363 |

资料来源：阿里研究院公开数据。

而福建星罗棋布的生产性企业、农产品、特色产品，也通过无远弗届的电商渠道，向全国甚至全球消费者供应。

“淘宝、天猫、京东等主要电商平台销售的休闲裤、运动鞋服和羽绒服近 80% 产自福建；京东商城销售的水暖厨卫产品超过 60% 是南安品牌；德化的茶具网销占全国茶具网络市场份额的近 80%；安溪以藤铁家具和工艺品网销为主，闽侯则以根雕和家具产业成为全国大板桌最集中的产地。”①

① 《全国第五！福建有 189 个淘宝村》，《海峡导报》2017 年 12 月 2 日。

马云说，互联网就是生产关系。通过移动互联，人们建立了新型的买卖关系。

2012～2017年，福建电子商务交易额保持年均41%的增长速度，2017年全省电子商务交易额1.42万亿元（见表3），同比增长39%；实现网络零售2816.8亿元，同比增长30.5%，大大高于全省社会消费品零售总额增幅。2018年，福建全省网络零售额3616.7亿元，同比增长28.4%。限额以上批发和零售企业实现网上零售额995.55亿元，同比增长19.5%。农村网络零售额排名居全国第3位，仅次于浙江、江苏。

**表3　过去7年福建电子商务交易额情况**

| 年份 | 年度交易额(亿元) | 同比增长(%) |
|---|---|---|
| 2012 | 2500 | — |
| 2013 | 3561 | 42.4 |
| 2014 | 4989 | 40.1 |
| 2015 | 7116 | 42.6 |
| 2016 | 10196 | 43.3 |
| 2017 | 14168 | 39.0 |
| 2018 | 8000(上半年) | — |

资料来源：福建省统计局网站。

淘宝村只是电子商务的一个缩影。在数字福建的推动下，在政府大力推进商务示范基地建设的情况下，福建电子商务风起云涌。

位于福州的海峡电子商务产业基地，在首批国家电子商务示范基地名单中榜上有名。

在商务部第二批“国家电子商务示范基地”名单中，福建共有4个基地上榜：德化电子商务产业园、莆田城厢区安福电子商务城、弘桥智谷（泉州）电商产业基地、厦门（海沧）电子商务基地。

在财政部、商务部、国务院联合发布的2018年电子商务进农村综合示范县，即2018年第五批“国家电子商务示范县”名单中，福建的寿宁、泰宁、顺昌、柘荣等4个县榜上有名。而在之前公布的四批“国家电子商务示范县”名单中，福建的尤溪县、沙县、清流县、云霄县、明溪县、漳浦县、建宁县、建瓯市、武平县、长汀县、宁化县、政和县、平和县、安溪县、连城县、诏安县、大田县等都已经完成“登榜任务”。[①]

在2015年发布的第一批福建省电子商务示范县（市、区）创建名单上，台江区、德化县、城厢区、石狮市、晋江市、丰泽区、福安市、安溪县、云霄县、鼓楼区、清流县等县域，都榜上有名。

同时还发布了第一批福建省电子商务示范基地（园区）创建名单，包括中国瓷都德化电子商务创业园、海西（石狮）电子商务园区、领SHOW天地电子商务基地、城厢区安福电子商务城等。

而企业才是电子商务的发展主体。

在第一批“国家电子商务示范企业”名单中，包括安溪中国茶都集团有限公司、福建省讯网网络科技有限公司、厦门万翔网络商务有限公司、厦门七匹狼服装营销有限公司4家企业。

在第二批“国家电子商务示范企业”名单中，福建省讯网网络科技有限公司（环球鞋网）、茶多网络（安溪）有限公司（茶多网）、厦门名鞋库网络科技有限公司（名鞋库）三家企业上榜。[②]

在商务部发布的2017～2018年度国家电子商务示范企业名单中，包括福建讯网网络科技有限公司、福建利嘉电子商务有限公司、九牧厨卫股份有限公司、莆田青春之家体育用品有限公司、福建纵腾网络

① 商务部市场体系建设司：《2018年电子商务进农村综合示范县名单》，http：//scjss. mofcom. gov. cn/article/cx/201809/20180902790215. shtml，2018年9月25日。

② 《关于商务部2017－2018年度电子商务示范企业名单的公告》（商务部公告2017年第48号），http：//www. mofcom. gov. cn/article/b/fwzl/201709/20170902 639509. shtml。

有限公司、厦门市盈拓商务有限公司等十多家来自福建的企业上榜，涵盖了电商服务类、网上零售类、网络化服务类、综合型等几乎全系列电子商务企业。

福建本土相关示范单位建设成绩也是卓有成效、有目共睹的。

在第一批省级电子商务示范基地园区公布之后，中国鞋都电子商务中心、永春县电子商务产业基地、丰泽华大电子商务产业园等产业基地，入选 2016～2017 年度第二批省级电子商务示范基地（园区）名单。

企业更是担当了创新主体。

2016～2017 年度省级电子商务示范企业（平台）显示，包括泉州家世比家具有限公司、厦门乐麦网络技术股份有限公司、厦门南讯软件科技有限公司、福建龙岩中经网络技术有限公司、美宁电商（福建）企业管理有限公司、福建海丝路科技有限公司等企业，都以优秀的成绩向客户展示了电商的力量。

电子商务无远弗届的特点，让福建沿海区域不再专美于前。位于山区的清流县春舞枝集团，也获批商务部 2017～2018 年度电子商务示范企业（网络零售类）。

位于龙州的龙岩电商产业园，于 2014 年正式起步，成为龙岩电商创业园中的“小巨头”。其中电商产业园总部大楼位于园区 F 幢，是龙岩市电子商务产业的一座标志性建筑，建筑面积 2.5 万平方米，配有企业展厅、商务会议室、银行、企业员工活动中心、员工餐厅、休闲厅、便利超市、地下车库等公共设施。

阿里巴巴集团发布的《2018 年中国数字经济发展报告》显示，2018 年，福建的电商销售总额排名全国第六位，仅次于排名前五的广东、浙江、江苏、上海和北京；数字消费力全国排名第七，落后于广东、浙江、江苏、山东、上海和河南。尤其是过去一年，福建在阿里系平台上的销售总额，同比大增 35.3%，成为全国“十强”省份中增加最快的；从人均数字消费来看，福建也仅次于上海、浙江、北京和江苏，位列全国第五。①

这些数据，彰显了福建不俗的数字经济实力以及巨大的发展潜力。

在2018年“双11”期间，全国共有237家品牌企业，单日成交额突破亿元整数关，成功跻身于“亿元俱乐部”，同比增长近42%。“双11”交易额破亿品牌，注册地位于上海的最多，共72家，广东和浙江分别以56家、43家分列第二、第三位，福建以10家领衔第二梯队。②

福建省商务厅综合数据显示，2018年“双11”当天，福建电商军团表现突出，实现全网交易额145.9亿元，增长39%，位居全国第6位。其中，安踏体育以11.3亿元收官，同比增长67%，位列阿里运动户外榜单第三名，仅次于耐克和阿迪达斯。此外，FILA、特步（中国）有限公司（以下简称特步）均进入前十。九牧厨卫全网交易额破8亿元，连续9年蝉联建材卫浴全网冠军。

新零售正在升级城市居民的生活。公开数据显示，2018年，国内线上线下餐饮消费都大幅上涨，上海、北京、杭州以及福州等城市，成为2018年本地生活餐饮消费力最高的10个城市。

报告显示，2018年，阿里巴巴国内零售平台提供直接就业岗位1558万个。其中，广东省以369.8万名就业位居第一，浙江省以225.7万名位居第二；江苏省以152万名列第三；上海则以115.4万名列第四；福建省以84万名的就业紧随其后。

在数字经济时代，以物流为代表的服务于数字经济的基础设施供

---

① 《全国GDP排名出炉，福建位列全国十强，“富可敌国”!》，http://www.sohu.com/a/292658594_806304。

② 《阿里〈2018年中国数字经济发展报告〉显示：福建数字经济成绩不俗》，《福建日报》2019年2月12日。

应更显重要。数据显示，2018 年，泉州的包裹发货量仅次于广州、金华、上海、深圳、杭州、苏州和温州，列全国第八。

在商务部办公厅确定的智慧物流配送示范单位中，福建汇丰物流有限公司杜坞物流园区和福建高速物流股份有限公司高速物流园区都在其中。

## 三　期待：核心技术就是未来

2018 年 11 月 5 日，福建省数字福建建设领导小组办公室正式挂牌。

根据《福建省省级机构改革实施方案》，福建省数字福建建设领导小组办公室作为福建省政府部门管理机构，为副厅级，由福建省发展和改革委员会管理，加挂福建省大数据管理局牌子。①

办公室主要职责是：贯彻落实国家有关信息化的政策和法律法规，拟定并组织实施福建省信息化的政策和法规规章；具体统筹福建省信息化工作，推进重点领域信息化应用；统筹规划和协调推进重大信息化基础设施和公共平台建设；负责全省公共信息资源综合管理和开发利用；组织编制数字福建建设投资计划，负责相关项目管理；负责福建省互联网经济牵头抓总、宏观指导、统筹协调和组织推进相关工作等。承担数字福建建设领导小组和福建省互联网经济联席会议日常工作。②

也就是说，“数字福建”有了一个合适的“婆婆”。而早在 2001 年 1 月 22 日，福建省数字福建建设领导小组办公室，就在福州工商

① 《福建 4 家省级机构今天挂牌成立》，福建新闻联播，http：//www.sohu.com/a/273455581_351232，2018 年 11 月 5 日。

② 《福建 4 家省级机构今天挂牌成立》，福建新闻联播，http：//www.sohu.com/a/273455581_351232，2018 年 11 月 5 日。

局登记注册挂牌成立。从一个常规的法人机构，升格为福建省政府机构，这是“数字福建”建设的必然，也是福建数字经济发展 18 年之后的必须。

2018 年，“数字福建”建设已入佳境，各方称赞。随即，数字中国建设峰会在福州举办，“数字中国核心技术产业联盟”在福州正式成立。

## （一）大数据龙头企业掠影

在过去的 18 年中，中国数字产业的规模和变化速度令人头晕目眩，作为“第一个吃螃蟹的人”，福建省在数字产业方面更是可圈可点。涌现出一批具有强大竞争力的数字企业，从网龙、新大陆、星网锐捷，到美图公司、美亚柏科、美柚、三安光电（见表 4）等；从软件、移动互联网、动漫游戏，到大数据、物联网、VR/AR、IC 等，产业链分布越来越完善，产业分工越来越细化。

**表 4　2018 年福建数字经济部分上市公司代表表现**

| 企业 | 年度营收（亿元） | 增速（%） | 净利润（亿元） | 同比变动（%） |
|---|---|---|---|---|
| 三安光电 | 63.93（三季报） | 1.76 | 25.93 | 9.09 |
| 星网锐捷 | 91.31 | 18.51 | 58.08 | 22.98 |
| 新大陆 | 41.31（三季报） | 16.67 | 4.79 | -13.56 |
| 网龙 | 50.37 | 30.25 | 4.76 | 636.11 |
| 美图公司 | 27.9 | -37.80 | 4.79 | -13.56 |
| 睿能科技 | 18.53 | -2.96 | 1.14 | -19.67 |
| 吉比特 | 16.55 | 14.91 | 7.23 | 18.58 |
| 亿联网络 | 18.15 | 30.81 | 8.55 | 44.68 |
| 美亚柏科 | 16.00 | 19.75 | 3.03 | 12.00 |
| 榕基软件 | 8.11 | 9.36 | 0.33 | 0.77 |

资料来源：各家上市企业年度报告、业绩预告。

所有事业都是立足在人的基础上，所有产业都是源于企业家的进取。刘德建、王晶、蔡文胜、滕达……一大批新锐企业家星光熠熠，引领风潮。

从产业到企业，从企业到企业家，再到各类人才，健全了福建数字产业高速发展的基因。而数字福建最大的推动力，从来未曾缺席，那就是政府。

## （二）福建省创新举措不断

18 年前的政府战略部署，到 2018 年 2 月，福建省在全国率先出台《关于加快全省工业数字经济创新发展的意见》（以下简称《意见》），要求到 2020 年，全省工业数字经济产业规模持续壮大，电子信息产业规模超过 1.2 万亿元，年均增长 12%；创新能力显著增强，以数字技术创新为主要动能的工业新生态初步建立；数字化转型效果明显，互联网、大数据、人工智能和实体经济深度融合，工业企业智能化改造步伐加快，新模式、新业态不断涌现。①

《意见》提出，电子信息制造业“增芯强屏”和终端产品创新是重中之重，同时要加快工业软件、物联网、大数据、人工智能等新兴技术产业化，推动信息技术产业高质量、集聚化发展。其中具体举措包括：实施加快集成电路产业集聚、构筑新型显示产业链、加快计算机与信息通信产业升级、壮大半导体照明产业、打造锂电池千亿产业集群这五大任务，落地实施 28 纳米集成电路芯片、6 英寸砷化镓芯片、8.5 代新型显示等一批重大项目建设等。②

---

① 福建省人民政府办公厅《关于加快全省工业数字经济创新发展的意见》（闽政办〔2018〕9 号）。

② 福建省人民政府办公厅《关于加快全省工业数字经济创新发展的意见》（闽政办〔2018〕9 号）。

《意见》从做强做优电子信息制造业、创新提升软件与信息技术服务业、加快新兴信息技术产业化、推动人工智能研发和产业化等四个方面，夯实工业数字经济产业基础；从推动企业生产数字化转型、提升企业管理数字化水平、推动企业数字化服务化融合发展等三个方面，加快工业企业数字化升级步伐；从构建数据驱动能力、培育工业数字化服务平台、推进工业互联网设施建设、增强工业数字安全能力等四个方面，打造数据驱动的工业新生态；从强化产业发展指导、强化治理创新协调、强化聚焦重点培育、强化精准招商引智、强化全面开放合作等方面，进一步优化工业数字经济发展环境。①

18 年前，福建省洞烛先机、勇为人先的智慧与勇气，在全球互联网泡沫破裂的情况下，在中国率先提出“数字福建”战略概念，并矢志不渝持续不断地推进。这种敢为人先的勇气和担当，为福建数字经济的持续高质量增长提供了政策保障。这也是福建数字经济蓬勃发展的重要依托之一。

“求木之长者，必固其根本；欲流之远者，必浚其泉源；思国之安者，必积其德义。”从现实经济角度来看，当政府能够对产业规划有好的预判，并根据产业趋势制定合适的政策；而企业、企业家能够对未来趋势有共同的预期，并愿意投入时，那么整个产业已经腾飞在即。这也是福建数字经济 18 年来持续进步的根本原因。

### （三）福建大数据产业优劣势分析

从福建产业进步来看，福建的大数据产业在“数字福建”战略的推动下，发展速度、质量都是比较好的，而且“数字福建”战略的持续推进，也为推动福建产生大量的互联网企业“弄潮儿”具有

① 福建省人民政府办公厅《关于加快全省工业数字经济创新发展的意见》（闽政办〔2018〕9 号）。

极大的影响。

1. 福建大数据产业格局

数学上有个概念，三角形是最稳定的。

在互联网领域，福建在国内是举足轻重的一极。而福建互联网产业的发展，也呈现稳定的“三角形态”。

作为省会城市，福州拥有独到的资源，包括人才优势、市场优势等，催生出实达、网龙、新大陆、星网锐捷等软硬件企业，这些都是老牌的互联网企业，也是资深的资本市场贵宾。

福州的优势，是福建省内其他区域所不能比拟的。所以福州成为福建数字经济最先崛起的区域。

厦门以特区为依托，吸引了大量互联网人才，成为闽南互联网群体的核心发展区域。多家企业在香港上市，包括美图公司、飞鱼科技等，也有在 A 股上市的亿联网络、吉比特等。而以蔡文胜为代表的闽南互联网精英吴欣鸿、姚剑军、陈剑瑜、李竹兵等，也都是炙手可热的数字新贵。

厦门既有特区优势，也是泉州、漳州等闽南语系人才、资本的核心聚散地，成为闽南区域数字经济成长的桥头堡，属于福建互联网产业的中坚力量。

闽西互联网群体，被誉为“中国互联网行业的第四座大山”。

中国互联网行业有“四座大山”的美誉，在百度、阿里巴巴、腾讯，也就是人们常说的 BAT 三巨头之外，还有一座武夷山。闽西互联网群体构成中国互联网圈第四座山武夷山的重要组成部分。

比如总部在北京的王兴创办的美团点评、张一鸣的字节跳动（今日头条、抖音的母公司）、洪云峰的北京兆信信息技术股份有限公司（是中国产品数码防伪及全程信息追溯第一股）；又如在重庆的熊新翔创办的易极付，是重庆唯一一家获得互联网支付牌照的第三方支付公司，是中西部地区最大的第三方支付机构。还有就是总部在上海、在香港上市的邓华金的齐家网等。

这些闽商都是闽西人。因为闽西地理位置偏僻，交通、资源等条件比较差，闽西走出来的互联网企业家，基本上是在国内其他的大中城市发展，并取得成功，之后有的已经回归福建投资。

2. 福建大数据产业优势与巩固

作为数字中国的起源、发轫之地，福建数字经济应该可以说成果比较显著。先行一步的福建，已经发展成为数字中国建设的样本省份，并逐渐达到以数据深度挖掘、融合为特征的智慧化阶段。

数字化、网络化、可视化、智慧化融合发展，数字福建建设上天入地下海，用夸张的表达，可以说是无所不能。

可以说，福建大数据产业基础雄厚，而且也培育出大批具有互联网思维的企业家，以及大量的新创业闽商群体。还形成了以福州为中心的闽东数字经济、以厦门为核心的闽南数字经济，以及以龙岩为核心的“武夷山流派”闽商数字经济三大创业流派。

总体来看，福建在大数据产业方面的优势比较明显，政府用心，企业用力，基础扎实，全省均衡。

政府对数字经济产业大力支持，闽商对互联网的理解相当到位，而且福建营商环境良好，基础设施完善。在这种情况下，又恰逢全球数字经济产业从萌芽期向高速发展期过渡，福建的数字经济因此具有很好的发展前景。

福建要进一步强化自己的优势，利用在数字经济产业方面的建设经验，进一步扩大数字经济的影响，加大对产业集群形成的支持与培育力度。

3. 福建大数据产业的劣势与对策

福建在数字经济时代先行一步的经验，并不足以指导未来福建大数据产业的发展。而且福建在大数据产业上，劣势也是比较明显的。

首先，福建数字企业规模总体偏小。

福建没有诞生阿里巴巴、腾讯这样的超级互联网企业；闽商创办的新锐数字企业，比如字节跳动、美团点评等，总部都在外地。福建本土数字企业体量偏小是一个问题。体量偏小，就局限于单项突破，很难有超级企业出现。

其次，福建人才外流严重。或者说不是外流，而是因为教育等问题，人才在外地创业更方便。这点对福建大数据产业影响很大。

数字经济本质上就是算法经济，就是人才经济，但福建高校分布很不均衡，而且总体数量偏少。福建综合性大学屈指可数，仅有厦门大学、福州大学、华侨大学等。福建大量的优秀人才，通过高考外流到高校集中的北京、上海、广东、湖北等地，毕业之后很多留在当地创业、就业，使得大量闽商在数字经济时代在外地创业，并取得很大成功。

福建要加大对本地人才培育的力度，包括高等院校提供的智力支撑，这对数字经济发展有极大的推动作用；同时也要进一步加大引进人才的力度，在经济全球化日益显现的当今，人才也在全球范围之内流动，福建要创造更加优良的创业创新、营商环境，吸引全球人才入闽。只有大量的人才汇聚，才能为未来大数据产业的进一步腾飞奠定雄厚的产业格局与人才基础。

同时，福建传统产业具有较好的比较优势，要进一步发挥大数据对传统产业的赋能作用。大数据产业不仅是现代科技的前沿方向，而且对传统产业的改造升级也有极大的作用，比如福州、泉州的纺织服装产业集群，宁德的不锈钢产业集群等，都需要大数据来推动新的产业升级。

最后，福建大数据产业要进一步加大核心技术的研发，这需要政府、企业联手推动。因为在数字经济时代，核心技术才是竞争力，这与传统产业有极大的区别。传统产业应该说从粗放式经营，到精细化生产，有产业升级的内在需求，但不管是粗放式还是精细化，都有合适的市场。但数字经济，市场虽有分层，但总体上更加扁平化，一项核心技术可以通吃一个细分行业，行就是行，不行就是不行，与传统产业有极大的差异。

因为知识产权对数字经济的影响，将渗透到生活、生产的方方面面，福建要在这方面寻求新的突破。

# B.6
# 2019年闽商区域经济发展报告

张建忠*

**摘　要：** 地方产业的繁荣汇成了福建经济发展的整体繁荣，2018年福建区域经济的发展特色纷呈，9个地级市都有着自身的产业发展支撑点。而在营造区域产业特色的过程中，闽商扮演着极其重要的角色，福建70%以上的税收是闽商创造的，其中泉州80%以上的税收是闽商创造的。本文从市域经济历史与总体现状、福建9个地级市年度产业表现及市域经济发展前瞻等方面，描绘福建重点产业在各地级市的落地情况，以及区域经济破局发展之道。

**关键词：** 闽商　区域经济　福州　厦门　泉州

## 一　区域经济历史与总体现状

郡县治，天下安。“县集而郡，郡集而天下，郡县治，天下无不治。”司马迁在《史记》里的表达，还是很有味道的。那时候的郡，类似于现在的省。

不过，现在，我们在郡县之间，多了一个“市”。可以说“市县治，天下安”。以市辖县是一次制度创新。在这种情况下，了解一些

---

* 张建忠，《闽商》杂志社执行总编辑。

市县发展状况，了解一些区域经济的发展特色，对于全面了解福建经济发展，有极大裨益。

闽商的中兴，是在改革开放以后开始并不断发展的。福建是中国的民营经济大省，从目前的情况看，福建省70%以上的税收是闽商创造的，其中泉州80%以上的税收是闽商创造的。[①] 在改革开放的浪潮奔涌之际，闽商不仅仅在家乡拼打出一些特色产业，更是将这些特色产业推向国内各地。

区域的特色产业，是与政策面的发展关联在一起的。可以注意到，在改革开放的40年间，在不同城市之间，开放的层次、发展的步伐是不同的。1980年，厦门成为经济特区；1984年5月，福州被国务院确定为全国首批14个沿海港口开放城市之一。[②] 1985年，国家又批准了厦漳泉沿海经济开放区。

之后，开放的浪潮从沿海而内地，福建形成全域开放的局面。而各个地市之间，经济发展虽然层次不同，但总体上来说，发展的状况在国内都是属于领先的。

2018年，福建省实现生产总值35804.04亿元，按可比价格计算，比2017年增长8.3%，增幅比2017年提高0.2个百分点。[③] 福建经济增速排名全国第六位，同比增速为8.3%，这个速度，在东部沿海省份中排名第一。同年，福建以9.2万元的人均GDP名列全国第六。[④]

更值得注意的是，福建是国内各省份中，经济发展均衡程度最高的省份之一。2018年，福建9个地市中人均地区生产总值最低的是

---

① 《福建七成以上税收民企贡献　民营企业家：坚定立足实业的信心》，搜狐网，http：//www.sohu.com/a/272916885_123753，2018年11月2日。

② 《改革开放40周年系列—城市篇丨福州：福泽四海惠神州》，搜狐网，https：//www.sohu.com/a/241953414_611223，2018年7月18日。

③ 《2018年福建GDP达35804.04亿元　同比增长8.3%》，中国经济新闻网，http：//www.cet.com.cn/dfpd/ssxw/2157575.shtml，2019年1月31日。

④ 《2018年我国东部省份GDP及其增速排行榜：广东一枝独秀，福建增速第一》，前瞻网，https：//t.qianzhan.com/caijing/detail/190214-9c7096a3.html，2019年2月14日。

南平市，约6.69万元，略高于1万美元的整数关。也就是说，全省9个地市人均地区生产总值全部过1万美元（见表1），这样的均衡发展，目前来看应该是国内唯一的。[①]

**表1　2018年福建各设县市GDP总量以及人均GDP数据**

| 排名 | 城市 | GDP(亿元) | 增速(%) | 人均GDP(元) | 人均GDP(美元) |
|---|---|---|---|---|---|
| 1 | 泉州 | 8467.98 | 12.19 | 97896 | 14794 |
| 2 | 福州 | 7856.81 | 10.60 | 102569 | 15500 |
| 3 | 厦门 | 4791.41 | 10.12 | 119487 | 18056 |
| 4 | 漳州 | 3947.53 | 10.78 | 77403 | 11697 |
| 5 | 龙岩 | 2393.30 | 10.42 | 90655 | 13700 |
| 6 | 三明 | 2353.72 | 10.19 | 91584 | 13840 |
| 7 | 莆田 | 2242.41 | 9.42 | 77324 | 11685 |
| 8 | 宁德 | 1942.80 | 8.30 | 66993 | 10124 |
| 9 | 南平 | 1792.51 | 10.23 | 66885 | 10107 |

## 二　福建9个地级市年度产业表现

福建共有9个设县市，因为地理位置不同、资源禀赋迥异，9个地市之间，经济发展有不小的差异。我们简单盘点一下，2018年9个地市的发展状况。

### （一）福州：千亿元产业集群扎堆崛起

改革开放40年，福州地区生产总值以年均14.3%的速度快速增长，各个时期的年均增幅均高于全省、全国平均水平。1978～1998年，福州GDP增长速度连续保持全国省会（首府）城市第一名。

① 林贤兴：《2018年GDP小盘点，中等发达，福建有份》，《闽商》2019年第3期，第81页。

1991～1995 年，GDP 增幅更是高达年均 26.6%。[①]

作为省会城市的福州，2018 年的表现也显出色，这一年福州以 7856.81 亿元的 GDP，位居福建第二，GDP 仅次于民营经济大市泉州。

福州工业企业数从改革开放初期的 1300 余家，增长至 2017 年突破 2 万家大关，达到 20484 家，增长 14.5 倍；工业增加值从 1978 年的 45308 万元，增长到 2017 年的 2227.15 亿元，实际增长 269 倍，年均增长 15.4%。[②]

1. 千亿元产业集群呈群起之势

沿江向海的福州，在现有的纺织化纤、轻工食品、机械制造、冶金建材、电子信息等 5 个千亿元产业集群的基础上，继续打造以千亿元产业集群为指向的"142"产业体系，即 1 个三千亿元产业、4 个两千亿元产业、2 个一千亿元产业。具体为：纺织化纤 1 个三千亿元产业，轻工食品、机械制造、冶金建材、电子信息 4 个两千亿元产业，石油化工、新能源 2 个一千亿元产业，产业规模化发展的内力可见。[③]

从行业的形态看，福州"142"产业体系，不仅显露规模化的趋向，而且兼顾了传统优势与新兴产业发展。

第一，千亿元产业集群间形成了彼此的发展呼应。以三千亿元为发展目标的纺织化纤，也借势石油化工产业的大发展，二者对接之势已经展露。罗源湾内，申远总投资 400 亿元、全球最大的己内酰胺、

① 《福州经济社会发展成就辉煌——改革开放 40 年福建发展成就系列分析之十六》，福建省统计局，http://tjj.fujian.gov.cn/ztzl/ggkf40/201809/t20180910_4512004.htm，2018 年 9 月 10 日。

② 《福州经济社会发展成就辉煌——改革开放 40 年福建发展成就系列分析之十六》，福建省统计局，http://tjj.fujian.gov.cn/ztzl/ggkf40/201809/t20180910_4512004.htm，2018 年 9 月 10 日。

③ 《福州聚焦"产业优" 积极构筑现代产业体系》，闽南网，http://www.mnw.cn/news/fz/1836725.html，2017 年 9 月 12 日。

聚酰胺一体化生产基地，将与长乐千亿元级纺织化纤业互为联动[1]，改变了国内高端己内酰胺长期依赖进口的局面，提升了福州市纺织行业在国内乃至全球格局中的位置；江阴半岛上，年产 80 万吨的中景石化聚丙烯项目建成投产，它与 4 个总投资 550 亿元的大型化工项目，共同推动千亿元级化工新材料产业集群加快崛起[2]。

第二，产业龙头效应明显。京东方科技集团于 2018 年 12 月 26 日发布公告称，公司与福州市政府、福清市政府等签署了《京东方福州第 6 代 AMOLED（柔性）生产线项目投资框架协议》，有意在福建省福州市投资建设一条第 6 代 AMOLED（柔性）生产线，生产高端手机显示及新兴移动显示产品，项目投资总额 465 亿元。[3] 这是京东方在福州的又一大手笔。

2015 年 10 月 11 日，总投资 300 亿元的京东方 8.5 代面板项目在福州福清正式动建。这是当时全球第四条生产线，覆盖所有电子产品的液晶面板，填补了华南电子信息产业液晶面板的行业空白。[4] 2016 年 3 月，国内最大的集液晶玻璃基板装备制造、技术研发及生产销售于一体的高新技术企业——东旭光电的项目在福清融侨开发区正式动建。这是我国大陆首个真正意义的 8.5 代液晶玻璃基板生产线项目。[5]

此前，缺乏上游企业是福建电子信息产业发展的弱势，京东方等产业龙头的大型项目陆续落地，填补了这一缺陷，令在福清电子信息

---

① 《长乐企业投资全球最大己内酰胺、聚酰胺一体化项目下月投产!》，搜狐网，https：//www. sohu. com/a/149389106_ 349455，2017 年 6 月 16 日。

② 钟自炜：《风起闽江口　引潮逐浪高》，《人民日报》2016 年 1 月 20 日，第 13 版。

③ 《京东方砸 465 亿在福州投建第 6 代 AMOLED 生产线，要和三星瓜分市场!》，百度百家号，https：//baijiahao. baidu. com/s? id = 1620907335442133249&wfr = spider&for = pc，2018 年 12 月 26 日。

④ 钟自炜：《风起闽江口　引潮逐浪高》，《人民日报》2016 年 1 月 20 日，第 13 版。

⑤ 《东旭光电落户融侨开发区》，福清新闻网，http：//www. fqxww. cn/news/fqnews/2016 - 03 - 02/70670. html，2016 年 3 月 2 日。

产业中发展的闽商受益。

2018 年 5 月 17 日，身处福州长乐的闽商企业恒申集团的一次收购，引起全球同业的关注，就在当天该公司宣布签约收购 Fibrant（福邦特）己内酰胺及相关业务。这一消息背后有两层意思：一是恒申将拥有全球领先的己内酰胺生产技术，二是恒申就此成为全球最大的己内酰胺供应商。[①] 对于福州长乐甚而福建全省的纺织化纤产业而言，恒申是个绝对的龙头，对上下游产业链的影响是巨大的。

第三，产业集群不断壮大，使得细分新产业不断涌现。因应市场需求的新变化、技术发展的新趋势，福州在发展新技术、新产业、新业态、新模式方面，加大对技术、人才、平台等新要素的投入，加快实现新旧动能的转换，呈现由大向优、由优向强的新趋势。

新兴产业逐步成为福州工业增长新动能。2017 年福州市规模以上战略性新兴企业增加值达 482.52 亿元，占福州规模以上工业企业增加值的比重为 21.9%；高技术产业增加值达 277.25 亿元，占福州规模以上工业企业增加值的比重为 12.6%。[②]

以电子信息产业为例，物联网被称为下一个万亿元级市场，是世界各国争相抢占的“蓝海”。2015 年 9 月，福州新区被正式授牌成为全国第四个，也是福建唯一的国家级物联网园区。[③] 作为福建省物联网产业最为集中的区域，福州马尾区 2017 年的物联网企业总数达 104 家，加上关联企业 200 多家，产值达 620 亿元，其中核心产值 236 亿元，增长 17.4%；全年专利申报 1518 项，授权专利 1004 项，

---

① 《瞧，福州这些千亿产业“排头兵”》，福州新闻网，http：//news. fznews. com. cn/dsxw/20180920/5ba3bd9f2d917. shtml，2018 年 9 月 20 日。

② 《福州经济社会发展成就辉煌——改革开放 40 年福建发展成就系列分析之十六》，福建省统计局，http：//tjj. fujian. gov. cn/ztzl/ggkf40/201809/t20180910_ 4512004. htm，2018 年 9 月 10 日。

③ 钟自炜：《风起闽江口　引潮逐浪高》，《人民日报》2016 年 1 月 20 日，第 13 版。

在多个领域开国内先河。①

2. 服务业放量发展

福州市统计局数据显示，2018 年，福州市规模以上服务业平稳发展，共实现营业收入 1427.79 亿元，比 2017 年增长 11.7%，营业收入增量位列全省第一。

改革开放以来，福州服务业不断抓住历史机遇，贡献度不断提高。2017 年服务业增长对国民经济增长的贡献率达 62.9%，比第二产业高出 28.9 个百分点。② 2016 年，福州第三产业比重首次超过 50%③；2017 年服务业占比为 52.4%，稳固了自己的地位，这也是现代城市经济发展的必然结果。

福州新兴服务行业经历了一个从无到有、从有到强的过程。2017 年，驱动新动能发展的信息传输业、租赁和商务服务业等营利性服务业实现增加值 1122.38 亿元，较 2004 年增长 10.5 倍，年均增长 20.7%，高于同期第三产业增加值年均增速 6.6 个百分点④，涌现出网龙、福昕软件等闽商龙头企业。商务及公务等活动需求不断增加，逐步形成以企业管理服务、广告业、咨询与调查、会展、旅行社及相关服务等行业为主导的商务服务业发展体系。⑤

① 《福州雄心：打造千亿级物联网产业集群》，福州新闻网，http://news.fznews.com.cn/dsxw/20181017/5bc6f118ab6b6.shtml，2018 年 10 月 17 日。

② 《福州经济社会发展成就辉煌——改革开放 40 年福建发展成就系列分析之十六》，福建省统计局，http://tjj.fujian.gov.cn/ztzl/ggkf40/201809/t20180910_4512004.htm，2018 年 9 月 10 日。

③ 《2016 年第三产业占比超 50%》，福州市统计局，http://tjj.fuzhou.gov.cn/zz/zwgk/tjzl/tjxx/201702/t20170204_41983.htm，2017 年 2 月 4 日。

④ 《福州经济社会发展成就辉煌——改革开放 40 年福建发展成就系列分析之十六》，福建省统计局，http://tjj.fujian.gov.cn/ztzl/ggkf40/201809/t20180910_4512004.htm，2018 年 9 月 10 日。

⑤ 《福州经济社会发展成就辉煌——改革开放 40 年福建发展成就系列分析之十六》，福建省统计局，http://tjj.fujian.gov.cn/ztzl/ggkf40/201809/t20180910_4512004.htm，2018 年 9 月 10 日。

电子商务等平台经济崛起。涌现出超级物种、盒马鲜生、朴朴超市、健康之路等闽商新业态；2017 年正统网电子商务入驻企业达 1195 家，居福建省首位；福州市限额以上批发和零售业企业通过公共网络实现零售额 152.77 亿元[①]，近年来呈现高速增长态势。

随着“新产业、新业态、新模式”蓬勃兴起、“互联网+”时代的到来，互联网和相关服务呈井喷式发展，神州专车、九易租车等一批立足福州的闽商优势互联网平台茁壮成长。

福州已经初步建成现代化商贸都市，商业影响力、集散力和辐射力得到有效体现。多层次、多类别的商业中心，以及覆盖完善的商贸流通网络体系逐步形成，战略性商贸龙头企业不断壮大，商业品牌层级不断提升，商贸业取得长足发展。[②]

2017 年累计销售额达 10 亿元以上的批发零售企业有 103 家[③]，随着企业聚集度的不断提升，福州市涌现出一批在国内有一定知名度的本土商贸流通企业，如永辉超市、新华都集团、天虹百货、福建东百集团、福建同春药业等。福州良好的营商环境，也吸引了大量的商业巨头入驻，如万达广场、沃尔玛等。

3. 现代农业跨越式前行

在新型工业化、信息化、城镇化、绿色化发展进程中协同推进农业现代化，现代农业对促进福州经济社会跨越发展做出了积极贡献。

---

① 《福州经济社会发展成就辉煌——改革开放 40 年福建发展成就系列分析之十六》，福建省统计局，http：//tjj. fujian. gov. cn/ztzl/ggkf40/201809/t20180910_ 4512004. htm，2018 年 9 月 10 日。

② 《福州经济社会发展成就辉煌——改革开放 40 年福建发展成就系列分析之十六》，福建省统计局，http：//tjj. fujian. gov. cn/ztzl/ggkf40/201809/t20180910_ 4512004. htm，2018 年 9 月 10 日。

③ 《福州经济社会发展成就辉煌——改革开放 40 年福建发展成就系列分析之十六》，福建省统计局，http：//tjj. fujian. gov. cn/ztzl/ggkf40/201809/t20180910_ 4512004. htm，2018 年 9 月 10 日。

福州市农林牧渔业 2017 年产值为 818.79 亿元，总量持续多年居福建省首位。[①]

福州农业发展的成果，首先体现在机械化方面。2017 年，机耕播种、收割面积近 6 万公顷，比 1995 年增长了 63 倍；全市设施蔬菜占地面积达 20.2 万亩，钢架大棚千亩以上蔬菜基地 19 个，均位列全省第一。[②]

立足于山海资源，福州特色产业优势更加凸显。水产、水果、蔬菜、茶叶、食用菌、畜牧、花卉苗木等八大特色产业[③]，不断延伸产业链，推进特色农产品精深加工、冷链物流、品牌推介，加快产业集聚，促进农业效益不断提升，闽商在其中的创业热情也不断高涨。截至 2017 年，福州农业产业化龙头企业获中国驰名商标 22 个、福建著名商标 230 个、福建名牌产品 90 个、福建名牌农产品 29 个、省政府质量奖 1 项。[④] 福州市先后荣获“中国纯天然远洋捕捞产品产销基地”“中国鱼丸之都”“中国金鱼之都”“中国鳗鲡之都”等称号。[⑤] 福州茉莉花茶品牌价值达 30.36 亿元，跻身于 2017 年中国茶叶区域公共品牌价值全国第六位，福州茉莉花与茶文化系统入选全球重要农

① 《福州经济社会发展成就辉煌——改革开放 40 年福建发展成就系列分析之十六》，福建省统计局，http://tjj.fujian.gov.cn/ztzl/ggkf40/201809/t20180910_4512004.htm，2018 年 9 月 10 日。

② 《福州经济社会发展成就辉煌——改革开放 40 年福建发展成就系列分析之十六》，福建省统计局，http://tjj.fujian.gov.cn/ztzl/ggkf40/201809/t20180910_4512004.htm，2018 年 9 月 10 日。

③ 《福州经济社会发展成就辉煌——改革开放 40 年福建发展成就系列分析之十六》，福建省统计局，http://tjj.fujian.gov.cn/ztzl/ggkf40/201809/t20180910_4512004.htm，2018 年 9 月 10 日。

④ 《福州经济社会发展成就辉煌——改革开放 40 年福建发展成就系列分析之十六》，福建省统计局，http://tjj.fujian.gov.cn/ztzl/ggkf40/201809/t20180910_4512004.htm，2018 年 9 月 10 日。

⑤ 《福州经济社会发展成就辉煌——改革开放 40 年福建发展成就系列分析之十六》，福建省统计局，http://tjj.fujian.gov.cn/ztzl/ggkf40/201809/t20180910_4512004.htm，2018 年 9 月 10 日。

业文化遗产保护名录。

作为向海而生的城市，福州水产品加工量、加工产值均稳居福建省第一，远洋渔业民营企业规模和境外远洋渔业基地数居全国第一，福州成为全国主要渔业基地、远洋渔业基地之一。①

## （二）厦门：外贸福建第一，航空维修亚太最大

厦门是福建面积最小的城市，也是福建唯一的经济特区。但厦门的发展，一个词可以概括：沧桑巨变。1978 年，厦门地区生产总值仅为 4.80 亿元。② 2018 年，厦门地区生产总值达 4791.41 亿元。③ 40 年时间，增长 997 倍，这是奇迹。因为拥有独特的特区政策优势，厦门在产业发展上也自成套路、活力十足，并形成多个产业集群。

### 1. 外贸：福建第一、全国七强

特区，是向全球开放的经济高地，外贸是衡量特区发展的重要指标之一。

1978 年，厦门进出口总额仅为 0.82 亿美元。④

2017 年，厦门进出口总额高达 858.41 亿美元，增长了 1049.93 倍，年均增长 19.5%。⑤

---

① 《福州经济社会发展成就辉煌——改革开放 40 年福建发展成就系列分析之十六》，福建省统计局，http://tjj.fujian.gov.cn/ztzl/ggkf40/201809/t20180910_4512004.htm，2018 年 9 月 10 日。

② 《厦门经济社会发展成就辉煌——改革开放 40 年福建发展成就系列分析之十五》，福建省统计局，http://tjj.fujian.gov.cn/ztzl/ggkf40/201809/t20180910_4512003.htm，2018 年 9 月 10 日。

③ 《2018 年厦门经济运行年报出炉：厦门 2018 年 GDP 增长 7.7%》，厦门广电网，http://xiamen.xmtv.cn/2019/01/31/VIDE1gIrUYYFE532281tlGTW190131.shtml，2019 年 1 月 31 日。

④ 《厦门经济社会发展成就辉煌——改革开放 40 年福建发展成就系列分析之十五》，福建省统计局，http://tjj.fujian.gov.cn/ztzl/ggkf40/201809/t20180910_4512003.htm，2018 年 9 月 10 日。

⑤ 《厦门经济社会发展成就辉煌——改革开放 40 年福建发展成就系列分析之十五》，福建省统计局，http://tjj.fujian.gov.cn/ztzl/ggkf40/201809/t20180910_4512003.htm，2018 年 9 月 10 日。

2017 年，厦门经济外向度为 133.67%，居 15 个副省级城市首位。[①]

厦门的外贸业一直占据福建省外贸的半壁江山，外贸综合竞争力居全国百强城市第 7 位。[②]

2017 年，中欧（厦门）班列通达 9 个国家 13 个城市，累计发运 221 列，成为中欧安智贸首条铁路航线试点。[③]

2. 航空维修业：亚太领头羊

厦门的航空工业，是福建 9 个地市中最具特色的一个产业，无法复制。

厦门已经是全国最大的“一站式”航空维修基地，其航空维修业是亚太地区飞机维修业的领头羊。以飞机结构大修为龙头，以发动机、航空电气及其他飞机零部件维修，飞机零部件制造和航空技术培训为辅助，厦门市航空维修产业涵盖行业最高等级的维修业务。[④]

厦门太古也已经从最初的 1 个机库发展到目前的 6 个机库，成为世界上最大和维修能力最强的飞机工程服务基地之一。[⑤]

目前，厦门市航空维修业产值占全国航空维修业总产值的 1/4，其中大部分来自承接境外业务。[⑥] 2017 年，厦门航空工业实现产值

---

① 《厦门经济社会发展成就辉煌——改革开放 40 年福建发展成就系列分析之十五》，福建省统计局，http：//tjj. fujian. gov. cn/ztzl/ggkf40/201809/t20180910_ 4512003. htm，2018 年 9 月 10 日。

② 《厦门经济社会发展成就辉煌——改革开放 40 年福建发展成就系列分析之十五》，福建省统计局，http：//tjj. fujian. gov. cn/ztzl/ggkf40/201809/t20180910_ 4512003. htm，2018 年 9 月 10 日。

③ 《厦门市政府工作报告（2018 年 1 月 6 日　庄稼汉）》，中国经济网，http：//district. ce. cn/newarea/roll/201801/30/t20180130_ 27976649. shtml，2018 年 1 月 30 日。

④ 《给城市插上翅膀——航空产业的厦门方位》，新华网，http：//www. xinhuanet. com//local/2017 -08/10/c_ 1121463461. htm，2017 年 8 月 10 日。

⑤ 《打造一流营商环境　不断创新机制体制》，《福建日报》2017 年 5 月 26 日，第 13 版。

⑥ 《厦门航空工业公司打造全球一站式航空工业基地》，中国（福建）自由贸易试验区，http：//www. china - fjftz. gov. cn/article/index/aid/9562. html，2018 年 8 月 18 日。

130.18 亿元[①]，这也是厦门百亿元产业集群之一。

3. 集成电路：大陆领先

厦门市集成电路产业已经形成了良好的发展基础。已发布的《厦门集成电路产业发展规划纲要》，明确了集成电路产业发展的路径和目标，内容包括：主动对接国家集成电路产业发展战略，加快发展集成电路产业，助力厦门产业的转型升级，预计到2025年，厦门集成电路产业产值将达1500亿元。[②]

厦门集成电路已经初步形成从芯片设计、材料与设备到晶圆制造、封装测试、应用的产业链布局，集成电路产业的企业数量和产值规模均“破百”——截至2017年，引进或已落地集成电路企业113家，年产值约120亿元。[③]

在研发方面，厦门市拥有清华海峡研究院、厦门集成电路设计公共服务平台等技术研发机构。在资金方面，设立了规模不低于500亿元的厦门集成电路产业投资基金，支持企业发展。目前，以打造“厦门硅谷”为目标的厦门两岸集成电路自贸区产业基地，已经成功引进电源芯片设计企业芯阳科技、台资半导体公司大容触控等一批高新企业。

总投资62亿美元的联芯集成电路制造项目，顺利导入28纳米制程，于2017年量产，产品良率高达94%，已建成大陆技术水平最先进、产品良率最高的12英寸晶圆厂。[④]

① 《2017年厦门经济运行情况：GDP总量突破4000亿》，中商情报网，http://www.askci.com/news/finance/20180130/165243117268_2.shtml，2018年1月30日。

② 《〈厦门集成电路产业发展规划纲要〉发布》，搜狐网，https://www.sohu.com/a/100903648_362254，2016年7月3日。

③ 《厦门火炬高新区集成电路产业2017年产值有望突破140亿元》，中国信息产业商会电子分销商分会，http://www.cedachina.org/index.php/Home/News/info/d/4362.html，2017年12月29日。

④ 《厦门打造全国集成电路产业重镇　力争5年后形成千亿产业集群》，海峡网，http://www.hxnews.com/news/fj/mn/xm/201705/22/1221390.shtml，2017年5月22日。

4. 软件业：千亿元规模

厦门软件园是国家级软件园。1998 年 9 月，厦门市政府为加快发展软件产业，推动厦门经济发展，投资兴建厦门软件园[①]，软件园二期则在 2008 年建立。作为厦门发展软件和信息服务业的载体和平台，厦门软件园聚集了软件、云计算、移动互联网、动漫游戏等诸多领域的创新型企业。[②] 成长起以美图公司、美亚柏科、亿联网络为代表的一批闽商创新型企业，它们成为各自领域的行业龙头。

2016 年 12 月，美图公司在香港主板上市。美图在全球 15 亿台独立设备上获得激活，月活跃用户达 4.56 亿人，海外用户超 5 亿人。

目前，软件园至少有吉比特等 8 家主板上市公司，还有超过 40 家的新三板挂牌企业。

数据显示，截至 2017 年上半年，软件园工商注册企业累计达 3098 家，企业员工有 9.5 万人。[③]

厦门软件园带动了厦门软件及互联网产业的发展。2016 年，厦门市软件产业产值首次突破千亿元，软件产业链成为厦门市第五条破千亿元的产业链。2017 年，厦门软件和信息技术服务业产值超过 1200 亿元。[④]

5. 光电产业：千亿元聚集

作为全国唯一的光电显示产业集群试点，厦门第一个千亿元产业集群，就是光电显示产业集群，对于这条完整的平板显示产业链，厦门完美地实现覆盖上中下游。

---

① 《厦门软件园成立 20 周年　集聚 4000 多家企业》，厦门市中小商贸流通企业公共服务平台，http://www.amoysm.com/financing/newsli.html? id=5930，2018 年 11 月 12 日。

② 《厦门市软件园“成长性”指标排名全国第一》，东南网，http://xm.fjsen.com/2017-02/28/content_19163207.htm，2017 年 2 月 28 日。

③ 《厦门软件园：点燃城市发展动力》，搜狐网，http://www.sohu.com/a/165078482_162522，2017 年 8 月 16 日。

④ 《2017 年厦门市软件和信息技术服务业产值突破 1200 亿元》，搜狐网，http://www.sohu.com/a/217235125_99913688，2018 年 1 月 17 日。

在上游的玻璃基板领域，代表企业是国内最大液晶基板玻璃生产商电气硝子玻璃，它生产偏光板等配套设备或材料；在中游的液晶显示面板领域，代表企业是天马微电子，2016 年全线贯通当时最先进的第六代 LTPS 生产线，而背光模组的代表企业是达运精密，液晶显示触控模组的代表企业是友达光电、祥达光学；冠捷电子是下游整机应用的代表企业。

2017 年，厦门平板显示产业链规模超千亿元，完成产值 1144.21 亿元。[①]

6. 生物医药：异军突起

厦门的生物医药产业异军突起、狂飙猛进。

厦门生物医药港，已聚集企业近 300 家。2015 年实现产值 152.21 亿元，基本形成医疗器械及诊断试剂、保健食品及化妆品、化学药品、生物药品等四个产业体系。[②]

医药港内的特宝生物、万泰沧海、成坤生物及力品药业，入选国家“十三五”重大新药创制项目初选名单。2011 年在深交所上市的金达威，是全球著名的营养强化剂生产企业。

7. 机械装备：老树新花

机械装备是厦门历史悠久的产业，金龙汽车、厦工、厦船重工、ABB……这一家家如雷贯耳的企业，构成了厦门机械装备产业链的中坚力量。[③]

虽说传统的机械装备在市场中已经难以为继，但厦门机械装备工业“引智”“引技”带来了新生力量。

---

① 《2017 年厦门经济运行情况：GDP 总量突破 4000 亿》，中商情报网，http://www.askci.com/news/finance/20180130/165243117268_2.shtml，2018 年 1 月 30 日。

② 《厦门生物医药港积极打造国家战略性新兴产业集聚区》，国家发改委高技术产业司，http://gjss.ndrc.gov.cn/gjsgz/201710/t20171013_863480.html。

③ 《福建厦门重要机械装备制造去年产值近 700 亿元》，会搜网，http://china.huisou.com/news/2014_06_03/201074_0/，2014 年 6 月 3 日。

金龙客车与清华大学等单位联合研究的“基于结构共用的汽车智能驾驶辅助系统关键技术及产业化”项目，获得2018年度国家科学技术进步奖二等奖。①

由金龙客车和百度携手松下面向AI时代出行而共同打造的阿波龙“智能驾舱”，实现全球首个面向无人驾驶场景软硬件一体化人工智能车联网解决方案。

厦船重工制造的8500卡汽车滚装船，是目前世界上最大的超巴拿马型汽车滚装船，代表着当今世界大型汽车滚装船设计与建造先进水平。

2017年8月，代表国内智能制造产业最高水平、汇聚厦门智能制造产业全产业链的“机器人超市”暨“海峡智能制造协同创新产业园”在厦门集美机械工业园区隆重揭幕。

“机器人超市”聚拢了一批智能制造产业上下游的优秀企业，包括机器人厂商、核心元器件供应商、系统集成商、信息软件开发商、解决方案服务商、优质用户企业等，目标是建成全国最有代表性的机器人应用转化方案集中解决平台，为供需双方提供面对面（B2B）一站式服务，为企业解决机器人应用“最后一公里”问题。

2017年，厦门机械行业实现产值1798.89亿元。②

厦门的输配电及控制设备、水暖及厨卫用具等产业集群，也是百亿元产业集群中的“骨干成员”。

8. 旅游会展：厦门新动力

厦门不是仅有高科技行业，以及现代工业体系，作为一个宜居城市，厦门产业发展得很均衡。现代服务业正成为推动厦门经济增长的

---

① 《金龙客车校企合作项目获国家科学技术进步奖：给汽车一个更智能的“大脑”》，搜狐网，http://www.sohu.com/a/293844707_362254，2019年2月9日。

② 《厦门市2017年国民经济和社会发展统计公报》，中国统计信息网，http://www.tjcn.org/tjgb/13fj/35379_2.html，2018年4月8日。

新引擎。

厦门旅游业发达，这与厦门会展行业有极大关系。会展行业极大地推动了旅游行业发展，二者密不可分。

2017 年，厦门共举办展览项目 205 个，全年展览总面积达 219 万平方米，接待人数在 50 人以上的商业性会议有 8259 场。① 厦门的投洽会、台交会更是影响力辐射各行各业。

作为知名的国际会展城市，厦门的会展企业实力不俗，在“2017 中国会展（会奖）产业年度金手指奖”颁奖大会上，建发国旅集团荣获“2017 中国会展（会奖）产业年度金手指奖 · 会奖产业 PCO10 强（TOP10）”称号。

### （三）泉州：鞋服食品称雄国内，新兴产业已见热点

截至 2018 年，泉州已经连续 20 年位居福建省 GDP 第一宝座。2018 年泉州 GDP 达到 8467.98 亿元，与“城市 GDP 万亿元俱乐部”近在咫尺。而泉州也是福建民营经济最发达的城市。

泉州已经逐渐形成传统产业、重化产业和高新技术产业三大板块及十几个重点产业集群的发展体系。根据统计，2016 年底，三大板块工业产值分别为 8349 亿元、3256 亿元、2040 亿元，在泉州市工业总产值中的总占比超过九成。②

1. 第一板块，传统行业立基之本

泉州的纺织服装、食品制造、工程配件、石材水暖、工艺美术等都形成了完整的产业集群。晋江、石狮的纺织服装、制鞋、食品等，

---

① 《厦门经济社会发展成就辉煌——改革开放 40 年福建发展成就系列分析之十五》，福建省统计局，http：//tjj. fujian. gov. cn/ztzl/ggkf40/201809/t20180910_ 4512003. htm，2018 年 9 月 10 日。

② 《2018 年这些新鲜事改变泉州》，东南网，http：//qz. fjsen. com/2018 - 01/06/content_ 20576879. htm，2018 年 1 月 6 日。

南安的石材、水暖，德化的陶瓷，安溪的茶叶、藤铁工艺，惠安的食品、石雕等，每一个县域都有自己的特色。

（1）纺织服装：立基之本

“有街无处不经商，铺天盖地万式装。”说的是石狮，经商已融入泉州人的血脉，服装构建起一个城市的骨架。泉州石狮，以前是一个沿海小镇，现在是一个发达的沿海城市。

改革开放初期，中国处于短缺经济时代，而泉州巨大的海外华侨资源、海滨城市的优势、全民经商的传统、地方政府的支持，让泉州在满足国内的市场需求上，具有先发优势。以早期的“三来一补”、前店后厂作为起步，泉州从最简单的服装入手，吸引了全国各地无数客商来泉州进货。泉州人也跑遍全国各地，销售自己的产品。

在演进中，泉州成为中国纺织服装生产基地和集散地，并形成了一条以服装加工生产为核心的纺织服装产业链，涵盖纺织、漂染、成衣加工、辅料、市场营销等各个领域的产业集群。[①] 服装产业从早期模仿型生产，逐渐进化到以个性化、多样化、智能化、定制化为新的推动力量。产品创新、工艺创新、制度创新、管理创新、模式创新、市场创新、文化创新、科技创新，引领泉州纺织服装发展潮流。2017年，全球纺织服装创新技术成果转化中心在泉州石狮萌芽。涌现出百宏、浔兴股份、七匹狼、九牧王集团、柒牌、劲霸、利郎、浩沙等著名闽商企业。

（2）制鞋产业：独领风骚

泉州制鞋产业，与泉州纺织服装产业同时起步，也是泉州工业“奠基”产业之一。

泉州制鞋产业集群已经形成晋江、石狮、南安、泉州开发区、惠

---

① 《从小工场到大品牌　石狮服装产业18年跨越之路》，华夏经纬网，http：//www.huaxia.com/tslj/rdqy/fj/2006/11/56180.html，2006年11月10日。

安城南工业园区、台商投资区等多个中心，形成鞋材、旅游鞋、运动鞋、皮鞋、休闲鞋、时装鞋、童鞋等产品，推动形成旅游鞋、运动鞋等多样化、全系列供应格局；体育运动鞋类产品更是已经向高端化、差异化、功能化方向发展。

从前端原辅材料、鞋机；到中端，鞋的配件、鞋楦、鞋底、鞋跟、鞋衬、鞋胶、轻泡、炬胶、吹塑及纸盒、包装盒；再到终端，研发、设计、生产、销售、品牌传播，泉州形成了完整的先进鞋业产业集群。

在泉州制鞋产业企业规模化、产品科技化、经营品牌化、管理现代化发展过程中，安踏体育、鸿星尔克、特步、361°、匹克集团等闽商企业成长壮大。

（3）食品制造：发扬光大

泉州是全国三大重点食品生产基地之一，以休闲食品为主，烘焙食品、糖果、果冻、饼干、膨化食品占全国最大的市场份额，其中糖果业产量约占全国的20%、全省的96%[①]。

2016年，泉州市食品企业完成规模以上增加值233.37亿元，累计销售产值达902.95亿元，产销率为97.1%。全行业产业链产值达到1100亿元[②]，首次跃上千亿元产值大关，行业进入稳步推进发展的新阶段。

2017年，泉州市食品行业259家规上企业实现增加值259.21亿元，累计销售产值达1036.97亿元[③]，这是真正意义上泉州食品产业完成千亿元目标。全产业的总产值达到1246.13亿元。

---

① 《全国出口糖果两成泉州造 "一带一路"市场最吃香》，东南网，http://qz.fjsen.com/2018-08/02/content_21321147_all.htm，2018年8月2日。

② 《泉州食品产业产值突破千亿元》，食品科技网，https://www.tech-food.com/kndata/detail/k0230985.htm，2017年3月7日。

③ 《泉州市食品产业发展情况》，泉州市人民政府，http://www.quanzhou.gov.cn/qyb/cyfz/gyfz/201811/t20181109_788107.htm，2018年11月9日。

截至2016年，泉州食品工业企业有近1400家，规模以上企业达237家[①]，更是涌现出达利、盼盼、福马、安记、回头客、天线宝宝、巧妈妈、喜多多、雅克、好彩头等一大批全国闻名的优秀闽商食品企业。

（4）工程配件：重点突破

作为中国汽车工程机械配件产业民营经济的发源地之一，泉州是“中国汽车工程机械配件产业基地”，拥有机械汽配企业200多家，汽车底盘紧固件的全国市场份额达80%。

以配套加工零部件起步，泉州打造了“毛坯铸锻—零部件生产—整机装配—产业服务”一体的产业链，涌现出一批龙头企业，形成以工程机械、专用机械等为特色的机械装备产业集群。

（5）安溪茶业：名动全球

安溪以茶叶产业闻名全球，号称“中国茶都”。安溪是中国乌龙茶（名茶）之乡、世界名茶铁观音的发源地[②]，茶产业成为安溪最大的民生产业、支柱产业。茶叶在安溪，几乎是全民性的产业。安溪有茶园60万亩，茶叶总产量达6.5万吨，2016年总产值近148亿元。安溪100万名农民中，有80多万人受益于茶叶产业，农民人均纯收入中有56%来自茶叶产业[③]，茶叶成为全县茶农的“命根子”“钱袋子”。

在安溪铁观音整体品牌下，涌现出诸多品牌，如八马、三和、凤山、华祥苑等。在品牌带动下，超十万名安溪人，在全国各地开了超过5万家茶叶店，直营店、连锁店、加盟店遍布全国，“无铁不成

---

① 《泉州食品产业产值突破千亿元》，食品科技网，https：//www.tech－food.com/kndata/detail/k0230985.htm，2017年3月7日。

② 《安溪：乌龙茶之乡　铁观音发源地》，中国网，http：//news.china.com.cn/2017－08/11/content_41390856.htm，2017年8月11日。

③ 《2017年度全国重点产茶县调查结果公布：安溪连续9年居首》，闽商网，http：//www.mnw.cn/quanzhou/anxi/xw/1875926.html，2017年11月6日。

店、无安不成市”的美名就此远扬。

2006年，安溪铁观音被评为外商最爱好的中国农产品品牌之一。

2016年，安溪茶叶出口量达1.7万吨，约占全国乌龙茶出口总量的1/3。2017年上半年，福建出入境检验检疫局共检验监管安溪县出口茶叶977吨、货值938万美元。[①] 茶叶出口量与2016年同期基本持平，货值同比增长200.4%，增幅创历史新高。

（6）石材水暖：南安秘籍

起源于20世纪70年代的南安水暖，抓住短缺经济机会，从手工制造到机械化生产；从单一水龙头生产，到水暖厨卫全系列3000多种产品生产：南安用实力验证魅力，蹚过了一条独特产业之路。南安是中国水暖城；仑苍镇是“中国水暖之乡”；英都镇是“中国水暖阀门基地镇”。5000多家水暖阀门生产企业，30000多名遍及全国各地的水暖供销大军，占据了全国70%以上的水暖阀门市场销售份额。

现在，南安水暖开始了新的征途，要以常规的节水为基础，向个性化、多功能化方向发展，产品性能达到国内先进水平，领军企业要达到国际先进水平，更要引入科技、文化因子，这是南安水暖的“第三次创业”。因为标准工业化将被个性工业化取代。

九牧厨卫工业4.0南安智能淋浴房定制工厂投产，年产能70万套；九牧厨卫工业4.0南安智能浴缸定制工厂投产，年产能20万套；九牧厨卫工业4.0南安101陶瓷定制工厂投产，年产能70万套。在智能制造方面，以九牧厨卫为代表的南安水暖厨卫，已经跑得很远。

泉州南安还是“世界石材之都”。

南安现有1500多家石材企业，石材加工量、进出口量占据全国

① 《安溪茶叶出口东盟市场大幅增加》，新华网，http://www.xinhuanet.com/local/2017-07/28/c_129665855.htm，2017年7月28日。

60%的市场份额，是规模最大、种类最齐全的世界级石材生产、交易中心。①

（7）德化“瓷典”：大师杰作

德化人玩白瓷。

德化瓷的成长，与闽商特点高度契合，来自民间的草根创造力成就威名。因德化瓷尽皆民窑，没有“进过宫”，在国内声名不著。但在欧洲，德化瓷有史以来都是奢侈品的象征。

德化白瓷，源于汉唐，盛于宋元，风靡明清，成为“海上丝绸之路”的重要出口商品，德化由此也被誉为“中国白的故乡、瓷艺术的摇篮”。②

在明代，德化白瓷风靡欧洲，以超越黄金的价格，成为欧洲上流贵族追逐的“奢侈品”。现在，世界上还有40多个知名博物馆将德化瓷作为“镇馆之宝”。

“世界瓷都”“中国白”等称号也就此在西方盛行开来。从名动世界的宋代沉船“南海一号”、清代沉船“泰兴号”打捞出来的瓷器皆以德化瓷为主。原来，沉淀了数百年的海丝之路上，最大宗的货物就是瓷器，且以德化瓷为主。

如今，瓷器是德化的主要产业，只拥有33万人的小县城中，陶瓷从业人员就有十几万人，有陶瓷企业2600家，2016年陶瓷产值达199.5亿元。德化80%的陶瓷产品外销世界190多个国家和地区，成为全国最大的工艺瓷生产和出口基地。③

在市场蓬勃发展中，德化陶瓷的艺术性也得到充分展示，土生土

---

① 《石材企业也能打“清新”牌　南安演绎绿色“石头记”》，东南网，http://www.fjsen.com/zhuanti/2014-06/10/content_14251932.htm，2014年6月10日。

② 《泉州德化瓷：享誉世界的“中国白”》，中华网，https://culture.china.com/heritage/11171062/20170827/31200952.html，2017年8月27日。

③ 《德化现象：一个小县城陶瓷艺术的出走之路》，搜狐网，http://www.sohu.com/a/169316295_796210，2017年9月4日。

长的艺术大家不断涌现，他们对陶瓷工艺每一个环节，捏、塑、雕、镂、贴、接、推、修、烧，都熟稔在心，而且代际传承连绵不绝。截至2018年5月，德化共有中国工艺美术大师6位，在世4位；中国陶瓷艺术大师12位，在世9位；中国工艺美术行业大师2位；福建省工艺美术大师（陶瓷）38位，在世34位；福建省陶瓷艺术大师112位。

大师工艺，为德化白瓷插上腾飞的翅膀。

《德化县陶瓷产业跨越发展五年行动计划（2018~2022）》提出，要通过培育壮大人才队伍，借鉴现代艺术流派的创作方式，在作品的创意、选材、线条、颜色、款式造型上大胆创新，融入文化元素，倡导“工匠精神”，打造“大师”品牌，推动传统瓷雕的继承创新，五年内新增省级以上大师100位，大师工艺瓷雕占全国市场份额的80%，产值突破100亿元。[①]

2. 第二板块，重化产业异军突起

福建是有名的缺油少煤省份，但泉州抓住国家能源战略布局调整机遇，先后引进中石化、中海油、中化、沙特阿美石油公司等国内外大型石化企业，逐步形成以福建联合石化、中化泉州石化为龙头，以泉港、泉惠石化园区为主要载体，上下游产业链较为完整的石油化工产业集群。这也是泉州千亿元产业集群的重要“旗手”。

石化产业园是泉港核心引擎，联合石化目前已形成炼油能力1400万吨/年和乙烯产能110万吨/年。每年可提供875万吨成品油、145万吨塑料原料和70万吨化纤原料等石油化工产品。

中石化、沙特阿美、埃克森美孚等世界级产业巨头企业，对泉港

① 《德化县陶瓷产业：培育百位大师　擎起百亿产业》，中国经济网，http：//www. ce. cn/culture/gd/201805/11/t20180511_ 29104500. shtml，2018年5月11日。

是心向往之、脚伴随之，纷纷在泉港抢滩登陆。泉港还吸引了美国杜邦等30多家跨国集团以及150多家港台企业“闻香识钱”，蜂拥而至。

泉州丰富且充足的石化下游产品，又恰好为泉州密集的纺织服装产业需要庞大原料，提供了完美的解决方案，这种前瞻性规划，形成了一个跨行业的产业链闭环，可谓是“天作之合”。

3. 第三板块，与时俱进高新技术

泉州高新产业从无到有，多点突破：以模拟信号对讲机行业起步，不断向微波通信、数字视听、北斗卫星应用设备、智能安防监控、专用软件等领域拓展；立足传统中医药资源和生态优势，大力培育发展现代中药、功能性食品以及新型海洋医药；抓住新一轮产业布局窗口期，大力培育发展集成电路、新能源、新材料、节能环保、智能制造、新一代信息技术等战略性新兴产业，培育了晋华集成电路、三安高端半导体等一系列龙头项目。

（1）集成电路：龙头带动，产业聚集

在集成电路产业领域，泉州正努力成为全球重要的内存产业生产基地、集成电路全产业链生产基地，以及两岸集成电路产业合作示范中心。2016年落户晋江的晋华存储器集成电路项目，将成为中国第一个自主技术的内存制造项目。

三安光电，作为中国最大的LED外延晶片及芯片制造商，投资333亿元，在泉州芯谷设立全资子公司投资集成电路、LED外延和芯片的研发与制造产业和项目。

在龙头带动下，泉州正积极培育设计、制造、封装测试、装备材料和终端应用的集成电路全产业链，现该产业链总投资近600亿元，全产业链生态圈雏形初具，这将是泉州又一个超千亿元产业集群。

（2）微波通信：创新技术引领市场

泉州微波通信产业集群，被列入国家创新基金扶持的首个产业集群试点、国家首批“创新型产业集群试点”；泉州拥有一条“新材料—功能模块—通信整机—系统优化”的完整产业链。泉州微波通信模块销售额占全国市场的75%以上；数字直放站产销量占全国的60%[①]；高精度的宇航级、军用级片状独石电容器产品水平在全国位于最前列；卫星电视接收机和高频头的产量全国第一。

火炬电子为神州系列火箭发射提供高精度的宇航级、军用级片状独石电容器；泰克通讯开发成功的军用微型天线，应用于北斗终端，技术水平处于国内前沿。

（3）石墨烯：实际应用，远景无限

泉州石墨烯产业也开始显山露水。

晋江市石墨烯产业技术研究院，成功地将石墨烯运用至鞋底、鞋垫。2017 年，重量只有 120 克的石墨烯跑鞋，在泉州面世。而石墨烯鞋垫，不仅能抑制细菌、真菌生长，有效改善足部健康情况，而且舒适度和外观都得到了提升。

晋江石墨烯产业集聚区，是福建三大石墨烯产业区之一，为晋江传统企业带来巨大的高科技动力。融合石墨烯技术，华宇、龙峰开发出防水透气、防辐射、抗静电的功能性面料；恒安集团、兴业科技等企业也在石墨烯运用上多有尝试。

被科技部认定为国家火炬计划重点高新技术企业的信和新材料，在引进国外先进技术的基础上自主创新，不断研发出适应市场需求且具有高性价比的新产品。2013 年公司涉足石墨烯研究，3 年时间申请了 7 种专利。信和率先推出“ + 石墨烯防腐蚀底漆”“用了石墨烯材料后，在原来同等锌粉量的情况下，防腐蚀周期可达到原来的 5 倍”。[②]

---

① 《鲤城微波通信产业集聚发展》，搜狐网，http：//www. sohu. com/a/18221687_ 115052，2015 年 6 月 9 日。

② 《洛江：坚持科技引领　打造强区之核》，泉州市洛江区人民政府，http：//www. qzlj. gov. cn/pub/webnews_ Des – 20345. html，2016 年 8 月 22 日。

（4）数控技术：联手高校，研发先行

与高校的产学研合作开发，箭在弦上。比如利用华中数控研究院、哈工大研究院等科研平台资源，提升企业自主创新和科技研发的能力，都已进入实操层面。

2016 年，国务院正式批复同意福厦泉国家高新区建设国家自主创新示范区，“数控一代”也成为泉州推进示范区泉州片区建设的重要步骤。

引进创新中心，大力建设泉州北峰“数控一代”智能制造装备产业园区，推动智能装备制造企业在丰泽聚集，正是着眼于此。

2006 年，微柏总经理蔡伟强看中了工业机器人的市场潜力，毅然投身于此。由于泉州缺乏装备机械产业人才，微柏选择与厦门大学共建工业机器人研究院。在投入数千万元资金后，微柏自主研发的数十种专业机器人已广泛应用在冲压、喷涂、焊接、搬运、弧焊、涂胶、切割、研磨抛光、激光加工等生产作业领域。

2017 年上半年，微柏累计销售机器人 700 多台，产值达 5000 多万元。2017 年福建省科技厅公布的首批省级新型研发机构，微柏便名列其中。

“数控一代”科技创新中心自落户泉州以来，已经吸引了国家数控系统工程技术研究中心泉州分中心、国防科大高精度数控制造研发平台、中国航天二院智慧云制造公共服务平台、哈尔滨工业大学机器人研究所、德国库卡机器人泉州应用开发中心，以及厦门大学、福州大学、华侨大学、福建工程学院等的各类数控技术服务平台、创新团队。

还有，泉美生物科技依托中国科学院农业微生物与生物技术实验室，成立科奥生物技术研发中心，加速推进企业从植物绿色产业向生物产业转型升级。公司与中科院微生物研究所方荣祥院士签订了“院士专家工作站”共建协议及项目合作协议，开展药用植物高效安全标准化生产关键技术研究工作。[①]

2017 年，泉州市规上高新技术产业增加值达 499. 54 亿元[②]，一些行业规模迅速扩张，高新产业形成蓬勃发展之势，为泉州未来发展打造了新的经济引擎。

## （四）莆田：大文化海丝驱动力，大健康创业核心力

莆田是福建面积第二小的城市，陆域仅有 0. 423 万平方公里；莆田人口差不多也是福建第二少，2017 年莆田人口 289 万人，与宁德市并列福建人口倒数第二。但“科举名邦”莆田，在现代的增长，有目共睹。

1978 年，莆田市地区生产总值仅为 4. 21 亿元，占福建全省的比重为 6. 3%[③]，在福建省 9 个设县地级市中居末位。

莆田市国民经济与社会发展统计公报显示，2018 年，莆田 GDP 为 2242. 41 亿元，上升到全省第七位。其中，第一产业增加值 116. 27 亿元，增长 2. 4%；第二产业增加值 1179. 91 亿元，增长 8. 5%；第三产业增加值 946. 23 亿元，增长 8. 6%。第一产业增加值占地区生产总值的比重为 5. 2%，第二产业增加值比重为 52. 6%，第三产业增加值比重为 42. 2%。[④]

改革开放 40 年来，莆田“荣誉等身”，在产业集群上卓有建树，

---

① 《洛江：坚持科技引领　打造强区之核》，泉州市洛江区人民政府，http：//www. qzlj. gov. cn/pub/webnews_ Des－20345. html，2016 年 8 月 22 日。

② 《泉州经济社会发展成就辉煌——改革开放 40 年福建发展成就系列分析之二十四》，福建省统计局，http：//tjj. fujian. gov. cn/ztzl/ggkf40/201809/t20180919_ 4512013. htm？ tdsourcetag = s_ pcqq_ aiomsg，2018 年 9 月 19 日。

③ 《莆田砥砺奋进铸辉煌　经济社会发展谱新篇——改革开放 40 年福建发展成就系列分析之十四》，福建省统计局，http：//tjj. fujian. gov. cn/ztzl/ggkf40/201809/t20180910_ 4512002. htm，2018 年 9 月 10 日。

④ 《2018 年莆田市国民经济和社会发展统计公报》，莆田市人民政府，http：//www. putian. gov. cn/zwgk/tjxx_ 222/tjgb/201903/t20190322_ 1308403. htm？ from = singlemessage，2019 年 3 月 22 日。

先后荣获“电子城”“啤酒城”“鞋城”“绘画之乡”“枇杷之乡”“全国木雕工艺城”“中国古典工艺家具之都”“中国银饰之都”“中国黄金珠宝首饰之乡”等称号。[①] 这些荣誉称号，不但是对莆田产业发展的巨大成绩的高度肯定，也为莆田这座古府新市增添了一张张亮丽的名片。莆田是全国拥有工艺美术类“国字号”区域品牌最多的城市。

近年来，莆田市重点培育发展化工新材料、食品加工、工艺美术 3 个支柱产业和电子信息、高端装备、医疗健康 3 个新兴产业。2017 年，全市规模以上三大支柱产业和三大新兴产业共实现工业增加值 417. 30 亿元，占全市规模工业增加值的比重为 44. 9% ，对规模以上工业增长的贡献率达53. 7% 。[②] 品牌建设硕果累累，涌现了中锦尼龙 6、华峰高端运动面料、佳通子午线轮胎、海安橡胶巨型工程轮胎、雪津啤酒、三棵树涂料等一批市场占有率居全国前列的品牌。

1. 大文化：妈祖留在莆田的福报

莆田自古文教彰明、英杰辈出，是“海上和平女神”妈祖的故乡。2016 年，第一届世界妈祖文化论坛在湄洲岛举行，成为妈祖文化研究交流的国际平台，推动了我国与海丝沿线国家和地区的文化交流与合作。世界妈祖文化论坛是经党中央、国务院批准的跨国家（地区）的综合性文化类论坛，自 2016 年起已成功举办三届，吸引了全球五大洲 60 多个国家和地区的嘉宾参加。

莆田妈祖文化底蕴十分深厚，分布在世界各地的妈祖信徒有两

① 《庆祝改革开放 40 周年　莆田启动先进典型事例推选活动》，搜狐网，http：//www.sohu. com/a/277525143_ 100218208，2018 年 11 月 24 日。

② 《莆田砥砺奋进铸辉煌　经济社会发展谱新篇——改革开放 40 年福建发展成就系列分析之十四》，福建省统计局，http：//tjj. fujian. gov. cn/ztzl/ggkf40/201809/t20180910_ 4512002. htm，2018 年 9 月 10 日。

亿多人。湄洲岛是国家AAAA级旅游度假区，湄洲妈祖祖庙被海内外誉为东方的“麦加”，是妈祖信徒的朝拜圣地。同时，港里祖祠是妈祖的诞生地，每年前往朝拜的海内外妈祖信徒、游客达100多万人次。

2018年第三届世界妈祖文化论坛期间，联合国教科文组织代表欧敏行及吴敦义、洪秀柱等12位政要名人以贺信、视频的方式寄语论坛，来自五大洲60个国家和地区的300多名嘉宾出席，收到40多个国家和地区领导、嘉宾、专家学者论文160多篇，签约世界妈祖文化论坛旅游综合体等25个重点项目，计划总投资达120.5亿元，上线“妈祖文化海外发布平台”。此次论坛较前两届规格更高、规模更大、影响更远、成效更实，成为推动中国与海丝沿线国家和地区繁荣发展的重要驱动力。

2. 家具：家具之都的历史演义

莆田的家具制作历史，可以追溯到北宋时期，据说当时的宰相蔡京将仙游传统木雕艺术融入宫廷家具中，进贡给宋徽宗，得到皇帝的喜爱。此后，历经明清，仙作形成了将传统国画、雕刻与家具制作巧妙融合的特色风格，与“苏作”“京作”“广作”并称为明清古典家具四大流派之一。红木家具也由此成为莆田一大支柱产业。

位于莆田仙游榜头镇的红木一条街，被称作“中国古典工艺家具第一街”，是中国国内最大的红木生产和交易基地。榜头及其周边地区生产的古典家具高档产品占中国市场份额的六成以上。

2017年2月，“国信投·海富红木产业基金合作协议签约仪式”举行，议定筹建总规模不低于100亿元的红木产业基金，推动红木产业供给侧结构性改革，打造红木产业高地。

莆田人并没有坐守古典家具一个行当，实际上，近几年来，红木家具早已处于分化走势：一是走“高大上”的极品路线，成为奢侈品，备受高端人士追捧，容易有价无市；二是走大众化的通俗路线，深受广东、福建和浙江等地人群的欢迎。[1] 特别是佛珠、小件等的走俏，也带动了仙游当地年轻人纷纷走向电商，专门从事小件电商行业的闽商“网军”有上万人。

3. 大健康：民营医院的升级之路

2015 年 2 月，普天药械交易网上线公测。“普天”，作为“莆田”的谐音，意义深远。

作为莆田（中国）健康产业总会成立之后启动的大项目，普天的上线既是莆田系谋求转型的一步棋，也是莆田秀屿打造莆田系民营医疗总部的一项努力。

秀屿东庄，被称为莆田系民营医疗的“发祥地”。流传的说法是，莆田系民营医疗占到全国民营医疗机构的 80% 以上，其中 90% 以上民营医院的老板就是从秀屿东庄走出去的。这一行业也是闽商创业的影响力所及领域。

2010 年前后，不少莆田系民营医疗机构展开新的谋划，一些机构从过去的专科医院模式向大型综合医院方向转变，更多的则立足于专科模式，定位高收费的高端医疗市场。

另外，莆田市也提出加快实施“336”工程，其中医疗健康就是积极培育的 3 个五百亿元新兴产业之一。

2013 年 11 月 4 日，新希望集团董事长刘永好、万通控股董事长冯仑和作为闽商影响力人物的万好国际集团董事局主席翁国亮，以及十几家具有实力的专业民营医疗企业的负责人联合于北京发起中国医疗健康产业发展策略联盟。

此后，2014 年 6 月 28 日，莆田籍医疗及相关行业企业家共同发起成立了全国性的非公医疗行业组织——莆田（中国）健康产业总

---

① 《红木市场冷清的背后》，人民网，http：//finance. people. com. cn/money/n/2015/0104/c42877 -26316246. html，2015 年 1 月 4 日。

会。而普天药械交易网上线，则是总会通过互联网整合全国莆田系民营医疗机构的“大动作”。

在“2017 亿邦产业电子商务峰会”上，普天药械交易网创始人、CEO 吴曦东表示，普天要做健康产业公共服务平台以及全国民营医院的阳光采购平台。而2017 年 5 月，普天药械交易网才刚刚改版升级。有消息说，上海长三角集团、深圳博爱集团、天津百信医院、武汉诚嘉集团等多家集团已经正式与普天药械交易网签订 2017 年度采购合作协议。

4. 油画：绘画之乡的大师策略

作为绘画之乡，最为鼎盛时，莆田的油画画家、画师达到 4 万多人，成为中国油画产业最为庞大的人群，由此也奠定了莆田与深圳大芬村、厦门乌石浦并列为中国三大油画产地的“江湖地位”。鼎盛时期，莆田油画占全球油画产量的 30% 左右。

莆田的画师队伍不断分流到全国各地，寻找新的机会。深圳大芬村、厦门乌石浦的崛起，也离不开莆田画师的“拓荒”。可以说，三大基地全是莆田人在唱主角。正因如此，莆田城厢区才打造了国际油画城，吸引在外的画师还乡。不少漂泊在外的莆田油画家开始回流。

5. 莆田港：世界良港的未来期待

莆田港，原名秀屿港，素有“中国少有、世界不多”的天然良港美称，是福建省主要建设的三大港口之一，是交通部规划的全国四大中转港口之一①，是我国沿海对外开放及对台往来的交通枢纽，适合建设成南北物资的集散地和海运中转港。

1999 年 12 月 16 日，莆田港正式对外国籍船舶开放。至今，莆田港已经至少与世界 29 个国家和地区的 50 多个港口实现通航。

① 《依港兴业　莆田秀屿木材产业的崛起之秀》，东南网，http：//pt. fjsen. com/xw/2014 – 01/01/content_ 13266262_ all. htm，2014 年 1 月 1 日。

2018 年，莆田港区至少已建成万吨级杂货码头、3.5 万吨多用途码头、10 万吨 LNG 液化天然气码头、4 万吨木材专用码头、3000 吨级商业码头和 3000 吨级油码头等一批大中型码头。

### （五）漳州：农业发展优势先天，食品工业千亿元产值

在闽南语流行的台、厦、漳、泉四个地区中，漳州目前只能算是“小弟”。但即使是“小弟”，漳州也“不容小觑”，因为它在福建经济排名中，名列“四强”。2018 年，漳州 GDP 为 3947.63 亿元，名义增速 11.88%。

1. 第一关：以农为本

改革开放之初到 20 世纪末，漳州一直以农业为主导。因为漳州有发展农业的先天优势。

漳州平原是福建第一大平原，面积为 566 平方公里。气候温暖湿润，地势平坦，河网密布，土地肥沃，农耕条件优越，所以漳州素有“闽南谷仓”之称，是著名的“鱼米花果之乡”。

20 世纪 80 年代初，据得天独厚的自然条件和区位优势，漳州就开始“大念山海经”，形成“山上茶果竹，田里稻菜菇，海养鱼虾贝”的种养模式。1985 年漳州地改市后，农业仍然处于主导地位。

根据优势资源，经过多年沉淀，漳州打造了漳州水仙花、南靖兰花、天宝香蕉、平和琯溪蜜柚、云霄早熟枇杷、浮宫杨梅、诏安青梅、东山水产品、平和白芽奇兰、华安铁观音茶、漳浦保鲜蔬菜等一大批区域特色农业“名片”，有 7 个县（市）进入全省“水果生产十强”①，华安县成为全国特色产茶县和茶叶重点生产县，平和县柚类面积、产量、产值、市场份额、出口量和品牌均居全国县级第一。

① 《漳州市国民经济和社会发展第十三个五年规划纲要》，福建省发改委，http://fgw.fujian.gov.cn/xxgk/ghjh/ghdt/201608/t20160825_826185.htm，2016 年 8 月 25 日。

2. 第二关：工业立市

有一句话流传很广，“农业只能解决贫困问题，但工业可以解决致富问题。”

在农业解决基础问题之后，1994 年，漳州开始大力推进工业化。

1994 年漳州全部工业总产值是 195.52 亿元，2008 年达到 1449.50 亿元。[①]

2014 年，漳州食品工业规模工业产值突破千亿元，2017 年食品工业规模工业产值达 1700 多亿元。世界华商 500 强企业、菲律宾上好佳休闲食品生产项目落户漳州，由此可见漳州的吸引力，也很好地诠释了漳州市“中国食品名城”的称号。

3. 第三关：强筋壮骨

2010 年，漳州市提出新的“4 + 4”产业，包含四大主导产业——石化产业、装备制造产业、特殊钢铁产业和食品工业，以及四大新兴产业——电子信息产业、新材料产业、新能源产业、生物医药产业。漳州市“4 + 4”产业实现的规模工业增加值由 2010 年的 388.05 亿元，增长到2017 年的910.28 亿元[②]；工业总产值由2010 年的 1428.55 亿元，增长到 2017 年的 3545.14 亿元。

2011 年，漳州市第十次党代会提出“工业化提速”这一发展重点。2014 年以后，漳州又将工业作为“富美漳州”建设的重点和转型升级的关键，漳州经济进入了总量、质量全面提质、提效的新阶段。[③]

---

① 《漳州经济社会发展成就辉煌——改革开放 40 年福建发展成就系列分析之十九》，福建省统计局，http：//tjj. fujian. gov. cn/ztzl/ggkf40/201809/t20180910_ 4512007. htm，2018 年 9 月 10 日。

② 《潮涌龙江万象新　漳州改革开放 40 年经济社会发展回眸》，闽南网，http：//zz. mnw. cn/news/2100320. html，2018 年 12 月 18 日。

③ 《第十次党代会以来漳州从工业提速迈向工业跨越》，闽南网，http：//zz. mnw. cn/news/1376259. html，2016 年 9 月 23 日。

2009~2016年，漳州规模工业增加值年均增长15.3%。[①] 经济总量也实现了扩容增量，到2016年地区生产总值达3125.35亿元，首次闯过3000亿元大关[②]，而之前从不到10亿元到突破100亿元用了16年的时间，再到步入1000亿元行列历时15年的时间[③]。

2016年，漳州规模工业产值超亿元企业首次突破1000家，实现工业总产值4494.44亿元。[④]

2018年末，漳州规模以上工业企业2269家，其中，年产值超过5亿元、50亿元和100亿元的企业分别有208家、9家和5家。全年全部工业增加值达1577.89亿元，增长9.0%。[⑤]

规模以上工业"4+4"产业实现增加值1163.60亿元，增长10.0%。其中，四大主导产业实现增加值919.99亿元，增长9.4%，分别为：食品工业412.12亿元，增长9.3%；装备制造产业265.30亿元，增长2.0%；特殊钢铁产业113.62亿元，增长10.0%；石化工业128.94亿元，增长29.8%。四大新兴产业实现增加值437.43亿元，增长11.5%，分别为：生物医药产业23.01亿元，增长15.8%；新材料产业318.74亿元，增长9.9%；电子信息产业81.70亿元，增长15.6%；新能源产业15.43亿元，增长14.8%。高技术产业产值达417.45亿元，增长10.9%，占规模以上工业总产值的比重为7.4%。[⑥]

---

① 《潮涌龙江万象新　漳州改革开放40年经济社会发展回眸》，闽南网，http://zz.mnw.cn/news/2100320.html，2018年12月18日。

② 《漳州经济社会发展成就辉煌——改革开放40年福建发展成就系列分析之十九》，福建省统计局，http://tjj.fujian.gov.cn/ztzl/ggkf40/201809/t20180910_4512007.htm，2018年9月10日。

③ 《潮涌龙江万象新　漳州改革开放40年经济社会发展回眸》，闽南网，http://zz.mnw.cn/news/2100320.html，2018年12月18日。

④ 《漳州工业经济发展综述：打造高质量发展强引擎》，东方新闻网，http://mini.eastday.com/a/190103133040056-3.html，2019年1月30日。

⑤ 《漳州市2018年国民经济和社会发展统计公报》，《闽南日报》2019年3月21日。

⑥ 《漳州市2018年国民经济和社会发展统计公报》，《闽南日报》2019年3月21日。

## （六）宁德：特色农业创业潮，新能源产业大聚合

宁德既是沿海城市，又是山区。1978 年，宁德三次产业比例是 45. 1∶28. 4∶26. 5，农业是主导产业。2017 年，宁德三次产业比例是 16. 8∶48. 9∶34. 3，第一产业比重下降 28. 3 个百分点，第二、第三产业比重分别提高 20. 5 个和 7. 8 个百分点。[①] 产业结构演变为工业领衔、农业辅助。

按照三次产业的顺序，简单窥视一下宁德产业进化带来的经济动力。

1. 第一产业：特色农业风生水起

宁德的特色农业，非常突出，其中有两个农产品是具备全球影响力的，一个是古田食用菌，一个是福鼎白茶，二者也是当地闽商创业的集中领域。

古田是中国食用菌之都，食用菌产量居全国首位，而中国食用菌市场占世界市场的 70%。尤其是古田银耳年产量达 29 万吨，占世界总产量的 90% 以上。其产品不仅畅销全国各地，还打入了日本、东南亚、欧洲、美洲等数十个国家和地区，产销率达 98%。2018 年，以古田为核心的宁德食用菌产业集群，年产值百亿元以上，数十个品种，在工厂化、标准化栽培模式下有效推广。

福鼎白茶是宁德特色农业的另一张名片，福鼎被誉为“中国白茶之乡”，白茶畅销全球。

以食用菌与白茶为主打产品的宁德特色农业，发展迅速。2017 年，宁德已培育形成产业龙头闽商企业 443 家，其中省级以上重点龙

① 《矢志不移 40 载　闽东圆梦新时代——改革开放 40 年福建发展成就系列分析之二十二》，福建省统计局，http：//tjj. fujian. gov. cn/ztzl/ggkf40/201809/t20180917 _ 4512011. htm，2018 年 9 月 17 日。

头企业 120 家，带动农户 44.30 万户，实现收入 247.3 亿元。[①]

在食用菌与白茶之外，宁德还培育了大量区域品牌，比如蕉城区被誉为“中国大黄鱼之乡”，2017 年宁德大黄鱼产量继续增加，达 13.6 万吨，占全国的近 80%。[②] 而且形成完整的从育苗到饲料的产业集群链条。

福安市被誉为“南方葡萄之乡”；霞浦县被誉为“紫菜之乡”和“海带之乡”；柘荣县被誉为“太子参之乡”。宁德市“三品一标”产品总数达 249 个，拥有桐江鲈鱼、福鼎槟榔芋、穆阳水蜜桃、寿宁高山茶等 9 个国家农产品地理标志产品。

2. 第二产业：龙头带动集群凸显

宁德正致力打造不锈钢、锂电池、铜材料、新能源汽车四大产业集群，形成了不锈钢新材料和锂电新能源两大主导产业，成功培育了闽东电力、广生堂、宁德时代、三祥新材等 4 家上市公司[③]，其中后三家为闽商企业。

宁德新能源和时代新能源在短短几年内，就分别成为全球第一的消费类聚合物锂离子电池和锂离子动力电池制造企业[④]，使宁德成为全球最大的聚合物锂离子电池生产基地。宁德时代于 2018 年 6 月 11 日成功上市，成为当年第三家在 A 股上市的新经济独角兽闽商，是福建省首家国家高新技术产业标准化试点企业，也是全国唯一一家获批的锂电池企业。而宁德时代上市之后，更是被誉为创业板老大，市值长期保持创业板最高。

以青拓、联德为代表的不锈钢产业 2017 年产值接近千亿元，自

---

① 张文奎：《“数”说闽东 40 年成就》，《闽东日报》2018 年 12 月 6 日。

② 《宁德举办大黄鱼捕捞季　探索“人鱼海”和谐共存之路》，搜狐网，https://www.sohu.com/a/259836113_100253941，2018 年 10 月 16 日。

③ 张文奎：《“数”说闽东 40 年成就》，《闽东日报》2018 年 12 月 6 日。

④ 《2018 年宁德市政府工作报告》，宁德市人民政府，http://www.ningde.gov.cn/zwgk/ghjh/zfgzbg/201801/t20180123_212273.htm，2018 年 1 月 23 日。

建成投产以来，年均增长75.3%。青拓集团成为全球单体最大的不锈钢生产基地，青拓集团完成全国首例跨省钢铁产能置换，400系不锈钢项目启动建设，2017年产量约占全球的8%、全国的15%。①

2017年不锈钢新材料和锂电新能源两大主导产业实现增加值311.34亿元，占宁德市规模以上工业增加值的44.1%，自2010年以来保持30%以上的增长速度。②

在龙头企业带动下，产业链加速形成。截至2017年，宁德两大主导产业带动的产业链项目近50个，目前已建成投产或已开工在建项目有31个。2018年，宁德锂电新能源小镇、福安湾坞不锈钢新材料小镇入选省级特色小镇创建名单。

3. 第三产业：旅游促生活性服务业

宁德旅游资源丰富，拥有世界地质公园1处、A级景区19处（5A级2处、4A级2处）、中国传统村落（国家级）63个，致力发展全域、红色、文化、民宿和乡村旅游等。

以旅游业为代表的生活性服务业快速发展，2017年宁德共接待境内外游客2653万人次，旅游总收入达254.29亿元。③

## （七）龙岩：机械环保强势，矿业发展持续

龙岩的红色旅游和土楼文化，最具号召力，吸引了诸多“朝圣者”。

龙岩市已经形成以有色金属、机械制造、烟草、纺织、建材等为主导产业的相对完善的产业体系，光电与新材料、生物医药产业等新兴产业正迅速发展壮大。2017年，龙岩市拥有百亿元产业8个，规模

① 《2018年宁德市政府工作报告》，宁德市人民政府，http://www.ningde.gov.cn/zwgk/ghjh/zfgzbg/201801/t20180123_212273.htm，2018年1月23日。

② 张文奎：《“数”说闽东40年成就》，《闽东日报》2018年12月6日。

③ 《矢志不移40载　闽东圆梦新时代——改革开放40年福建发展成就系列分析之二十二》，福建省统计局，http://tjj.fujian.gov.cn/ztzl/ggkf40/201809/t20180917_4512011.htm，2018年9月17日。

以上“365”重点产业总量首次突破2000亿元，实现总产值2338.46亿元，增长17.9%，对规模以上工业增长的贡献率达96.6%。[①]

外贸、外资方面，作为山区城市，龙岩也取得了巨大进展。2017年，新签利用外商直接投资合同金额达3.03亿美元；实际利用外商直接投资2.96亿美元，是1985年的339倍；外贸出口总额达23.3亿美元，是1990年的267倍。[②]

1. 机械环保“一家人”

龙岩拥有以工程机械、运输机械、环保装备制造为主的门类较为齐全的机械制造工业体系，是中国三大工业烟气净化环保设备制造业的研发和生产基地之一。

在香港上市的龙工控股是国内工程机械行业前三强。这也是在这一领域的闽商龙头，其综合实力已跻身于世界工程机械50强、全国企业集团500强。

新罗有龙工铸锻、联合铸造等铸锻造企业50多家，被国务院发展研究中心、县域经济专家委员会等部门评为“中国铸造之乡”。[③]龙工（福建）铸锻有限公司，年产精密铸锻件25万吨，是亚洲地区最大的精密铸件生产基地。

在A股上市的闽商企业龙净环保是中国大气环保设备制造企业的“No. 1”，产销量连续十多年位居全国第一，也是全球领先的大气环保企业之一。

2. 农业新“硒”望

位于闽、粤、赣三省交界处的龙岩武平，虽是山区，也是“金

① 《改革开放40年丨改革开放铸辉煌　龙岩发展谱新章》，凤凰网，http://wemedia.ifeng.com/79998534/wemedia.shtml，2018年9月25日。

② 《改革开放40年丨改革开放铸辉煌　龙岩发展谱新章》，凤凰网，http://wemedia.ifeng.com/79998534/wemedia.shtml，2018年9月25日。

③ 《新罗全力打造海西先进机械制造业集聚中心》，中国市县招商网，http://www.zgsxzs.com/a/20131128/555554.html，2013年11月28日。

三角”。这是闽粤赣边区域性旅游集散中心、商贸物流中心、健康养生养老基地和闽西现代服务业集聚中心，是闽南金三角和珠三角重要的无公害农牧产品供应基地。

随着消费水平的提升，人们对食物不仅要求吃得安全，也要求吃得健康。而硒作为人体必需的元素，享有“长寿元素”“抗癌之王”“心脏守护神”“天然解毒剂”“明亮使者”等美誉。中国是个缺硒大国，在“中国硒元素分布图”上，福建大部分是被涂成黄色的，这意味着，福建大部分地区缺硒，但龙岩有丰富的富硒土壤。

2016 年，福建省确定了第一批省级富硒农业产业开发重点县，龙岩的连城、新罗、永定就位列其中。

2017 年 2 月，中国产学研合作促进会、中国富硒农业产业技术创新联盟授予连城“中国客家硒都”的称号。

仅仅有硒是不够的，龙岩打造农业名品很有“招法”。历史上就有包括上杭萝卜干、长汀豆腐干、连城地瓜干等闽西“八大干”流传。

龙岩是南方重点集体林区、福建省三大林区之一。全市森林面积 2255 万亩，森林覆盖率 78.9%，连续 40 年居福建省第一位、居全国前列。[①] 由此催生竹木产业，生机勃勃。木村林产、青晨竹业、德诺木业等企业，都是农业产业化龙头企业。

3. 矿业：山沟沟里飞出来的金凤凰

靠山吃山，天经地义。资源就是最好的工业，矿业是龙岩的重要产业。

龙岩是福建省重要的矿区，其中，马坑铁矿是华东第一大铁矿、紫金山铜矿是全国第二大铜矿、东宫下高岭土矿是全国四大优质高岭

① 《我市召开生态公益林和天然林保护工程建设情况新闻发布会》，搜狐网，http：//www.sohu.com/a/283813570_100218257，2018 年 12 月 22 日。

土矿之一。①

上杭县是福建为数不多的有色和贵金属重要矿产地，资源丰富，有几十个矿种，而且远景储量较大。最有代表性的是上杭的紫金矿业，这是从山沟沟里飞出的金凤凰。紫金矿业是造就福建前首富陈发树的最大财富来源之一，上杭也成了闽商陈发树跻身于百亿元富豪的“风水宝地”，这是另一部商业传奇。

紫金矿业从1993年开发紫金山金矿起步，2003年11月在香港H股上市，2008年4月在上海A股上市，目前投资项目分布在国内24个省（自治区）和加拿大、澳大利亚、巴布亚新几内亚、俄罗斯、塔吉克斯坦、吉尔吉斯斯坦、南非、刚果（金）、秘鲁等9个国家。

在2017年《福布斯》全球2000强企业榜上，紫金矿业排在第1200位，在上榜的全球有色金属企业中位列第18、在上榜的全球黄金企业中名列第3。②

### （八）三明：中药材生产基地，大旅游发展魅力

三明是福建省的重要工业基地，集聚了福建省最大的钢铁、化肥、化纤、人造板、造纸、重型卡车等生产企业。③

建宁是亚洲最大的薄型纸生产基地。2017年“中国500最具价值品牌”榜单上，福建铙山纸业有限公司排名第324位，品牌价值112.75亿元④，铙山纸业是全国最大、最强的高档低定量特种纸制造商，也是中国薄型纸产销量及出口量最大的企业之一。“铙山”品牌

---

① 《龙岩：红绿交映生态美城》，经济参考，http：//www.jjckb.cn/2016－03/23/c_135214007.htm，2016年3月23日。

② 《福布斯2000强榜公布全球有色36强：紫金矿业居中国第2》，新浪网，http：//news.sina.com.cn/o/2017－05－31/doc－ifyfuvpm6841785.shtml，2017年5月31日。

③ 《三明：产业基础雄厚》，人民网，http：//fj.people.com.cn/n/2014/1105/c367138－22821712.html，2014年11月5日。

④ 《福建铙山纸业入围2017年中国500最具价值品牌》，人民网，http：//fj.sina.com.cn/news/city/sanming/information/s/2017－07－06/100921882.html，2017年7月6日。

已经连续五届斩获“中国500最具价值品牌”。

三明矿产资源丰富，明溪的宝石资源最为独特，已探明的宝石储量达10亿克拉，是“中国四大蓝宝石产地”之一。

1. 大健康：中药材生产基地

三明是著名的中药材生产基地。

大田药材资源较为丰富，可药用的有957种，尤其是素有“中国南方人参”之誉的绞股蓝，1993年就年产干品700吨，2002年，绞股蓝被国家划入保健食品名录，这是大田一个很有发展潜力的保健食品。①

泰宁是雷公藤道地药材的传统主产地，所产雷公藤药效成分含量为全国最高。② 2018年，泰宁雷公藤育苗与种植技术已基本成熟，雷公藤种植面积达6万亩左右，是全国最大的雷公藤种植基地。

华侨魏佰兴旗下的福建汉堂生物制药股份有限公司，主营雷公藤种植、提取，药品制剂及新药研发。拥有世界最大的雷公藤GAP种植基地，围绕雷公藤已形成了种植、研发、生产、销售一条龙的整体格局。

在雷公藤之外，还有一株“仙草”渐成三明泰宁新的增长点，那就是获批国家地理标志保护产品的泰宁铁皮石斛。

铁皮石斛被誉为“救命仙草”，国际药用植物界称之为“药界大熊猫”。泰宁有野生的铁皮石斛5000多丛，适合铁皮石斛原生态野生种植的丹霞岩壁有十多万亩。

明溪药谷小镇是福建省首批特色小镇，形成医药加工区、科创服务区、健康养生体验区、旅游休闲服务区、生态居住区的完善

---

① 《大田县》，百度百科，https：//baike. baidu. com/item/% E5% A4% A7% E7% 94% B0% E5%8E% BF/3450481？fr = aladdin，2019年3月25日。

② 福建省林业科学研究院、福建省农林大学、泰宁县人民政府：《泰宁县雷公藤产业发展总体规划（2005～2020）（征求意见稿）》，2005年9月。

产业链。

国家确定的38种名贵药材之一的金银花，在生物制药、香料、化妆品、花卉等领域应用广泛。福建众山实业有限公司投资的金银花高纯绿原酸加工基地，可达到年产纯度99%的金银花绿原酸2万公斤的能力，在业内影响深远。[①]

明溪县还是“中国红豆杉之乡”，南方红豆杉天然林资源丰富，红豆杉古树树龄最高达1000多年。在红豆杉种苗繁育和人工造林技术方面，明溪处全国领先水平，在建立红豆杉基因库、红豆杉苗木基地、红豆杉药用林基地等方面，逐渐形成完善的红豆杉产业链。

2. 旅游业：泰宁大金湖的魅力

作为全国优秀旅游城市，三明拥有51个国家级旅游品牌，旅游景点和景区密度居福建省前列。建宁、泰宁、明溪、将乐、尤溪、清流、宁化7县进入福建省58个县级城市空气质量排名前10名。

有“天下第一湖山”之美誉的泰宁大金湖，是世界地质公园，以丹霞地貌景观为主体，同时还有花岗岩地貌景观和人文景观等点缀其中。2018年，泰宁旅游总收入达45.2亿元，比增23%。[②]

永安有国家级风景名胜区、4A级风景区桃源洞、鳞隐石林：桃源洞系国家水利风景区，其景点“一线天”全长120米，被誉为全国之最；鳞隐石林被誉为“东南奇秀”，有中国第二大石林之称。还有被誉为“绿色植物基因库”的国家级自然保护区天宝岩。[③]

① 《总投资1.1亿元金银花项目落户明溪》，《三明日报》2011年1月13日，第A1版。

② 《泰宁：2018年泰宁旅游产业经济实现新发展》，泰宁县人民政府，http：//www.fjtn.gov.cn/zwgk/gzdt/xjdt/201901/t20190108_1257238.htm，2019年1月8日。

③ 《永安市基本情况介绍》，永安市人民政府，http：//www.ya.gov.cn/mlya/yagk/201305/t20130531_856189.htm，2019年1月25日。

三明的“百年榜、千年寨、万年居、亿年泉”也能让游客欣喜欲狂。

## （九）南平：“大武夷”旅游蓬勃发展，绿色产业创新驱动

南平是福建的粮食主产区，也是福建的老工业基地。

2018 年初，南平编制了《南平市绿色产业发展行动纲要（2017～2025）》，确定了以现代绿色农业、旅游、健康养生、信息、先进制造、文化创意等七大产业为重点。[①]

1. 大武夷旅游和茶

南平的旅游在武夷山，武夷山不仅是中国著名的风景旅游区和避暑胜地，亦是首批国家级重点风景名胜区之一。

此外，武夷山的茶也是相当有名的，最著名的是大红袍。此地有个大红袍景区，而仅有的 6 株大红袍母株就生长于此，因为稀少且有历史，故而倍显珍贵。

武夷山风景区位于武夷山脉的中部、福建省武夷山市境内。它是三教名山，也有“福建第一山”的美誉，是世界文化与自然双重遗产，再加上闽越文化、朱子文化以及独特的茶文化，武夷山充满了不枉到此一游的魅力。

茶业，是武夷山的主导产业，这些年武夷山全面启动全国茶叶绿色原料基地标准化建设，不仅鼓励茶企创建无公害茶、绿色食品茶、有机茶园基地，还出台了一系列奖励政策。武夷山茶界也是能人颇多：武夷星茶业有限公司董事长何一心，金骏眉创始人江元勋，等等。他们是茶界闽商中的代表者。

2018 年，武夷山市接待游客 1514. 69 万人次，比增 18%，实现

① 《南平市人民政府关于印发南平市绿色产业发展行动纲要（2017～2025）的通知》，南平市人民政府，http：//www. np. gov. cn/cms/html/npszf/2017 － 12 － 18/2067664458. html，2017 年 12 月 18 日。

旅游收入308.19亿元，比增28.1%。[①] 2018年，干毛茶总产量21000吨，其中岩茶产量19600吨、红茶产量1300吨，茶业总产值21.42亿元。[②]

2. 从山区里走向世界

位于闽、浙、赣三省交界处的南平，虽是山区，偏僻之地，但也有正眼看世界的勇气与执着。

2017年，南平出口总额达到14.44亿美元，是1988年首次实现自营出口规模（出口总额69万美元）的2000余倍，这是从“零”开始的一个极大飞跃；出口商品结构从以初级产品为主转向以工业制品为主。其间分别于2000年突破1亿美元、于2011年突破10亿美元。[③]

南平对外贸易起步较晚，在改革开放初期，市、县两级没有对外经营权，仅是出口货源的收购单位。1988年，原地区外贸公司、武夷山进出口（集团）公司和厦门武夷进出口贸易公司三家单位取得进出口经营权，南平开始有了自主的进出口经营能力。

随着国家进一步开放商品进出口权，逐步形成了外贸专业公司、工贸公司和“三资”企业三足鼎立的出口格局。近年来，在“一带一路”、自贸区建设的带动影响下，南平加大对生产型、贸易型企业出口的扶持力度，支持外贸行业转型升级和发展外贸孵化中心、跨境电商等新业态，推动外贸进出口双向增长。目前，南平已形成以纺织服装、茶叶、竹制品等商品为主，面向日本、美国、东南亚、香港等

---

① 《2018年武夷山市接待旅游总人数1514.69万人次　比增18%》，闽南网，http：//www.mnw.cn/nanping/wuyishan/2115844.html，2019年1月17日。

② 《武夷山市茶业局荣获闽茶发展最佳服务奖》，武夷山市人民政府，http：//www.wys.gov.cn/html/2019-02-21/415235.html，2019年2月21日。

③ 《砥砺前行铸辉煌　绿色南平谱新篇——改革开放40年福建发展成就系列分析之二十》，福建省统计局，http：//tjj.fujian.gov.cn/ztzl/ggkf40/201809/t20180910_4512008.htm，2018年9月10日。

国家和地区的出口格局。

3. 产业龙头效应增显

在武夷新区的南平市云计算中心、大数据中心、爱城市网、大数据人才实训基地等项目的推动下，南平的智慧城市正在成形。而在延平，石墨烯产业园也在打造智能大制造平台及其产业链业态。①

永太高新材料公司的六氟磷酸锂，填补了福建省六氟磷酸锂生产领域的空白。但这不是终点，而是新起点，永太高新已经将目光瞄准了更高端的双氟磺酰亚胺锂，这种产品国内还没有能量产的企业，主要依靠进口。

亚洲第一的白羽肉鸡企业——光泽县圣农集团，2017 年产能达到 5 亿羽。以创新为驱动力，闽商圣农集团率先在行业内开启“农业养殖 4.0”时代，实现管理智能化，生产自动化，环保、消防标准化，食品安全系统化，成为南平绿色发展的典范。②

## 三　市域经济发展前瞻

福建是中国森林覆盖率最高的省份，连续 40 年位居全国第一。这是福建一张亮丽的名片。良好的生态环境，让福建具有独特的魅力。

值得注意的是，不同的城市，有不同的资源禀赋，因地制宜成为最好的选择。让一个文学家去考奥数，是一种浪费；让一个数学家去参加奥运会比赛，也是浪费。以后福建市域的发展，必然是在巩固已有优势、创新未来发展的道路上奔跑。

① 《南平七大产业　开启绿色发展新征程》，人民网，http：//fj.people.com.cn/n2/2017/1127/c181466－30966727.html，2017 年 11 月 27 日。

② 《南平七大产业　开启绿色发展新征程》，人民网，http：//fj.people.com.cn/n2/2017/1127/c181466－30966727.html，2017 年 11 月 27 日。

### （一）巩固优势

对于传统经济来说，福建的纺织服装、石化重工、机械装备、食品制造、工艺美术等，都有雄厚的基础。福建各个地市都有自己的优势产业，比如晋江的体育产业、长乐的纺织产业、三明的钢铁产业。但“吃老本”是不够的，需要在创新技术上做文章，企业要坚定信念，紧跟“大众创业、万众创新”的热潮，进一步推动转型升级。

就像龙岩上杭的紫金矿业，矿业是典型的传统行业，但紫金矿业依靠持续不断的技术进步，将自己做成一个全球矿业巨头。

福耀玻璃原本不过是一家小小的水表玻璃乡镇企业，但现在在高科技玻璃方面的成果，简直是令人眼花缭乱。

利用现代的技术、理念，对现有的优势产业进行升华，是一条必须走的道路。俗话说，只有失败的企业，没有失败的产业。只有创新才能巩固自己的优势，让地域优势、让企业优势得到无限放大，最终在竞争中成为赢家。

而发展产业集群，显然是目前比较好的选择。这也是多年以来经验的沉淀。

### （二）创新发展

创新不仅仅在于传统产业的升级上，新产业、新技术带来的也不仅仅是改造传统产业这一结果，更有经济发展潜力。

比如福建在数字经济方面，从某种程度上来说，已经是先行一步，要继续扩大自己的优势。数字经济驱动未来，也是未来经济发展的“主线任务”。

社会经济从农业经济、工业经济、信息经济，再到数字经济，是一个个层次跃迁。未来必然是数字经济主导的时代。而福建具有这方面的优势。

在现代生态农业的培育发展方面，福建潜力十足。尤其是闽西北、闽西南山区，靠山吃山，既是现代生态农业的天然宝地，也是现代旅游业的聚宝盆。

比如“闽西八大鲜”，再过若干年就成为一个历史传承，就成为新的“老字号”。龙岩的富硒农业，具有非常好的市场前景。

宁德的新能源产业，具有非常光明的前景。目前宁德已经从一个四线的城市，发展为在世界上都具备名气的新能源城市，可以说值得骄傲。

漳州把生态作为立市之本、兴市之基，绿色发展与城市建设相呼应，探索“生态+”发展模式①，打响“花样漳州”的名声，这也是根据时代发展趋势做出的城市发展战略部署。

---

①《“生态”的漳州模式：探索出生态文明建设新路径》，文明风网，http://wmf.fjsen.com/2018-01/15/content_20611652_all.htm，2018年1月15日。

# B.7
# 2019年闽商慈善发展报告

陈丽媛*

**摘　要：** “义”与“利”兼顾的闽商不仅仅在商界打拼出一番名声，更是在慈善领域低调耕耘，成为中国慈善事业中不可忽视的一个群体。近两年，闽商慈善阵容不断壮大，在慈善领域、慈善方式上呈现范围更广、力度更强的特征，慈善事业也进入了系统化、专业化、长期化阶段。随着社会的进步与发展，闽商致力于慈善事业的大爱精神越发蓬勃向上。

**关键词：** 慈善　闽商　闽宁扶贫　精准扶贫　光彩会

## 一　闽商慈善渊源

慈善一向是闽商精神的一个注脚，从古时开始闽商便行善义举不断。这种善举精神时至今日依旧在闽商群体中流行，先后涌现诸如黄其森、曹德旺、陈发树、许荣茂等知名慈善家，他们无不延续了这种济世的情怀。

或捐资助学、或扶贫济困、或修桥铺路、或兴建学校，闽商敦亲、乐善的足迹可以追溯到明代。

---

* 陈丽媛，《闽商》杂志社编辑、记者。

泉州市有文字记载的第一位慈善家，是明代宣德年间的晋江富商李五。李五名英，《晋江县志》之《人物志·乐善》记载："洛阳桥岁久，海沙日积，桥址下没。英出赀增高之，费金钱以万计。郡南洋田界于海，捐赀筑堤堰，时启闭。郡人德之，勒石洛阳桥头，名宦萧元吉为之记。乾隆二十六年，知县王勋重新其石，移置忠惠公庙庑，今其子孙多登科第者。"[①] 李五可以说是对闽商乐善好施精神颇具影响的人物之一。

到了清代，不乏义仓义塾、善堂善会等民间慈善组织，从而掀起了慈善的热潮。从《晋江人物志》中获悉，晋江安海商人林瑞冈举凡救贫济困、恤孤怜寡以至修桥造路，无不慷慨解囊，并因此屡受清廷嘉奖，还创办了"果育堂""明善堂"等慈善机构。

古代参与慈善的并不都是富甲一方的大商人，也有一些仅是参与买卖活动的，但他们也十分乐善。有史料记载："林清，字自源，怀安人。性乐善，自岁除必袖金数十囊，潜行里巷间，有贫而愁叹怨泣者，即掷金门内，不使其人知也。"[②]

而从福建漂洋过海"走出去"的闽商，在当地慈善领域也别有一番建树。以闽商聚集地东南亚为例，18 世纪末那里形成了早期的华族社会，其中大多数是从福建移民过去的。时间进入 19 世纪，早期到东南亚闯荡的福建人凭借吃苦耐劳的精神，大多成为当地富商和侨领，事业有成的同时也懂得回馈社会，尤其重视华人教育，他们大多从民生福利领域入手，如兴办医院、修建学校等，这些善举也开了许多华侨华人在家乡捐资兴办公益事业的先河。

20 世纪以后，许多华侨开始回馈家乡，著名闽籍侨领陈嘉庚、胡文虎、蔡友玉正是其中翘楚。陈嘉庚，这位被毛泽东誉为"华侨旗帜、民族光辉"的企业家出生于泉州府同安县集美村，因战乱不

---

① 《人物志·乐善》（乾隆乙酉年刊本），载晋江市地方志编纂委员会编《晋江县志》，上海辞书出版社，2006。在线信息见 http：//www. miliol. org/7875. html。

② 《福州府志万历本》，https：//ctext. org/wiki. pl？ if = gb&chapter = 598283&remap = gb。

断、生活所迫，他与同村其他人一般远赴南洋讨生活，多年经商让他在当地立住脚跟并成为享誉盛名的“橡胶大王”，此后他将打拼来的财富投入教育事业，有着“毁家兴学，千古一人”之评。据统计，陈嘉庚一生用于办学的款项达 1 亿美元以上。[①]“报业巨子”胡文虎亦是华人慈善的标榜，原籍为福建省汀州府永定县下洋镇中川村，他以医药领域的捐助为主，在抗日战争中还领导海外客家运动，共救国难。被誉为“石狮之子”的旅菲侨胞蔡友玉生前十分关注并捐助祖国的科教文卫事业，一直是侨商的榜样。1990 年 9 月，蔡友玉、蔡洪淑佩伉俪共同成立了“石狮市蔡友玉家族教育基金会”，用于奖教奖学，旨在推动石狮市范围内的教育事业，该基金会是国内最早设立的一个以家族命名的教育基金会。至今，基金会奖教、奖学、助学累计捐赠 684. 11 万元，其他社会公益累计捐赠 2180. 4 万元。[②]

1978 年以来，海内外闽商依旧致力于继承和发扬慈善精神，积极履行社会责任，并不断扩大慈善领域，丰富慈善模式。

1997 年 9 月，福建省光彩事业促进会成立，通过实施光彩事业来积极推动福建省的新一轮创业，并做好光彩事业的组织实施工作。据民政部资料统计，2003 ~2009 年，全国各省份商人的捐赠数额最大的是闽商。2013 年以来，包括曹德旺、林腾蛟、柯希平、许明金等在内的 17 名民营企业家捐款超过 500 万元。2018 年，由民政部发布的第十届中华慈善奖的表彰名单中，许荣茂获得“慈善楷模”称号；泰禾集团获得“中华慈善奖”捐赠企业称号；曹德旺、傅芬芳、许连捷等 4 位闽商获得“中华慈善奖”捐赠个人称号，占获得者数量的 1/4。[③]

---

① 《陈嘉庚华侨旗帜（“近代中国寻梦人”系列报道之④）》，《人民日报》（海外版），2013 年 9 月 27 日，第 10 版。在线信息见 http：//paper. people. com. cn/rmrbhwb/html/2013 -09/27/content_ 1304332. htm。

② 《蔡友玉教育基金会举行 2018 年助学座谈会》，石狮市人民政府，http：//www. shishi. gov. cn/zwgk/xwzx/jrss/201808/t20180822_ 727664. htm，2018 年 8 月 22 日。

③ 《福建省光彩事业促进会第五次会员代表大会工作报告》（未刊本）。

2002年8月22日，福建省慈善总会成立，覆盖了助孤工程、助残工程、助困工程、助学工程、紧急救助等，每一项工程又都具体化到每个项目。2002年12月18日，全国首家县级民间慈善机构——晋江市慈善总会成立在被称为“福建首富县”的晋江，慈善总会中民营企业家占比逾85%，成立不到一年时间便已获得慈善资金近两亿元。①

《2017年度中国慈善捐助报告》显示，2007~2017年，中国慈善事业不断走向成熟，接收的境内外慈善捐赠由309.25亿元增加到1499.86亿元，捐赠额所占当年的GDP也从0.13%上升至0.18%。②

据统计，1978年以来，海外闽商无偿捐赠家乡公益事业100多亿元。③ 福建省人民政府侨务办公室2017年2月9日披露的数据显示，1978年以来，海外侨胞、港澳同胞已累计为福建省公益事业捐赠超过268.5亿元，惠及科教文卫等多方面。④

“天涯黄金屋，故土篱笆墙，两相不弃，万里同春。出则兼济天下，归则反哺梓桑。”⑤ 第二届世界闽商大会《闽商宣言》中的这段话描述了海内外闽商一直以来所秉承的“乐善好施、回馈家乡”传统。

## 二 闽商慈善年度特征

邵逸夫先生曾说“一个企业家的最高境界是慈善家”，而今越来

① 《济世情怀　自古闽商多尚善》，网易，http://3g.163.com/news/10/0517/12/66SS7MBL00014AED.html，2010年5月17日。

② 《〈2017年度中国慈善捐助报告〉发布》，中国慈善联合会，http://www.charityalliance.org.cn/news/11841.jhtml，2018年9月25日。

③ 《世界闽商：虽在羁旅　不忘乡关》，中国网，http://fj.china.com.cn/2013-06/15/content_6033812.htm，2013年6月15日。

④ 《港澳侨捐助福建公益已超268亿元》，新华网，http://www.xinhuanet.com/overseas/2017-02/09/c_129473401.htm，2017年2月9日。

⑤ 《〈闽商宣言〉全文弘扬闽商精神》，东南网，http://www.fjsen.com/zhuanti/2010-04/27/content_3136373.htm，2010年4月27日。

越多的民营企业家加入了社会公益慈善事业中，其中福建企业家的表现可圈可点，“创造财富、回报社会”的思想已然成为闽商的共识。

1978 年以来，闽商之于社会公益慈善活动有着较为深厚的积淀，梳理各大慈善榜单，不难发现，闽商总是名列前茅，捐款人数、捐款数额、捐款领域较其他商帮都更为突出。闽商懂得发展，也懂得感恩，上榜的福建籍慈善家大多出身实业，因此更懂得回报社会。

闽商做慈善大多比较低调，大多是默默投入钱财、时间和精力。“福建不是中国最富有的省份，却是中国最慷慨的省份。”北京大学光华管理学院教授何志毅曾表示，福建可以算是中国慈善的“龙头”，“急公好义、乐善好施”的慈善精神在福建企业家身上得到了更好的体现和诠释。[①] 胡润百富董事长胡润也曾表达出“闽商在慈善领域最慷慨，每赚 100 元就捐 4 元”的言论。

民营企业家可以说是中国慈善事业的中流砥柱，而闽籍民营企业家无疑又是较为突出的慈善群体，他们做慈善的领域不断扩大，慈善模式也从单一作战向系统化演变。

### （一）闽宁扶贫

盘点闽商群体在慈善领域所贡献的成绩，可以发现，自党的十八大以来，“义利兼顾、以义为先”的福建省广大民营企业家、商协会聚焦精准扶贫、乡村振兴、东西部对口协作等行动，助推福建省重点扶贫县开发等。

1996 年，东西扶贫协作开展，福建被确定帮扶宁夏并在当地的永宁县建了一个闽宁村，福建对宁夏的帮扶工作在当年 5 月全面展开。

---

① 《民企成推动慈善事业重要力量　福建企业家最慷慨》，公益时报，https：//gongyi. qq. com/a/20100506/000037. htm，2010 年 5 月 6 日。

22年来，闽宁两省深入开展对口帮扶，建立了“联席推进，结对帮扶，产业带动，互学互助，社会参与”的对口协作机制，形成了“产业对接、经济共荣、互助共进、共同发展”的局面。深入开展结对帮扶，制定“十三五”闽宁扶贫协作规划，全力实施“3+1”共建模式。闽宁协作22年来，福建全省各级统战部、工商联和商会组织推动闽商在宁夏成立13家异地商会和行业商会，带动赴宁创业的闽籍企业和商户5600多家，年创产值近400亿元，年上缴税金10多亿元，安置就业10多万人，为宁夏招商引资超1000亿元，帮扶社会公益事业1亿多元。[①]

这两年，福建进一步扎实、深入地推进闽宁协作、援疆援藏等工作。

在福建对口帮扶宁夏的20周年之际，闽宁进行了投资签约仪式，投资逾240亿元，投资项目有41个。2017年4月，福建省工商联、福建省光彩事业促进会（下称“福建省光彩会”）为进一步援助宁夏5个市的16个精准扶贫项目，设立了金额为500万元的“闽宁光彩资金”。通过新疆昌吉回族自治州工商联向贫困学生捐资150万元，帮助500名少数民族贫困学生完成学业。[②] 在2018年10月“闽商助力闽宁协作交流会”上，福建省工商联与宁夏工商联签署补充协议，追加300万元用于宁夏地区的精准扶贫。[③]

福建企业及企业家在闽宁对口扶贫协作中发挥了积极作用。2018年6月和8月，福建省光彩会分别组织企业家前往宁夏考察项目，以及邀请宁夏有关部门来福州举办招商推介会。据统计，截至2018年10月，近8万名闽商先后奔赴宁夏投资办厂，5600多家福建企业落户宁夏，总投资800多亿元，闽企为当地提供就业岗位近10万个。

① 《福建非公经济40年成就展》（内部资料）。
② 《福建省光彩事业促进会第五次会员代表大会工作报告》（未刊本）。
③ 《福建非公经济40年成就展》（内部资料）。

闽商充分发展扶贫产业，极大地带动当地经济发展，给宁夏扶贫事业注入蓬勃动力。目前闽商经营的民营医院占宁夏市场的90%以上；石材、木材占据80%以上份额；不锈钢、轮胎、黄金珠宝分别占70%；陶瓷占60%。[①] 闽宁模式，将单兵作战的慈善模式，集合成一个系统化的扶贫样板，是一个集“扶志、扶智、扶资”于一体的系统集成，是一个可以复制的先进模式。

据闽南网报道，福建省财政在2018年还增加了对宁夏的资金补助标准，2017年的补助为全区1.12亿元，2018年则增加至3.1亿元，以年均6.5%的增长幅度逐年增长。[②]

从单一的政府扶贫，走向从“帮扶”到“协作”再到“合作”，福建与宁夏的这一创造性合作得到了广泛关注，“闽宁模式”也成为全国扶贫的推广案例。

### （二）精准扶贫

福建开启“百企帮百村”精准扶贫行动是在2016年2月17日，近年来更是不断巩固，在2018年“百企帮百村”扩展为“千企帮千村”。福建省现有23个省级扶贫开发工作重点县。

福建始终走在精准扶贫行动前列。2012年，福建有130.5万个贫困人口，到2016年已经降至20.44万人，到2017年就降到了4286人，贫困发生率从3.8%下降至0.02%。[③]

在国家倡导的精准扶贫领域，福建民营企业成为一股新势力。全国工商联还将春伦集团、圣农集团等闽籍民营企业评为“万企帮万

---

① 《闽商慈善跃迁路径》，《闽商杂志》2018年第10期（总第143期），第22~34页。

② 《福建省财政提高援宁资金补助标准　大力支持扶贫协作》，闽南网，http：//www.mnw.cn/news/fj/2071710.html，2018年10月16日。

③ 《中国财经报记者实地走访：福建省扶贫资金在线监管系统运行这一年》，福建省财政厅，http：//czt.fujian.gov.cn/zwgk/zwzx/czxw/201901/t20190108_4738724.htm，2019年1月7日。

村”精准扶贫行动先进民营企业……福建民营企业家在精准扶贫道路上，相当踊跃。

有的通过资金捐赠进行“减负式”帮扶。2017 年 6 月，源昌集团董事长侯昌财认捐 200 万元助推南安市“万贤扶千户”扶贫活动。[①] 2017 年 9 月，福信集团捐资 30 万元支持临夏州“精准扶贫”行动。2018 年 1 月，吉利控股集团捐赠资金 110 万元用于帮扶福安市范坑乡毛家坪村思源水库修缮工程。2016 ~ 2018 年，曹德旺创立的河仁慈善基金会共资助 9000 万元，助力福建等三省份 30 个村脱贫。[②]

有的通过增加收入、安置就业、建设基础设施、推进项目落地等进行“造血式”帮扶。比如，圣农集团在中坊村投资 40 亿元建设圣农产业集群，还与光泽县城市建设开发有限责任公司一道出资 30 亿元建设圣农小镇，带动当地人实现产业脱贫[③]；宁化河龙贡米实施“河龙贡米产业化订单种植”项目，仅 2017 年就带动全县 683 户 2502 人增收，并实行“一免一补一增”扶贫模式，为贫困户发放稻种、农资补贴、收购补助 94. 3 万元；福建文鑫莲业依托建莲省级农民创业示范基地，带动 7600 户莲农增产增收，帮助 182 户贫困户实现脱贫；宁化春辉茶业带动结对帮扶村周边农民开垦茶园种植优质茶，安排 100 多户贫困户就业；福信集团 2018 年在漳州市华安县建美村投资 300 万元建设了占地面积 23. 5 亩的“福美农业产业园”，养殖鹌鹑 20 多万只，推动当地鹌鹑养殖产业化发展；福建春伦集团在永泰梧桐镇流转 2000 多亩闲置土地，引导农民种植茉莉花；福建周

① 《叶维新、侯昌财捐资 300 万元助力脱贫攻坚工作　南安市“万贤扶千户”活动正式启动》，搜狐网，http：//www. sohu. com/a/146677513_ 761456，2017 年 6 月 7 日。

② 《福建省光彩事业促进会第五次会员代表大会工作报告》（未刊本）。

③ 《圣农获“万企帮万村”精准扶贫行动表彰》，鸡病专业网，https：//www. jbzyw. com/view/261038，2017 年 10 月 11 日。

宁紫竹石佛风景区旅游开发有限公司在周宁县玛坑乡紫竹村投入资金300多万元建立中草药种植基地；福建新味食品有限公司在福安市松罗乡赤溪村联合返乡创业青年成立福建富生源农业科技发展有限公司，因地制宜进行“羊肚菌”种植，为当地贫困户提供就业增加收入[①]；祥龙集团对宁化县淮土镇禾坑村和建宁县濉城镇河东村进行帮扶，帮扶贫困户达130多户[②]。

在“千企帮千村”精准扶贫行动中，广大商（协）会也发挥了重要作用。如北京莆田企业商会结合当地优势资源，在“一村一品”、产业培育等方面下功夫，通过光伏发电、旅游开发及农特产品种植等项目，有效带动农民增收致富。又如深圳市福建商会与银行、农业企业、帮扶村联手探索农产品供给模式并签订产业协议，对宁德屏南新田村农户进行技术培训，使他们逐步成为合格的生态农产品定制服务提供者，实现“造血式”的扶贫效果。再如福建省浙江商会与顺昌县政府签订了《助推扶贫顺昌战略合作协议》，力争三年内落户顺昌的企业能够实现30亿元以上的产值。[③]

福建省内慈善机构也是福建民营企业精准扶贫的一个平台。就福建省慈善总会而言，首创慈善公益组织和民营医疗机构共同参与扶贫开发，为三明、莆田、南平、龙岩、宁德五个设县市共200名贫困家庭的先天性心脏病患者开展免费救治；在助老扶幼上，进一步完善全省现有64座“慈善幸福院”的设施，投入127万元在连城县揭乐乡官峰村、建宁县溪口镇杨林村、长汀县河田镇蔡坊村等地新建6所“慈善幸福院”；与河仁慈善基金会长效对接，为永泰县、长汀县、屏南县的10个自然村的脱贫攻坚项目各

① 《2018年福建省“千企帮千村”精准扶贫行动情况报告》。

② 《福建省光彩事业促进会第五次会员代表大会工作报告》（未刊本）。

③ 《2018年福建省“千企帮千村”精准扶贫行动情况报告》。

捐助100万元。[①] 福建省光彩会自成立五年以来，在政和县、连城县、霞浦县的贫困地区分别捐助了2748.29万元、721.2余万元、951万元。[②]

截至2018年10月31日，包括福建企业和商会在内共有1175家参与精准扶贫行动，帮扶的贫困村数目达1197个，资金投入4.6亿元，帮扶贫困人口3.4万人。[③]

## （三）光彩事业

1997年9月，福建省光彩事业促进会成立。近年来，在福建省光彩会的调动下，越来越多的福建民营企业家通过这个平台深入并参与光彩事业。

在重大自然灾害面前，闽商秉着“国家有难，匹夫有责”的责任和担当，多次为受灾地区和灾民捐出善款，在“非典”、汶川地震、玉树地震、西南旱灾等重大灾难中都能看到闽商的影子。据福建省光彩会统计，晋江市慈善总会、福建医用设备商会、阳光城集团、泰禾集团、盼盼食品集团、冠城大通股份有限公司、福建省中正工贸有限公司、融浩房地产、信和集团、永同昌集团、淘帝（中国）服饰有限公司为四川雅安、甘肃定西地震灾后重建分别捐赠1.45亿元、8721.37万元。[④]

此外，云南、甘肃、贵州等贫困地区也是闽籍企业光彩事业的出力对象。包括盼盼食品集团、永同昌集团、名城地产在内的闽企为当地脱贫攻坚贡献了一份力，其中永同昌集团为云南东川的医疗与教

① 《2017年福建省慈善会系统共募集善款21.34亿元》，中国新闻网，http://www.fj.chinanews.com/news/fj_jsxw/2018/2018-03-11/404669.html，2018年3月11日。

② 《福建省光彩事业促进会第五次会员代表大会工作报告》（未刊本）。

③ 《福建省光彩事业促进会第五次会员代表大会工作报告》（未刊本）。

④ 《福建省光彩事业促进会第五次会员代表大会工作报告》（未刊本）。

育、甘肃定西市和平凉市的教育领域捐出了善款，盼盼食品集团和名城地产则为甘肃定西市的1～12岁先天性病患者捐助100万元用于治疗。[①] 厦门市工商联（总商会）2017年以来对接帮扶甘肃临夏州20个贫困村，2017年帮助750户贫困家庭实现脱贫，并捐款450万元用于支持当地扶贫事业，今后三年还将每年筹资450万元。[②]

2018年9月18日，恒申集团、大东海实业、碧桂园（福建）均在福建省光彩会设立了基金，捐赠金额均为1亿元。据福建省光彩会统计，2013年以来共筹得善款3.2684亿元，其中在产业扶贫、就业扶贫发放工资、公益扶贫捐款捐物、技能扶贫投入上，分别投入23655.89万元、3785.25万元、14839.75万元、228.21万元，省内帮扶的贫困村庄已达1095个、贫困人口已达32729人[③]，仅2017年福建省民营企业家通过该会捐赠的金额就达8900多万元[④]。

近年来，福建省光彩会不断打造光彩品牌，包括开展“同心·光彩助学”活动，2013年以来，“光彩助学”共为1596名贫困师生发放助学金798万元，引导民营企业通过省光彩会捐赠9329万元支持教育事业；打造“光彩·就业”品牌，光彩会组织福建匹克集团、东方伟业（中国）投资控股有限公司等12家企业发起倡议，成立“福建高校学子创业就业见习基地”，在福建省范围内开展了“千名茶农、百名茶艺师”、沙县小吃烹饪、油茶种植技术、特种养殖技术等光彩公益培训；推动“光彩·双创”平台建设，联合福州大学开展“光彩·助推大学生创新创业”行动，会同省教育厅建立“福建省大学生创新创业导师库”；开展“光彩·粉红丝带”行动，与福建

① 《福建省光彩事业促进会第四届理事会会议》，中央统战部，http://www.zytzb.gov.cn/tzwx/295880.jhtml，2018年9月19日。

② 《厦门民企要到临夏州“造血”了》，网易，http://dy.163.com/v2/article/detail/E2GEK7LA0524MLB4.html，2018年12月8日。

③ 《福建非公经济40年成就展》（内部资料）。

④ 《福建省光彩事业促进会第五次会员代表大会工作报告》（未刊本）。

省女企业家商会举办了5次“乳腺癌预防知识”宣传活动，捐资301.1万元，帮助493名贫困乳腺癌患者进行治疗；开展“光彩·关爱残疾人”活动，共为残疾儿童捐资120万元。①

## （四）热衷教育

梳理“2018福布斯中国慈善榜”可以看出，与2017年慈善捐赠领域相同，2018年慈善领域的前三方向依旧是教育、扶贫和医疗。其中，教育捐赠占比高达49%，占据了半壁江山，企业家往往会通过捐赠现金或是设立专项教育基金将财富回馈给母校。②

闽籍侨商对于祖国和家乡的慈善事业一向是鼎力支持，根据福建省人民政府侨务办公室2017年2月披露的数据分析，海外侨胞、港澳同胞为福建捐资的重点仍然是教育文化领域。诸如，晋江籍旅菲侨领、菲律宾航空公司董事长陈永栽为支持华侨大学华文教育发展，于2011年捐资5000万元兴建陈延奎大楼，2019年4月1日该大楼正式落成，同时举办了2019年菲律宾华裔学生学中文夏令营，陈永栽已连续19年捐助菲律宾华裔学生学中文夏令营，惠及1.5万余名学生③；已故爱国华侨黄仲咸创立的福建省黄仲咸教育基金会，截至2017年底累计捐赠6亿多元，其中黄仲咸独资捐建和出资助建的学校、医院楼宇及公益性建筑等有80多个项目④；陈祖昌奖学金由晋江旅菲侨领陈祖昌创立，素有“菲中民间慈善大使”之称的陈祖昌先后为家乡文教事业捐出5000多万元，在多个院校设立奖助学金，

---

① 《福建省光彩事业促进会第五次会员代表大会工作报告》（未刊本）。

② 《福布斯公布2018中国慈善榜》，系统家园，http://www.66868.com/zixun/20237.html，2018年8月1日。

③ 《华大“陈延奎大楼”落成了！由晋江乡贤陈永栽捐资5000万兴建》，泉州商人微信公号，https://mp.weixin.qq.com/s/I_M09ewS6o9t5-MOIrFMmA，2019年4月2日。

④ 《全国唯一一个连续24年侨捐超亿元县（市）！　厉害了南安》，泉州新闻网，http://mini.eastday.com/mobile/180307205044683.html#，2018年3月7日。

已有近2000名学生受惠[①]；2017年12月，石狮籍旅菲乡贤许明良为母校福建师范大学捐资1.3亿元共建“福建师大索莱达学院”[②]；2017年12月21日，“亚洲糖王”郭鹤年通过郑格如基金会向北京大学捐资1.1亿元[③]；2018年旅菲闽籍侨领陈光曦捐赠南安市碧石小学100万元用于设立碧石小学教育基金会[④]……

1978年以来，福建慈善事业的发展离不开闽籍侨商的捐助，而随着国内经济的发展，国内闽商也增加了自身实力，因而有更多精力放到慈善活动上，从而成为一支不可忽视的慈善大军，他们也十分重视教育方面的慈善捐助。

福信集团在1993年集美大学创办之初，就为它捐赠100万元设立“福信教育基金”。2018年福信集团旗下陈章辉慈善基金会再次向集美大学捐资1500万元、向闽南师大附小捐资1000万元。[⑤]

泰禾集团董事长黄其森曾表示要向陈嘉庚等前辈学习捐资办学，泰禾集团历来重视对教育公益事业的捐赠，2017年5月泰禾集团在福建省内捐资3亿元兴建福州一中泰禾书院，后者成为省内首个现代书院。同年，泰禾集团又捐资1000万元帮扶宁德市民族中学教育事业发展。[⑥]

---

① 《晋江35名大学生获“陈祖昌奖学金”　奖学金共17.5万元》，晋江经济报，http：//www.mnw.cn/jinjiang/edu/2046117.html，2018年8月14日。

② 《致富思源报桑梓》，泉州网，http：//www.qzwb.com/qy/content/2017－12/19/content_5749527.htm，2017年12月19日。

③ 《香港嘉里集团主席郭鹤年先生向北大捐资支持餐饮中心建设》，北京大学新闻网，http：//pkunews.pku.edu.cn/xwzh/2018－01/02/content_300889.htm，2018年1月2日。

④ 《旅菲闽籍侨领陈光曦捐100万设教育基金会支持南安开展南音教学》，福建侨报，http：//www.fj.chinanews.com/news/fj_qlxdb/2018/2018－07－27/416680.html，2018年7月27日。

⑤ 《厦门民企25载善行不辍　再捐巨资支持教育》，中国新闻网，http：//www.fj.chinanews.com/news/2018/2018－10－23/423994.html，2018年10月23日。

⑥ 《感恩国家、回馈社会！泰禾集团荣获第十届“中华慈善奖”》，新浪网，http：//finance.sina.com.cn/other/lejunews/2018－09－13/doc－ihkahyhw7042229.shtml，2018年9月13日。

教育关系国民素质的提升，因而闽商在这领域投入颇丰。仅2017年以来就有不少闽商带头捐资教育领域，如厦门海澳集团有限公司董事长郑金泉向厦门大学捐资1000万元。① 2017年5月，晋江珠穆朗玛集团董事长许金岑向永和镇教育发展促进会捐赠教育建设资金300万元，用于永和教育建设。② 2017年9月17日，新华都董事长陈发树向闽江学院捐资2亿元。2017年10月31日，福建三安集团董事长林秀成向家乡安溪捐赠1亿元设立三安教育慈善基金。2017年11月6日，达利食品许世辉家族为兴建惠安一中城西校区捐款10亿元，并以儿子名字将之命名为“亮亮中学”。2017年12月5日，福耀玻璃董事长曹德旺捐资4亿元建设的福州市图书馆新馆（德旺图书馆）正式开馆。③ 2018年2月24日，中骏集团董事局主席黄朝阳捐款5亿元设立南安慈善总会中骏慈善基金，创下南安截至当前捐款最高纪录。④ 2018年，北京妈祖仁爱慈善基金会为支持莆田教育事业，向莆田市壶兰教育基金会认捐2000万元。⑤ 2018年12月5日，在晋江市罗山中学建校60周年之际，第三届董事会董事长陈培星为设立“罗山中学陈双全教育基金会”捐赠100万元，第二届董事会名誉董事长陈建福所在家族为设立“罗山中学金锭教育基金会”捐款50万元，雅客（中国）有限公司捐50万元设立“罗山中学雅客教育基金会”。⑥

---

① 《福建省光彩事业促进会第五次会员代表大会工作报告》（未刊本）。

② 《珠穆朗玛集团　许金岑林碧伉俪　捐资300万元助教助学》，晋江新闻网，http：//news. ijjnews. com/system/2017/05/29/010997820. shtml，2017年5月29日。

③ 《2017闽商年度报告》（未刊本）。

④ 《2018年胡润慈善榜发布：中骏集团董事局主席黄朝阳位列第8名》，新浪网，http：//k. sina. com. cn/article_ 6192937794_ 17120bb4202000fjqn. html，2018年5月12日。

⑤ 《［特别报道］北京莆田企业商会成立二十周年年会隆重举行，商会向家乡捐赠2000万元奖教基金》，搜狐网，http：//www. sohu. com/a/295279827_ 816127，2019年2月17日。

⑥ 《罗山中学举行建校60周年系列活动》，晋江新闻网，http：//news. ijjnews. com/system/2018/12/06/011040150. shtml，2018年12月6日。

## （五）关注文化

2017 年 11 月 18 日，“上海宝龙美术馆开馆庆典暨书藏楼珍藏展、美术馆开馆展开幕仪式”在上海闵行区宝龙美术馆举行。2011 年开始，宝龙集团对于文化艺术领域有了深层次的关注，通过建立各类文化艺术机构，打造全方位、立体化的文化艺术产业链，并将文化艺术产业纳为集团的战略产业。2017 年 11 月 30 日，世茂集团董事局主席许荣茂以 1.3 亿元的价格从私人手中购回国宝《丝路山水地图》并无偿捐赠给故宫博物院。[①] 许荣茂首次将企业公益范围拓展到文物保护领域是在 2016 年 7 月，当时“养心殿研究性保护”项目尚存在 8000 万元的资金缺口，于是便决定由世茂集团捐资 8000 万元。[②] 2018 年4 月，信义玻璃董事局主席李贤义与百宏集团施天佑为晋江市传统文化事业，共同捐赠 2000 万元。[③] 福建凯乐智慧生态科技有限公司执行董事兼副总经理翁小妹作为福建海峡创新创业交流中心非企民营的社会团体发起人，这两年经常出钱出力参与举办各种创新创业讲座及各种活动，为两岸创新交流付出了个人努力。

## （六）方式多样化

随着社会的发展，闽商慈善模式也发生了变迁。除了传统、直接的修桥铺路、修缮庙宇、捐款捐物等慈善捐助方式外，地方民间慈善组织、慈善机构、企业基金会、精准扶贫、“互联网 + 慈善”等新兴

① 《海西第一高楼正式动工，起底许荣茂的“高楼”情节》，中国新闻网，http://www.fj.chinanews.com/news/2018/2018-07-02/414237.html，2018 年 7 月 2 日。

② 《世茂向故宫捐资 8000 万　用于养心殿研究性保护项目》，中国新闻网，http://www.chinanews.com/business/2016/07-22/7948451.shtml，2016 年 7 月 22 日。

③ 《为保护咱厝传统文化，泉州两位商界大佬捐款 2000 万元》，搜狐网，http://www.sohu.com/a/227517811_99934080，2018 年 4 月 7 日。

模式相继兴起。就地域而言，也从单纯地为家乡捐助，扩展到整个福建省内，乃至辐射全国各地。

1. 慈善机构

随着社会和经济的发展，企业和企业家大多会寻找更为可靠、简捷的慈善捐赠途径，规模逐渐扩大和内容不断细化的慈善机构，成为他们主要的选择方式之一。

2002 年成立的福建省慈善总会，让众多闽商的捐赠找到了平台和出口，近些年更是涌现出诸如曹德旺、黄其森等“中国首善”“闽商首善”；全省各个地方慈善总会的捐款中，民营企业家占据了重要位置。福建省慈善总会第三届理事会工作报告显示，2017 年，省慈善总会通过项目筹募、政府购买服务、网络众筹和日常筹募，全年共募集善款 38356.71 万元，同比增长 15.08%。同时，全年共安排 34806.41 万元慈善救助金，重点用于开展医疗扶贫、教育扶贫、助老扶幼、造血扶贫等精准扶贫项目。①

2002 年，被称为福建首富县的晋江也适时成立了晋江市慈善总会，这是国内首家县级民间慈善机构。晋江市慈善总会给予了乡贤回馈社会的平台，每年的 12 月 18 日被定为晋江“慈善日”。在 2018 年的慈善日上，海内外晋江乡贤捐资超 5.8 亿元支持“世中运”筹办和福大晋江科教园区等项目建设。② 10 余年来，晋江市慈善总会日趋成熟，离不开背后一群以恒安集团 CEO 许连捷为表率的晋江企业家集体行善，他们通过这个平台捐赠善款数十亿元。数据显示，晋江市慈善总会截至 2018 年 11 月 30 日收到的各界捐款共有 30.71 亿元，

① 《福建省慈善总会第三届理事会 2017 年工作报告（2018 年 3 月 9 日）》，福建省慈善总会，http://www.fjscszh.org/portal/web/index.php?r=newtypeone%2fdetail&id=3424，2018 年 3 月 31 日。

② 《“晋江慈善之夜”捐资超 5.8 亿 “世中运”670 天倒计时启动》，东南网，http://qz.fjsen.com/2018-12/18/content_21794387_all.htm，2018 年 12 月 18 日。

其中已有17.14亿元投入各类慈善工程和公益项目，获得帮助的人员达17万多人。[①]

值得一提的是，晋江市慈善总会还创造性地倡导了“红白喜事简办公益捐赠”这一模式，比如喜宴、生日宴、寿星宴都被当地乡贤演化为“慈善宴”。2017年7月，晋江金井镇施仲益、吴天津伉俪在孙儿周岁宴上，向金井镇慈善协会捐赠1000万元，向山苏村委会捐赠900万元。[②] 2017年11月，晋江协隆陶瓷有限公司董事长吴其生在爱子婚宴现场向晋江市慈善总会捐赠200万元。[③] 2017年12月，香港晋江社团总会永远荣誉主席施能狮在母亲90岁大寿之际捐赠680万元善款。[④] 2017年12月，兴业皮革科技股份有限公司董事长吴华春在爱子婚宴上向晋江市慈善总会捐款500万元。[⑤] 2018年2月，晋江磁灶乡贤张长文在爱子婚礼现场捐赠118万元给晋江市慈善总会。[⑥]

在此之后，福建县级民间慈善机构如雨后春笋般冒出，南安、福鼎、福清、上杭、浦城等各地均成立了慈善总会。近20年，福建慈善机构经历了从无到有、从小到大、从官方到民间的历程，目前有数十家专门从事慈善救助事业的慈善机构，让海内外闽商有了更加便捷的捐助途径，而慈善机构的大部分善款来自闽商，通过慈善机构捐助

---

① 《晋江市慈善总会换届　许连捷连任会长》，晋江新闻网，http：//news. ijjnews. com/system/2018/12/19/011041196. shtml，2018年12月19日。

② 《金井施仲益吴天津伉俪借孙儿周岁宴捐赠善款1900万元》，晋江新闻网，http：//news. ijjnews. com/system/2017/07/03/011000904. shtml，2017年7月3日。

③ 《爱子结婚　磁灶乡贤吴其生捐赠200万元》，晋江新闻网，http：//news. ijjnews. com/system/2017/11/28/011012657. shtml，2017年11月28日。

④ 《母亲90大寿，泉商施能狮捐款680万元》，搜狐网，https：//www. sohu. com/a/213724592_ 211974，2017年12月30日。

⑤ 《致富思源报桑梓》，泉州网，http：//www. qzwb. com/qy/content/2017 - 12/19/content_5749527. htm，2017年12月19日。

⑥ 《磁灶乡贤张长文　爱子结婚捐赠118万元》，晋江市人民政府，http：//www. jinjiang. gov. cn/htm/2018 - 02 - 24/111307. html，2018年2月24日。

是目前闽商最主要的捐赠方式。

2. 企业基金会

虽说慈善机构在很长一段时间内是闽商慈善方式的主要选择，但随着慈善观念的转变，通过慈善机构进行捐赠已经不能满足企业或企业家更加专注、专业地进行慈善公益的需求，慈善机构已不再是闽商做慈善的唯一选项。

于是，企业开始设立基金会进行长期性、传承性的慈善活动。近些年，由企业发起建立的基金会越来越多，这两三年更是井喷式发展，开启了更加专业化的慈善征程。

2017 年 2 月，三棵树涂料有限公司董事长洪杰以个人名义捐赠 1000 万元，成立了莆田市金森慈善基金会，用于莆田白洋村等地的扶贫济困、人才培养、教育项目等公益事业。[①]

2017 年 2 月 11 日，安通控股实际控制人郭东泽和郭东圣成立仁建慈善基金并捐赠 5000 万元作为原始基金，其中 3000 万元用作家乡石狮的慈善事业。此外，安通控股还为蚶江镇老年人捐款 500 万元慈善资金、向蚶江镇政府大会堂捐赠 50 万元用于修缮。[②]

2017 年 6 月 15 日，福建省乔丹体育基金会成立。次年 9 月，基金会与乔丹体育股份有限公司向新疆维吾尔自治区青少年发展基金会、新疆生产建设兵团青少年发展基金会捐赠 300 万元，用于援建 65 所学校的“希望工程 · 乔丹快乐体育园地”。[③] 2017 年 12 月 20 日，福州市扶贫发展基金会成立，到该年底便筹集到 7000 万元善款，其中泰禾集团捐赠了 1500 万元并全部用于“精

① 《三棵树董事长洪杰捐资 1000 万助力城厢慈善事业》，三棵树，https：//www. skshu. com. cn/news/65869. html，2017 年 2 月 10 日。

② 《石狮回族企业家捐赠 5000 万元设立仁建慈善基金》，泉州市民族与宗教事务局，http：//www. mzj. fjqz. gov. cn/ztlm/gyhd/201702/t20170216_ 423272. htm，2017 年 2 月 16 日。

③ 《乔丹体育基金会在新疆开展公益活动》，福建日报，http：//fjrb. fjsen. com/fjrb/html/2018 - 09/05/content_ 1133180. htm？ div = -1，2018 年 9 月 5 日。

准扶贫”领域。[①] 2017 年底，安踏体育董事局主席丁世忠为支持开展教育慈善公益“五项工程”活动，向泉州市教育基金会捐赠 100 万元善款。[②]

2018 年 3 月 15 日，福信集团有限公司捐赠 2500 万元成立“福建省陈章辉福信慈善基金会”[③]，主要资助“扶贫济困，紧急救灾，扶助老人、妇女、儿童、残疾人等弱势群体项目，乡村和城市社区发展项目，科教文体卫等社会事业发展项目，保护和改善生态环境项目”。2018 年 9 月 24 日，许书典家族向晋江市慈善总会捐赠 8888.8888 万元成立“晋江市安海后林许书典公益慈善基金会”，其中 3500 多万元将用于建设安海镇淑惠幼儿园。[④]

现今，大多数福建民营企业设立了各种不同形式的基金会，企业基金会成为近年闽商慈善捐助的热门方式。据《海西晨报》报道，截至 2018 年 4 月，在厦门市民政局注册的慈善基金会（含一家区级慈善基金会）共有 31 家，而直接以企业为发起成立申请人的有 14 家。[⑤]

3. 集体行善的商会

1978 年以来，随着全国各地闽商实力的上升和影响力的扩大，各地闽籍商会如雨后春笋般冒出。随着闽籍商会的壮大及作用的日益凸显，通过商会进行捐赠的慈善方式逐渐被闽商接受并选择。商会在

---

① 《将公益做成系统工程　黄其森再登中国慈善榜》，人民网，http://house.people.com.cn/n1/2018/0803/c164220-30208389.html，2018 年 8 月 3 日。

② 《安踏人的公益梦想　圆青少年学生“体育梦”》，童装网，http://www.61kids.com.cn/xinwen/160478.shtml，2018 年 7 月 20 日。

③ 《陈章辉福信慈善基金会成立　助力精准扶贫和乡村振兴》，中国网，http://fj.china.com.cn/p/390790.html，2018 年 3 月 31 日。

④ 《晋江公益慈善　又添新力量　许书典家族再捐善款 8888.8888 万元》，泉州网，http://www.qzwb.com/gb/content/2018-09/24/content_5874844.htm，2018 年 9 月 24 日。

⑤ 《企业慈善基金会为何越来越多》，360doc 个人图书馆，http://www.360doc.com/content/18/0402/09/36065755_742193800.shtml，2018 年 4 月 2 日。

各大自然灾害、各类慈善捐助中亦发挥着重要的协调和组织作用。

广东省福建商会近年来在教育、赈灾、扶贫、见义勇为等方面累计捐赠近2亿元，其中2017年9月会长许明金的企业香缤控股集团捐赠1亿元在福州成立扶贫基金。黑龙江省福建总商会近几年与党委会同企业开展“筹集慈善基金、开展赈灾捐款、帮助贫困村民”等各类公益活动达百余起，捐款数额达几千万元。辽宁福建商会成立的辽宁省闽商公益基金会捐赠2900余万元用以支持恢复重建沈阳天后宫文化公益项目，商会会员企业成立的辽宁闽商投资集团为回馈社会每年从企业利润中提取5%赠予基金会，同时商会还组织在辽闽籍企业家通过基金会先后为闽辽两省孤儿、贫困生、敬老院等捐款捐物近3000万元，为辽宁大学修缮教学楼捐款300万元，为中国生态文明研究与促进会捐赠300万元，为沈阳环卫工人捐资16万元。天津市福建商会近年为津闽两地捐助款项近200万元。[①] 福建省慈善服务协会是一家以慈善为主的社会服务性、公益性、非营利性组织，2017年收到的善款和物资合计891451.57元，其中善款为666047.13元，物资价值为225404.44元，已发放价值529234.94元的物款。[②] 泉州市泉永企业商会自2017年9月28日成立以来，已向永春县慈善总会捐赠留本捐息冠名基金3250万元。[③]

## 三 闽商慈善趋势

中国慈善事业在经历从小到大、从幼稚到成熟、从散乱到规范的

---

① 《2018年省级异地福建商会工作座谈会在银川召开》，中国新闻网，http://www.fj.chinanews.com/news/2018/2018-10-17/423465.html，2018年10月17日。

② 《福建省慈善服务协会：为爱前行》，福建侨报，http://www.cnepaper.com/fjqb/html/2018-09/07/content_5_4.htm，2018年9月7日。

③ 《以活动开阔党员会员视野 泉州市泉永企业商会拓展党建新载体》，东南网，http://qz.fjsen.com/2018-12/12/content_21772467.htm，2018年12月12日。

过程中，必然会出现各种问题。

如官办色彩太浓，政府干预过多，慈善组织能力不发达。政府对慈善组织等民间组织的管控较为严格，以往许多慈善组织是政府兴办的，慈善组织体制比较僵化，行政色彩较浓，缺乏自主性，自由发挥空间不大，无法从社会中获得更多的资源和善款。

如直接捐助资金的多，缺乏“造血式”捐助。国内慈善捐助大多是“授人以鱼”，而不是“授人以渔”，福建籍慈善企业家亦是如此，他们大多习惯于直接将善款捐给慈善机构，由机构分配，或是直接向贫困地区及人口发放资金，往往缺乏通过推进项目、增加就业等带动当地百姓富裕起来的手段。

如社会慈善意识淡薄。目前中国慈善捐助的主体还是集中于在社会、经济等上有名望的人士，普通民众自觉或是主动进行公益捐赠的较少，甚至有的还不清楚自己的居住地所在城市范围内是否有公益慈善组织。

如慈善法律法规建设较落后。目前国内现存的关于慈善的法规，仅有《中华人民共和国公益事业捐赠法》《社会团体登记管理条例》《基金会管理条例》，这对于约束慈善事业规范化、法治化发展还远远不够。

如监督力度不够，导致慈善公信力下降。社会上披露慈善组织丑闻、黑幕等的新闻屡屡出现，这是因为慈善组织内部管理缺乏有效监督，且善款管理和去处透明度不够，久而久之公众对慈善组织的公信力就会持怀疑态度，从而拒绝向慈善组织捐款捐物。

如慈善方式狭隘，捐款水平低。中国慈善捐款大多通过慈善机构，或是直接捐助物款，国内慈善机构资金的主要来源也是以企事业单位捐助为主，方式以及来源过于单一，就难以形成广泛的慈善氛围。

但困难是暂时的，随着经济社会的发展，慈善事业开展进程中所面临的现实问题也正在被逐一解决。就福建发展慈善事业而言，闽籍企业家在此过程中出了不少力，他们用自己的慈善方式助推中国慈善事业走向民间化、正规化、专业化、长期化、系统化、法治化阶段，使中国慈善事业获得快速成长。

第一，中国慈善事业发展向着正规化、法治化方向发展。国内现有慈善法规不多，但这些年也不断在慈善方面加强立法，慈善立法是中国慈善事业今后所需要加强和重视的。而慈善相关法制法规的出台，会为慈善事业起到保驾护航的作用。同时，不断进化和多样化的慈善行为，也使得相关捐赠制度更加完善和公正，如“河仁慈善基金会”，这是曹德旺以家族股票捐赠的方式创立的，开了以股权捐赠形式成立基金会之先河。

第二，中国慈善事业发展向着专业化、系统化方向发展。通过一些慈善组织、机构进行系统化的捐赠，是现代闽商的慈善公益新路径。随着 2004 年《基金管理条例》的实施，以及慈善组织、机构注册和捐赠免税权力的下放，慈善基金会越来越得到认可，企业通过设立基金会将慈善行为转向更加专业化的形式。《2017 年度中国慈善捐助报告》显示，以基金会、慈善会为主的社会组织越发成为捐赠途径，2008 ~ 2017 年接收到的捐款占全国捐赠量的份额由 34.7% 上升到 73.9%，其中基金会占比达 43.87%。[①]

第三，中国慈善事业发展向着民间化、长期化方向发展。《2017 年度中国慈善捐助报告》分析指出，以民政系统为主的政府部门接收的慈善捐赠持续下降，2008 年政府部门接收到的善款达到了一个高峰值即 479.3 亿元，随后呈下降趋势，至 2017 年仅为 25 亿元。[②]

① 《慈善力量参与脱贫攻坚有四种主要模式》，人民政协，http://csgy.rmzxb.com.cn/c/2018-10-09/2185199.shtml，2018 年 10 月 9 日。

② 《慈善力量参与脱贫攻坚有四种主要模式》，人民政协，http://csgy.rmzxb.com.cn/c/2018-10-09/2185199.shtml，2018 年 10 月 9 日。

政府部门接收善款的减少，也与民间各类社会公益组织、慈善机构的增加脱不开关系，可以看出，慈善事业越来越接地气。

第四，捐赠能力提高，捐款数额增加。近年来，各大慈善榜单统计的数据也释放出“慈善人数增加、善款数额增长”的信号，越来越多的组织、企业及个人参与到慈善事业中，且随着经济实力的提高更加慷慨解囊。尤其是对民间公益慈善组织权力的放开，也促使了捐款数额的上升，如自厦门建安慈善基金会于2007年成立来，建安集团与基金会累计向社会捐赠善款达5000余万元，相比基金会成立前建安集团860余万元的慈善事业支出①，可以说是几何式增长。从2007~2017年全国各类基金会收到的捐赠中也可看出这一趋势，2007年，全国各类基金会接收的款物捐赠为50.70亿元，到了2017年便增加到了658.04亿元，增长了1197.91%。②

以福建民营企业及企业家为例，各大慈善榜单上，闽商捐赠数额的比例往往大于其他商帮，他们对于慈善的贡献总是不遗余力。2017年，胡润研究院发布的百学·大额教育捐赠报告指出，新华都的陈发树有3年捐赠额超过1亿元，共捐赠10亿元；福耀玻璃董事长曹德旺有2年捐赠超过1亿元，总额达8.1亿元。③“2017胡润慈善榜”上，宝龙集团董事局主席许健康以3.53亿元的捐赠额成为泉州首善④，

① 《企业慈善基金会为何越来越多》，360doc个人图书馆，http：//www.360doc.com/content/18/0402/09/36065755_742193800.shtml，2018年4月2日。

② 《企业慈善基金会为何越来越多》，360doc个人图书馆，http：//www.360doc.com/content/18/0402/09/36065755_742193800.shtml，2018年4月2日。

③ 《八名闽籍企业家登上胡润大额教育捐赠榜》，福州新闻网，http：//news.fznews.com.cn/shehui/20171117/5a0e44ce5e988.shtml，2017年11月17日。

④ 《〈2017胡润慈善榜〉发布晋江企业家许健康、陈永建上榜》，闽南网，http：//www.mnw.cn/jinjiang/news/1740335.html，2017年6月12日。

据不完全统计，许健康已为家乡捐资逾2亿元[①]，其企业宝龙集团截至2017年5月累计捐赠逾5亿元[②]；许世辉家族历年来捐赠慈善事业已超过5亿元，连同2017年一笔10亿元的巨额捐赠，累计超过15亿元[③]。截至2017年底，安踏体育历年捐赠总额超过3.48亿元，其中现金1.62亿元、实物1.86亿元。[④]

在“2018福布斯中国慈善榜”上，泰禾集团的黄其森以6.5亿元的捐赠额成为年度闽商“首善”[⑤]，黄其森要求泰禾每年至少要做不少于3亿元的公益慈善事业；据统计，截至2017年底，泰禾集团在公益方面已经累计捐款超10亿元[⑥]。而根据《福布斯》发布的“2018中国慈善榜”，新华都的陈发树捐赠额为2亿元；世茂集团董事局主席许荣茂2017年共捐赠1.33亿元现金[⑦]；2017年中骏集团的捐款总额已超1.42亿元，30余年来累计捐助各项公益事业逾8亿元[⑧]。

在福建省光彩会的闽商慈善“芳名录”中，泰禾集团以5100万元的捐赠总额位居榜首；永同昌集团以3752.23万元的捐资总额名列

---

① 《许健康：没能行医救人　一样悬壶济世》，晋江新闻网，http：//news. ijjnews. com/system/2016/04/07/010947824. shtml，2016年4月7日。

② 《宝龙集团许健康入选“2017福布斯中国慈善榜”前十》，中国新闻网，http：//www. chinanews. com/sh/2017/05－25/8234107. shtml，2017年5月25日。

③ 《为达利许世辉点赞　10亿元巨资捐赠兴学》，搜狐网，http：//m. sohu. com/a/203737799_261013，2017年11月10日。

④ 《安踏人的公益梦想　圆青少年学生“体育梦”》，中国鞋网，http：//www. cnxz. cn/news/201807/26/363751. html，2018年7月26日。

⑤ 《福布斯2018中国慈善榜公布，黄其森等14位闽商上榜》，百度百家号，https：//baijiahao. baidu. com/s？id＝1607582882998582071&wfr＝spider&for＝pc，2018年8月1日。

⑥ 《黄其森：给自己定下做慈善公益的“小目标”》，搜狐网，http：//www. sohu. com/a/206103884_206807，2017年11月23日。

⑦ 《福布斯2018中国慈善榜公布，黄其森等14位闽商上榜》，百度百家号，https：//baijiahao. baidu. com/s？id＝1607582882998582071&wfr＝spider&for＝pc，2018年8月1日。

⑧ 《中骏集团再登慈善榜　位列2018福布斯慈善榜第17位》，齐鲁财富网，http：//www. qlmoney. com/content/20180802－330218. html，2018年8月2日。

第二；盼盼食品以3100.5万元的捐赠总额位列第三；阳光控股以2473万元的捐赠总额排名第四；宝龙集团以2000万元的捐赠总额排第五名。此外，香缤控股、恒安集团、闽江世纪城、海南中城建南药开发集团、正荣集团等五家企业的捐赠总额亦超1000万元。个人捐款方面，闽商曹德旺以500万元的捐款额名列第一。①

第五，精准扶贫进一步改善。精准扶贫进一步改善将是闽商发展慈善事业的趋势之一，福建企业中以圣农集团、春伦集团为代表的"全国扶贫先进集体"起到带头模范作用，在带动贫困地区、贫困人口脱贫上发挥重要力量，其中圣农集团投入近10000万余元参与南平市、江西省资溪县的脱贫攻坚工作。② 此外，帮扶力度也在加强。福建省工商联百企帮百村年度工作报告显示，2017年，参与帮扶行动的企业（商会）不断加大对产业帮扶、商贸帮扶、就业帮扶、技能帮扶、公益帮扶的力度，共投入了41860万元，解决就业1684人、组织技能培训2642人、公益捐赠13449万元。③ 近两年来，企村帮扶成效增强，据福建省工商联提供的数据，截至2018年12月26日，全省录入"万企帮万村"精准扶贫行动台账管理的民营企业（商会）有1229家、贫困村有1275个。与2017年相比，参与行动的企业（商会）增加613家、贫困村增加650个村，帮扶的覆盖面得到不断扩大。④ 也有越来越多的闽商重视扶贫领域，如全国政协委员欧宗荣于2018年向全国两会提交提案时建议，要引导成立各类"乡村振兴慈善基金"。

第六，民营企业及企业家成为慈善捐赠的主要力量。梳理胡润百富近10年发布的慈善榜数据，可以看到闽籍企业家已经是榜单上

① 《福建省光彩事业促进会第五次会员代表大会工作报告》（未刊本）。

② 《2017年福建省工商联百企帮百村年度工作报告》。

③ 《2017年福建省工商联百企帮百村年度工作报告》。

④ 《2018年福建省"千企帮千村"精准扶贫行动情况报告》。

的常客。2008 年的胡润慈善榜上，有 56 位闽商的身影，这是截至 2018 年上榜人物人数最多的一次；2009 年 15 位闽商上榜，其中有 6 位闽商捐赠过亿元；2010 年有 15 位闽商进入胡润慈善榜，共捐赠 48.6 亿元；2011 年胡润慈善榜发布，闽商曹德旺以 45.8 亿元的捐款额位居榜首，次年又以 36.4 亿元的捐赠额蝉联榜首，其中 2012 年胡润慈善上共有 17 位闽商；2013 年，共有 15 位闽商进入胡润慈善榜，榜单前十名中闽商占了 3 个席位，2014 年有 10 位闽商上榜，2015 年则有 14 位闽商进入榜单，这 3 年闽商上榜人数都位居全国第二位；2016 年出炉的胡润慈善榜，8 位上榜的闽商共捐赠金额近 11 亿元；2017 年，20 位闽商进入胡润慈善榜，上榜人数位列全国第一；2018 年胡润慈善榜单上有 11 位闽商，数量为全国第三。从当前的慈善捐赠主体来看，民营企业是慈善队伍的中坚力量，个人捐款也在增长。

第七，老一辈慈善企业家具有引领作用，比如具有代表性的闽籍慈善企业家。福建特殊的地域环境造就了闽商乐善好施的品性，以闽商聚集地东南亚为例，当初从福建漂洋过海“走出去”的闽商事业有成之际，在当地慈善领域也别有一番建树。他们大多从民生福利领域入手，如兴办医院、修建学校等，这些善举开了许多华侨华人在家乡捐资兴办公益事业的先河，也在后来为国内闽商的慈善方向带来了一定的影响。闽商做慈善多数从身边、家乡开始，慈善公益项目以教育、医疗健康、重大灾害为主，同时他们也将前辈的这种大爱精神不断传承、发扬和创新。

第八，慈善方式逐渐多样化，闽商在慈善领域呈现范围更广、力度更强的特征。随着国内闽商实力的增强，不少闽商也偏好捐助与自己行业相关的慈善领域，慈善公益事业的方向多元化。

体育用品相关企业就会格外关注贫困地区的体育配套设施等。比如在体育用品行业表现得格外突出的晋江企业安踏，于 2017 年推出

“茁壮成长公益计划”，同时设立安踏体育专项基金，计划未来10年持续投入超过5亿元。截至2018年6月底，安踏体育在福建长汀、江西上饶、黑龙江阿城、湖南怀化、甘肃瓜州、浙江温州、云南弥渡、贵州贵阳、贵州遵义等地区建立21所安踏梦想中心。[①] 近10年，乔丹体育基金为湖南、四川、河北、云南、宁夏、新疆、福建、贵州等地希望工程捐款达3700万元，惠及希望小学十万余名青少年。[②]

互联网信息技术企业则在慈善方式上有了更广阔的发挥空间，它们可以将互联网手段与慈善事业相结合，如腾讯99公益日、蚂蚁森林等互联网公益创新，让更多的公众通过互联网参与到慈善活动中。

零售企业永辉超市总经理张轩松，就提出利用自身优势打造一个慈善超市回报社会，这个项目在2004年正式落地，超市商品由永辉企业主体提供，永辉供应商友情供给，并接受社会各界捐赠。

国内的慈善模式并不仅仅限于这些，比如还有这两年比较创新的“互联网+慈善”、公益创投、企业慈善活动、慈善拍卖会、共享冰箱等。自《中华人民共和国慈善法》实施后，募集慈善款物的渠道及方式变得更加多样、有效，形式多样的慈善活动越来越被大众认可。

随着慈善观念的改变、经济社会的发展，以及以慈善法为代表的法规制度的完善等，中国慈善事业在向现代慈善模式的转型过程中不断走向成熟，更加专业化、组织化、系统化与持续化。

---

① 《“益路有你”案例展示（五）丨安踏“茁壮成长公益计划”》，搜狐网，https://www.sohu.com/a/259095148_632979，2018年10月12日。

② 《乔丹体育基金会在新疆开展公益活动》，福建日报，http://fjrb.fjsen.com/fjrb/html/2018-09/05/content_1133180.htm?div=-1，2018年9月5日。

# B.8

# 2019年闽商电子信息产业发展报告

张建忠*

**摘　要：** 2018年，福建在电子信息产业的三条主线——信息产品制造业、软件业及信息服务业上皆有长足进展，龙头企业表现上佳，产业发展屡现突破。本文从电子信息产业在福建的发展积淀、电子信息产业的闽商年度竞争力及电子信息产品迭代与产业升级等三个维度，探讨闽派电子信息产业在数字经济大潮下的发展脉络与未来取向。

**关键词：** 闽商　电子信息　人工智能　数字经济

## 一　电子信息产业在福建的发展积淀

当今世界，电子信息产业是核心产业博弈的"主战场"。

而电子信息产业对于福建而言，也是一个重要的经济发展引擎。2000年，福建省政府将电子信息、石油化工、机械装备制造确立为"十五"期间的三大主导产业，并进行重点扶持，这一提法一直沿用至今。公开的数据显示，2017年，电子信息、石油化工、机械装备制造等三大主导产业增加值增长8.7%，对全省规上工业增加值的贡献率达40%。[①]

---

* 张建忠，《闽商》杂志社执行总编辑。

① 《福建：三大主导产业对规上工业增加值贡献率达40%》，百度百家号，https://baijiahao.baidu.com/s?id=1588594596036152928&wfr=spider&for=pc，2018年1月4日。

居于三大主导产业首位的电子信息产业，对于福建经济发展的重要性可想而知。在对领域进行细分下，现在福建电子信息产业有三个内涵或三条主线：信息产品制造业、软件业，以及信息服务业。其中信息产品制造业与软件业是根本，信息服务业是应用。

## （一）制造业承前启后

就福建而言，电子工业的发展底蕴深厚。新中国成立以后，就有公私合营的“广声”“新华”等无线电企业，这是老福州的一段记忆。而后的1958年5月25日，“广声”与“新华”又合并为福州电讯器材厂。这是福建第一家国营电子企业。从发展脉络上看，从新中国成立到改革开放初期，福建的电子信息产业以制造业为主，就是人们所熟知的“电子工业”。

在改革开放春潮涌起之际，福建的电子工业也有开风气之举。在电视进入中国、电视时代开启之后，福日电视机的名头不小，而福建日立电视机有限公司更是名声在外。1981年2月，福建电视机厂与日立公司合资创办福建日立电视机有限公司，这一次合资具有历史意义，福建日立由此成为中国电子工业的第一家中外合资企业。合资厂没有使用日立商标，而是使用福日商标，不过市场效果一样明显，第一批就有十万台电视机销往美国，不仅仅是中国电子产品走向世界的先锋，更显示了出口创汇的活力。在1994年，福日电视机首度实现年销一百万台的目标。

福日电视机在那个时段，成为市场的一个神话，而神话并不限于一个厂、一个公司的发展，随着福日电视机市场效应的不断放大，带动发展了福建省内的200多家配套企业的成长。而电子工业民营经济的萌芽，也在福日开启电视时代的进程中得以实现。

产业的发展透露出新的气息，也成就了新的创业潮，彼时民营经济“戴红帽”与“戴洋帽”方有较有稳妥的运营载体。在这样的情况下，电子工业在民间悄然兴起。由于泉州有国营的电子厂，受此影响，1985 年后，泉州鲤城区和南安县涌现出一大批生产经营对讲机的乡镇电子企业，主打的产品是便携式和车载式对讲机，不仅产量稳步提升，而且企业规模在不长的时间内聚集而成。这是民间创业的“戴红帽”，也就是借力乡镇企业发展民营经济。

除此之外，福建作为中国著名侨乡的优势也为民间创业带来新通路。1984 年，香港亿利达工业集团有限公司在厦门创建了特区第一个独资企业——厦门永泰电子有限公司，专门生产各种先进的多功能电话机，产品全部外销。1985 年 12 月，香港鑫港实业有限公司也来厦独资创办了厦门宏泰发展有限公司，专门生产以通信设备为主的电子产品。这些“戴洋帽”的公司进入福建创业之后，也为后续订单经济的兴起起到了示范作用。

在改革开放之初，厦华电子的成立，是福日之后的又一件大事，之所以说是一件大事，是因厦华电子不仅仅是规模较大的合资公司，更致力于彩电生产与出口。1985 年，厦门华侨电子企业有限公司创立，是彼时中国彩电出口的中坚力量。1988 年，厦华电子获得了两项殊荣：其一是中国 500 家最大工业企业的第 158 位，其二为最佳经济效益企业电子电器企业的第 32 位。在中国彩电工业的发展历程中，厦华留下浓墨重彩的印记：总共创下 20 多项国内第一。

福建电子工业产品在改革开放之前结构较为单一，主要是军品；在改革开放之后，短缺经济给福建电子工业主攻消费类电子整机带来了机会，并由此衍生出基础元器件及专用配套件等多门类的产品体系。

有意思的是，福建也是较早开展电子工业集团经济的省份，到了 1991 年，便已经成立了福日集团、华夏集团及田野集团等，这些企业联合的省内外企业达几十家甚而上百家。企业“集团军”的发展，显示了较大的市场竞争优势。并对电子工业的区域聚集产生了良性推动的效果。在政策面推动，以及产业集中发展下，福建电子工业形成了福州与厦门两个重点发展区域。

福建与台湾一水之隔，台湾产业向福建的迁移，给福建电子工业的发展带来了新的活力。1990 年，冠捷电子（福建）有限公司在福州创立，这是一家外商独资企业，在成立之初主要生产电脑显示器。多年的发展后，这家企业成长为福建最大的光电企业，以及全球电脑显示器最大的制造商。

1994 年，华映光电股份有限公司在福州马尾经济开发区设立，不仅带动数十家企业进入，而且在福州马尾这个中国船政文化的发祥地，建成当时国内最完整的显像管产业链。

在 1991 ~ 1995 年这个阶段，外资大牌纷纷进入福建，日本 ABB、日本富士通、德国西门子、日本 TDK、日本 JVC、日本松下电器、台湾中华映管等，给福建电子产品制造，带来了一股巨大的新鲜空气。

1994 年，福建电子工业产值首次突破百亿元；1999 年，福建信息产品制造业已有厦华、厦新、厦门信达、实达、福日、新大陆、灿坤、冠捷、新威、宏智等十家上市公司；2007 年，福建民营企业在信息产品制造业方面实现产值 220 亿元，并形成了三安电子、万利达、飞毛腿等产业龙头企业，示范与带动效应显著；2006 ~ 2007 年，福建信息产品的营收排在了全国的第八位，这是个了不起的成绩；2008 年，福建已有福州（马尾）显示器件产业园、福清显示器产业园、厦门半导体照明工程产业化基地、泉州微波通信产业基地、莆田液晶显示产业基地等五个国家级工业园区。

2008 年全球性的金融风暴来袭，福建的信息产品制造业也面临挑战。在随后的发展中，以产品更新、技术创新为指向，以国内市场与国外市场为重点，通过规模发展、结转变革与参与国际分工，不仅渡过了发展中的困难时光，而且展示了产品线的丰富趋向。2018 年的前 11 个月，产量增长显示较强实力的有：智能手机（比增

154.4%）、发光二极管（152.6%）、液晶显示屏（36%）、锂离子电池（22.3%）、计算机整机（比增20.3%）。[①] 而从2019年开始，福建省将实施千亿元集群培育计划，电子信息产业重点拓展柔性显示以及芯片设计、制造、封装测试等产业链。[②]

## （二）软件业从零开始

20世纪90年代前，福建软件业占电子信息产业全行业的比重几乎为零，这跟软件业在全国的发展状况是一致的，只有到了20世纪90年代初，才有一些政府部门和科研院所逐渐开展软件开发和应用，而且也出了一批优秀软件。而福建软件业的起步，也是这样的情况。只有到了1995年，福建省软件年销售额才首度突破1亿元大关。不过随后的产业聚焦与创业发展超过很多人的想象。

两个国家级的软件园相继落地：1998年，厦门软件园开始投资兴建；1999年，福州软件园破土动工。福建软件业的发展形成了两个主要区域，一个在厦门，一个在福州。这两个国家级的软件园对福建软件业的发展，起到了中流砥柱的作用。

2007年，福建的软件业从1995年的营收破1亿元关口，发展到破了220亿元关口，而且在省内各业中的比重也显现出分量，达到了8.5%。其进展领域较多，包括管理信息系统、金融、财税、商业、办公自动化、教育和工业控制等应用领域等，其中地理信息系统软件、多媒体教育软件等在国内有较高的影响度。

进入21世纪，对于福建软件业而言，不仅福州与厦门两大软件园产业聚焦功能进一步放大，而且电信、金融、证券、电力、公安、

① 《全省电子信息制造业1～11月运行简况》，福建省工业与信息化厅，http://gxt.fujian.gov.cn/sj/xysj/201812/t20181221_4715023.htm，2018年12月21日。

② 《福建：2019年将培育18个以上超千亿产值产业集群》，新浪网，http://finance.sina.com.cn/china/gncj/2019-01-14/doc-ihqfskcn6967831.shtml，2019年1月14日。

社保等行业应用软件、管理信息系统软件以及信息安全软件等主要软件产品也在业内有较大的影响力与美誉度。

软件业亦成为福建民营经济征战市场的重要阵地，仅仅在2017年互联网企业百强榜单中，便有福州的网龙、利嘉电子商务，以及厦门的四三九九、美图、吉比特、美柚、鑫点击网络等七家企业上榜。[①]

## 二 电子信息产业的闽商年度竞争力揭示

电子信息产业的闽商军团，在2018年战绩显赫。公开的数据显示，2018年，福建电子信息制造业总量居全国第8位，综合发展指数居全国第6位[②]，而行业增加值增速为14.2%，新增百亿元企业3家[③]。

从产业的突破重点看，亦是强化了参与全球产业链合作与竞争的布局，“填屏补芯”布局显现成熟之后，发展大势正在变局成为“增芯强屏”，体现了对产业核心竞争力的聚焦，体现了对产业核心技术创新的打磨。基于此，一方面以龙头企业为引领，产业集群式发展成为主流模式；另一方面，民营经济在其中发挥了越来越重要的作用，在数量上、在质量上都是如此。

### （一）制造业大牌

电子信息作为福建的三大支柱产业之一，龙头企业对它的拉动作

① 《福建软件业发展迅猛　七家企业入选2017互联网企业百强》，海峡网，http://www.hxnews.com/news/fj/fz/201712/25/1369673.shtml，2017年12月25日。

② 《聚力高质量发展　加快创新转型　做大先进制造业——福建工业增速创2015年来新高》，《福建日报》2019年3月2日，第4版。

③ 《聚力高质量发展　加快创新转型　做大先进制造业——福建工业增速创2015年来新高》，《福建日报》2019年3月2日，第4版。

用明显。

2018 年，中国电子信息制造业中强者如林，福建企业占有一席之位。从“2018 年中国电子信息百强企业”名单中可以看到，省电子信息集团、福大自动化，以及万利达、新大陆、宏发电声等入围。这些入围企业有一个共性就是：都有着较长的创业期，品牌活力不断保鲜。

2018 年，中国电子元件市场争夺激烈，福建企业也有核心的竞争力表现。宏发电声、法拉电子、火炬电子 3 家企业入围中国电子元件百强。作为电子信息的供给端及上游行业，近两年国内厂商纷纷崛起，供给的领域也在不断扩大，这给基础相对较好的福建产业界提供了更大的发展机遇。

2018 年，福建一些企业加入行业尖端领域的发展，这也是福建电子信息产业的硬实力的体现，这些企业未来的突破空间也许要超乎我们的想象。比如，莆田华佳彩、厦门天马微列入国家“膜晶显”生产企业目录，享受税收优惠政策；又如，厦门联芯月产 1.7 万片，产品良率达 98%，这是大陆业界 12 寸晶圆生产线良率最高水平；再如，以宁德新能源和时代新能源为龙头，带动锂离子电池上游原材料供应商和下游应用厂商在宁德集聚发展，有望于 2020 年形成以宁德为中心的千亿元锂电产业集群。[①]

1. 万利达

在中国电子信息百强企业中，万利达算得上是一个闽商创业的传奇。创立于 1984 年的万利达，早在 20 世纪 90 年代，便有一个市场奇迹：万利达卫星电视接收机销量占据全国市场半壁江山。而万利达 VCD、DVD，以及万利达笔记本电脑，都是一个时代的记忆。

---

① 《聚力高质量发展　加快创新转型　做大先进制造业——福建工业增速创 2015 年来新高》，《福建日报》2019 年 3 月 2 日，第 4 版。

就整体业务发展而言，万利达集团旗下最具知名度的是在 A 股上市的盈趣科技，一般认为，这是家拥有智能化生产线、为国际品牌代工的企业。据年报披露，2018 年盈趣科技实现营业总收入 27.8 亿元。盈趣科技的优势领域在于智能控制部件和创新消费电子等，目前在这些领域积累了超过 300 项技术专利，形成了一定的技术优势与技术壁垒。

2. 新大陆

新大陆科技集团也是一家有历史的企业，在 20 世纪 90 年代创业，到了 2018 年，其产业呈现横跨物联网、大数据和数字电视三大领域的格局，与其有业务往来的涉及全球 100 多个国家和地区。作为 2018 年福建电子信息产业的大事，新大陆入围国家知识产权局公布的 2018 年度国家知识产权示范企业和优势企业榜单，同时入榜的还有从事汽车新能源的宁德时代。

新大陆能入围国家知识产权示范企业，是其核心竞争力的体现。据其官网介绍，新大陆拥有国际领先、完全自主知识产权的物联网二维码核心技术、行业芯片设计技术，2010 年正式发布了“全球首颗物联网应用二维码芯片”。[①] 创办至今，新大陆科技集团开发出并拥有自主知识产权的产品和技术 500 多项（其中软件产品 80 余项），科研成果的转化率超过 80%；先后有 100 多项创新项目获得国家及省各类科技专项的立项。集团现有 500 多项国家专利和 13 项美国专利。[②]

大数据时代及移动互联网时代引爆数字经济，新大陆是最早进军数字经济的国内企业，它在技术创新方面的能力，使自己成为全国

① 《新大陆：科技创新永无止境》，新华网，http：//jjckb.xinhuanet.com/2011－03/04/content_291451.htm，2011 年 3 月 4 日。

② 《“2017 年度中国物联网十大品牌总评榜”荣耀揭晓》，凤凰网，http：//nb.ifeng.com/a/20170510/5645718_0.shtml，2017 年 5 月 10 日。

“数字公民”工程试点的具体实施公司。有数据显示，新大陆集团2017年支付技术设备的出货量达到870万台，是全球第二大POS供应商，市场份额仅次于法国支付公司银捷尼科。

尤为引人关注的是，2018年，剥离了地产业务、聚焦主营的新大陆，开始向服务型的高科技公司转型。这一年，新大陆还在区块链领域布局，9月，新大陆科技集团旗下的链享云公司接手了迅雷的区块链产品“链克”。在移动互联网时代，通过聚焦主业，不断跟进新热点，新大陆成为福建电子信息产业中的常青树。

3. 宏发电声

宏发电声创立于1984年，伴随着改革开放成长壮大起来，是全球最大的继电器制造和销售企业，目前在全球市场中的占有率超过14%，国内市场占有率在24%以上。宏发电声不仅是国家科委认可的“实施火炬计划高新技术先进企业”，同时也是商务部、国家发改委首批认定的“国家汽车零部件出口基地企业”，连续多年入围中国电子信息百强企业和中国电子元件百强企业。

宏发电声比较像制造业的“隐形冠军”，2018年，作为全球最主要的继电器制造商地位一如既往，不仅是2018年中国电子信息百强企业之一，还入围2018年中国电子元件十强、中国电子信息行业社会贡献50强等。据宏发股份2018年的年报，全年实现营业收入687977万元，相比2017年增长了14.28%。

从目前产品的主攻方向看，汽车继电器、电力继电器、信号继电器、密封继电器、低压电器、工控继电器及通用继电器等是重点，宏发电声亦在推动其产品在这些领域位于前列。值得关注的是，作为商务部、国家发改委首批认定的“国家汽车零部件出口基地企业”，宏发电声是全球领先的汽车继电器制造供应商。除涉足汽车市场外，宏发电声亦在为房地产建设提供产品，显现了极强的市场导向。

除了加速产品结构调整外，注重新产品研发、专用自动生产线和模具设备改造等，也是宏发电声在同业中保持技术领先地位的产业宝典。

4. 宁德时代

宁德时代的2018年有点不一样，登陆创业板圆梦资本市场，进入2018年度国家知识产权示范企业和优势企业榜单，等等。

作为中国电池独角兽，在国家鼓励发展新能源汽车的大背景下，面对各路车企积极向电气化转型，宁德时代也借势而起。2018年，宁德时代先后与华晨宝马、广汽、江铃、上汽通用等车企签约战略合作，并与吉利成立合资公司。目前，宁德时代的配套车企已超过了62家，其中包括蔚来、威马这样的新兴车企。宁德时代在2018年已将连横合纵之势演绎至极致。

2018年6月11日，宁德时代正式登陆创业板，IPO估值超过1300亿元，这令资本市场惊呼：创业板进入宁德时代。2018年，宁德时代装机量达到23.5Gwh，继2017年之后，蝉联全球动力电池出货量冠军，在出货量方面又一次把松下比下去了。

宁德时代成立于2011年，成立至今的时间并不长，但由于专注于做燃料电池、锂聚合物电池和锂离子电池等，加之政策对新能源的扶持，在起跑阶段便产生了极大的爆发力。目前，宁德时代在国内动力电池市场中的占有率达41.3%，在国内同业中处领先地位。宁德时代在捆绑车企的同时，亦在积极布局海外市场。其国内主要竞争对手是比亚迪，还面临三星SDI、LG化学、松下等国际电池巨头的强大竞争。

### （二）人工智能新锐

电子信息产业步入云计算、人工智能、大数据等新时代，这也创造了不少的商业奇迹。站在时代的前沿，跑在行业前头，方有更多可能实现公司的快速成长，以及产业的快速扩容。

可以注意到，人工智能令几乎所有的行业从信息化向智慧化升级，这不仅仅带来产业与市场效率的提升，更带来了商业模式的创新。从2018年中国创投界与闽商的表现来看，人工智能也令以传统产业起家的闽商群体，在脱离原有优势的情况下，创造着的新的发展优势。

人工智能的英文缩写是“AI”，高盛发布的研报显示，中国正快速追赶美国在AI领域的领导地位。中国互联网新锐代表或者说是后起之秀，就是TMD（今日头条、美团、滴滴），它们在人工智能方面的创新与发展有目共睹，高盛研报对此也有肯定。作为互联网产业的新兴巨头TMD，其中的今日头条与美团，就是闽商的创业公司。

闽商中的互联网新锐，发展态势超越了常规可能。在电子信息方面，闽籍创业所制造出的影响力，新锐之声更见清越。

1. 美团点评

2018年9月20日，美团点评登陆港交所。这件事成为美团创业史上的一个重要节点，2010年美团网创立，到美团点评上市用了8年的时间。上市首日，受到投资者热捧，开盘大涨，股价一度冲高至74元/股。

美团起初从事团购，在团购大战中幸存下来后，以市场为导向，放弃了团购平台标签，转向多领域的社会生活服务。从大的方向讲，有餐饮外卖、酒店旅游、出行、新零售等，从更细分的角度来讲就更多了，比如涉足过的就包括电影、外卖、餐饮、酒店、景区门票、亲子、婚庆、实物电商等。从平台构建来讲，也是在不断地技术升级，不断地向人工智能靠拢。为了提升服务质量与服务效率，在人工智能方面也进行了较多的尝试。2018年7月26日，美团无人配送开放平台宣布上线。

2018年，美团的发展频见大手笔。第一，美团赴港上市，联席保荐人为高盛、摩根士丹利、美银美林，它们均为外资大行；第二，

2018年4月，美团以35%的自有股权、65%的现金收购摩拜单车；第三，2018年4月，美团旅行与银联国际达成深度合作；第四，2018年5月，美团全资收购屏芯科技。

美团点评财报显示，2018年美团实现营业收入652.3亿元，较上年同期增长92.3%。其中，餐饮外卖与到店及酒旅业务均实现收入增长，两大板块合计实现盈利；新业务及其他营收虽实现收入112.4亿元，但亏损42.6亿元。另从交易情况看，总交易金额达到5156.4亿元，同比增长44.3%；年度交易用户破4亿人次，年度活跃商家增长至580万户。[①] 由此可见，在过去的一年中，美团在主营业务上仍然有较好的营收表现，只有在收购摩拜、发展出行等开拓业务新局上，尚有待全盘整合及收缩亏损。

美团点评之所以有较好的成长性，与其业务模式有关：以大平台支撑各品类之间的交叉营销，一站式生活服务平台的内涵不断丰富，市场优势也不断扩大。目前，平台之上，最具活力的还是餐饮外卖与到店及酒旅业务，随着出行业务的加入，美团点评仍然呈现较强的外延拓展力。

美团点评的发展策略是线上到线下的资源对接与服务整合，其营收扩容的发力点在于，瞄准以吃喝玩乐为主的生活服务，特别是本土生活服务的广覆盖以及服务体系的构建。

智能化时代与移动互联网时代，显然给了大平台更多营建竞争力的机会，美团也在生成新的服务竞争力。比如，组建快驴事业部，以帮助餐厅实现管理的数字化为核心；又如，成立小象事业部探索新零售，发展集生鲜食品、餐饮、电商和即时配送于一体的生鲜超市。

2. 字节跳动

2018年10月24日，字节跳动完成一轮Pre-IPO融资，投前估值

① 《美团2018年财报：主体业务盈利 季度亏损收窄》，百度百家号，https://baijiahao.baidu.com/s?id=1627707910352961055&wfr=spider&for=pc，2019年3月11日。

达到750亿美元。[①] 这一估值已经超越Uber，成为全球估值最高的创业公司。这不仅意味着字节跳动是资本最青睐的创业公司，而且是中国科技公司里最具影响力的公司之一。

字节跳动成立于2012年，是最早将人工智能应用于移动互联网场景的科技企业之一。[②] 业务上，字节跳动正在推动其一系列应用服务的发展，除了众所周知的今日头条和抖音短视频，它还在积极推动电商服务和社交产品。

2018年4月，今日头条更名为字节跳动，广为人知的今日头条成为字节跳动旗下品牌，而其标志性口号也定位为：信息创造价值。其实，从2012年创办伊始，字节跳动的全系品牌都有核心坐标：信息。而今日头条亦是国内最具影响力的内容聚合平台，在2018年，其注册用户已经超7亿个。

信息流动成为字节跳动创业中的主旋律，正如今日头条的口号那样，信息确实一直是在创造价值，社会的价值，以及商业的价值。公开的数据显示，字节跳动的营收增长还是非常高速的，2017年是150亿元，2018年是500亿元。说是几何级的增长，并不为过。

除了今日头条之外，短视频定位的抖音在2018年异军突起，这一产品实现了真正意义上的全球化，使得字节跳动成为日活跃用户超越阿里、仅次于腾讯的一家公司。[③] 目前，字节跳动的核心平台包括今日头条、抖音、西瓜视频、火山小视频、懂车帝等。[④]

此外，字节跳动还在开发更多的信息细分领域。2018年，字节

---

① 《字节跳动已完成Pre-IPO融资　投前估值750亿美元》，新浪网，https：//tech. sina. com. cn/i/2018－10－24/doc－ihmxrkzv9593669. shtml，2018年10月24日。

② 《张羽从央视离职　出任互联网公司字节跳动副总裁职位》，齐鲁财富网，http：//www. qlmoney. com/content/20190114－342898. html，2019年1月14日。

③ 《字节跳动已完成Pre-IPO融资　投前估值750亿美元》，新浪网，https：//tech. sina. com. cn/i/2018－10－24/doc－ihmxrkzv9593669. shtml，2018年10月24日。

④ 《抖音、今日头条母公司“字节跳动”启用新LOGO》，凤凰网，http：//wemedia. ifeng. com/71852763/wemedia. shtml，2018年8月1日。

跳动新开发的应用有内涵段子的补位者“皮皮虾”、在线教育类产品“gogokid”、知识付费类产品“好好学习”、电商产品“值点”、内容社区类产品“新草”等。①

无论是营收的突破，还是产品的多元化，字节跳节显然都是在为启动 IPO 做准备。2018 年，已完成 Pre-IPO 融资，估值超过 750 亿美元，软银、春华资本和 KKR 是领投方，这些都是国际资本的大腕。国际风投和 PE 机构集中入场，而且估值已是相当的不菲。从这一点来说，以人工智能技术给用户推荐信息的字节跳动，在 2018 年是以“超级内容平台”的价值度，吸引着国际投资家的关注。

正因为字节跳动的年度出色表现，胡润研究院发布的“2018 胡润大中华区独角兽指数”中，今日头条位列第二位，排在第一位的是蚂蚁金服。

字节跳动的流量变现，也从比较单一的广告变现，跨越到电商变现。今日头条在 2018 年 10 月推出电商 App——值点，包含家居生活、服饰鞋包、厨具水具、食品酒饮、汽车用品等品类，其运营方向为低价且没有中间商差价。从目前情况看，2018 年对电商领域的多种尝试，也显现了字节跳动想在运营上实现新卖点的突破。

### （三）数字产业聚合

数字化是智能时代的基础，在全国最早开启的“数字福建”是有载体的，这个载体就是产业园区。

以福州、厦门为核心的两翼驱动，聚集了大量数字企业在园区内，共谋未来。目前，数字福建（长乐）产业园、数字福建（安溪）产业园、福州软件园、厦门火炬高技术产业开发区（含厦门软件

---

① 《字节跳动已完成 Pre-IPO 融资　投前估值 750 亿美元》，新浪网，https：//tech. sina. com. cn/i/2018 - 10 - 24/doc - ihmxrkzv9593669. shtml，2018 年 10 月 24 日。

园）、马尾物联网基地都在奋勇争先。[①]

福州软件园、厦门软件园双核驱动，助推泉州、漳州、南平三地成为后起之秀，依托莆田、龙岩传统产业资源优势形成“互联网 + 传统产业”发展的两翼，产业规模不断扩大。[②]

下面以福州软件园、数字福建产业园、中国（福州）物联网孵化中心、厦门火炬高技术产业开发区和数字福建（安溪）产业园（相关情况见表1）为例，对福建数字产业做一番梳理。

**表1　福建数字经济核心园区简介**

| 园区 | 所在地 | 产业方向 |
|---|---|---|
| 福州软件园 | 福州鼓楼 | 大数据、人工智能、区块链、信息安全、集成电路设计、数字创意、电子商务[①] |
| 数字福建产业园 | 福州长乐 | 云计算、物联网、电子商务、移动互联网、地理信息[②] |
| 中国（福州）物联网孵化中心 | 福州马尾 | 物联网 |
| 厦门火炬高技术产业开发区 | 厦门 | 集成电路、人工智能、光电产业、计算机及通信设备、移动互联网 |
| 数字福建（安溪）产业园 | 泉州安溪 | 云计算、数字媒体、服务外包、电子商务、文化创意 |

资料来源：①《福州软件园闽侯分园成立》，海峡网，http：//dzb.hxnews.com/2018－10/22/content_ 484688.htm，2018年10月22日；②《数字福建产业园落户长乐将吸引三百家企业入驻》，福州新闻网，http：//news.fznews.com.cn/fzjj/2013－6－18/2013618mh4sh6myee152221.shtml，2013年6月18日。

1. 福州软件园

从1999年3月动工兴建的福州软件园，目前已经发展成福建省

① 《数字福建取得哪些发展成就?》，福建省人民政府，http：//www.fujian.gov.cn/hdjlzsk/sfgw/szfj/201809/t20180929_ 4520638.htm，2018年9月29日。

② 《数字经济，为新福建注入“活力因子”》，国家互联网信息办公室，http：//www.cac.gov.cn/2018－03/31/c_ 1122616886.htm，2018年3月31日。

规模最大的软件产业园区之一。2017年，福州软件园实现技工贸总收入818亿元，占福州市软件与信息服务业总产值的69.6%，占福建省软件与信息服务业总产值的32.6%。

截至2017年，福州软件园汇聚企业618家，其中上市挂牌企业37家、上市挂牌公司分支机构14家；产值超亿元的企业56家，国家重点软件企业10家。①

为解决软件企业融资难问题，2018年3月，位于软件园的数字产业基金大厦正式启动。据福州市金融办统计，目前已经落地基金、资产管理类项目34个，资管规模达235亿元。②

福州软件园先后荣获“国家火炬计划软件产业基地”“国家现代服务业产业化基地”“中国软件和服务外包杰出园区”“国家影视动漫实验园”“国家新型工业化产业示范基地（软件和信息服务）”“海峡国家数字出版产业基地”等荣誉称号。

2018年，福州软件园以创建鼓楼“软件小镇”为契机，围绕生产、生活和生态打造“三生”园区。③不断完善园区生活配套和物业服务，力争通过园区提升改造增加停车位约2000个④，大力引进品牌酒店、餐饮等业态，协调电力、通信等专业运营机构，合理降低相关费用为企业减负。在服务提升的同时，园区还进行空间提升，双创新城将于2019年上半年投入使用，加快D区、E区的提升改造，预计2019年将新增20万平方米研发区域，提升产业转型

① 《市政协聚焦福州软件园　助推战略性新兴产业发展壮大》，东方新闻网，http://mini.eastday.com/a/180606095645733.html，2018年6月6日。

② 《市政协聚焦福州软件园　助推战略性新兴产业发展壮大》，东方新闻网，http://mini.eastday.com/a/180606095645733.html，2018年6月6日。

③ 《福州软件园打造创新服务生态圈　北京软交所福建工作中心正式揭牌》，新浪网，http://fj.sina.com.cn/news/b/2018-12-13/detail-ihqackac1009890.shtml，2018年12月13日。

④ 《福州软件园打造创新服务生态圈》，搜狐网，http://www.sohu.com/a/281470444_123121，2018年12月13日。

承载空间。①

福州软件园在2018年加大拓展力度，先后设立了连江分园、闽侯分园、晋安分园与仓山分园等。

2018年9月27日，福州软件园连江分园在贵安新天地商务中心正式挂牌成立。福州软件园连江分园定位为互联网产业园，涵盖互联网物流、电子商务、智慧海洋产业、大数据经济、人工智能、行业应用研发等，旨在打造成一个可持续发展、生态型、山水园林式的科技园区。②

2018年10月21日，福州软件园闽侯分园揭牌成立，同时举行了招商项目签约活动，共有北京比特大陆科技有限公司等29家企业签约入驻园区，总投资约32亿元。福州软件园闽侯分园主要以大数据、人工智能、区块链、信息安全、集成电路设计、数字创意、电子商务等七个产业领域为发展方向，旨在打造特色鲜明的园区。③

2018年11月22日，福州软件园晋安分园举行挂牌仪式。目前，福州软件园晋安分园已有2个项目建成，建筑面积达8.8万平方米。11月5日，美国高意亚太总部及5G扩产项目正式落户园区南方智能大厦，总投资超过10亿元，预计未来几年产值可突破100亿元。④

2018年11月28日，福州软件园仓山分园揭牌。福州软件园仓山分园将主要发展人工智能、区块链、网络安全、大数据开发应用等领域，打造高端软件和信息服务聚集区，形成以IT产业为主、多学科多行业集聚的“科技创新平台，绿色科技之洲”。揭牌现场，福建

① 《福州软件园打造创新服务生态圈》，搜狐网，http://www.sohu.com/a/281470444_123121，2018年12月13日。

② 《聚焦！福州软件园连江分园将助推贵安发展大步迈向新未来!》，搜狐网，http://www.sohu.com/a/259547803_663632，2018年10月15日。

③ 《福州软件园闽侯分园揭牌成立》，福州市闽侯县人民政府，http://minhou.fuzhou.gov.cn/xjwz/jrmh/mhxw/201810/t20181026_2661154.htm，2018年10月26日。

④ 《晋安区举办福州软件园晋安分园举行挂牌仪式》，福州市晋安区人民政府，http://jaq.fuzhou.gov.cn/xjwz/zwgk/gzdt/jadt/201811/t20181122_2685762.htm，2018年11月23日。

皮皮跳动科技有限公司、福建启迪教育科技有限公司、福建梦想家网络科技有限公司等企业签约入驻。

福州软件园闽侯分园、仓山分园先后设立，是福建推动数字经济发展，加快产业转型升级新的里程碑，将联通大学城与海西产业群，对接科教研发资源，形成产业向北、生活向西的发展格局。①

2. 数字福建产业园

位居省会，面朝大海，背拥千亿元纺织产业，长乐得天独厚。

2013 年 5 月，福建省政府专题会议确定数字福建产业园选址福州滨海新城，以数字福建云计算中心作为入驻启动项目，重点打造物联网、云计算、大数据、电子商务、移动互联网、地理信息等六大重点产业。②

2016 年，位于长乐的数字福建产业园，迎来了国家健康医疗大数据中心及产业园建设试点工程（福州园区）正式落户。随后，360、浪潮、暴风影音、省电子信息集团等 20 多家企业的相关项目也集体入驻。作为福建省大数据产业重点园区，是福建省推进“数字福建”战略的重要承载基地。③

数字福建产业园一期规划范围内有福建省云计算平台、省政务数据中心、灾备中心、IDC 中心、国家北斗星产业应用基地、福建电子商务示范基地、台湾旺旺中时传媒产业基地等 16 个意向项目，汇聚省、部级以及世界 500 强等高新科技企业强势入驻。④

盘古集团、东华软件、中国联通、武汉湾流科技、清华大学、中

---

① 《福州软件园仓山分园揭牌》，福州市仓山区人民政府，http：//cs. fuzhou. gov. cn/xjwz/xxgk/gzdt/csxw/201811/t20181129_ 2690913. htm，2018 年 11 月 29 日。

② 《数字福建产业园：打造数字经济福建样板》，东南网，http：//fjnews. fjsen. com/2017 - 09/02/content_ 20080935_ all. htm，2017 年 9 月 2 日。

③ 《多个大数据、VR 项目签约入驻　福州 VR 小镇乘“云”而起》，中国经济网，http：//www. ce. cn/xwzx/gnsz/gdxw/201702/15/t20170215_ 20214212. shtml，2017 年 2 月 15 日。

④ 《福州 69 个重大项目同时动工　包括数字福建产业园》，东南网，http：//fz. fjsen. com/2013 - 10/02/content_ 12639662. htm，2013 年 10 月 2 日。

国船舶工业系统工程研究院等60多家国内顶级高科技企业或研究机构，都对数字福建产业园情有独钟。

截至2018年底，数字福建产业园已经入驻企业234家，注册总资本260亿元，健康医疗、大数据、云计算、物联网等数字经济产业呈现集聚发展的蓬勃态势。作为“数字福建”建设重要承载平台，产业园将集聚发展千亿元级的信息化高端产业，打造福建乃至全国的数字经济示范区。①

3. 厦门火炬高新区

作为经济特区，作为沿海城市，厦门的政策优势与区位优势，吸引了大量人才会聚，成为福建，以及东南沿海区域高新技术产业的重要基地。厦门火炬高技术产业开发区（以下简称“厦门火炬高新区”）是厦门科技创新和产业转型升级的主引擎。②

厦门火炬高新区1990年12月由国家科委和厦门市人民政府共同创办，1991年3月被国务院批准为首批国家级高新区之一，是全国三个以“火炬”冠名的国家高新区之一。2011年，以占厦门市不到6%的工业能耗、不到2%的土地面积，实现工业总产值1569亿元，占厦门市的35%。③

厦门火炬高新区实施“一区多园”发展战略，在2018年进一步整合园区资源，拥有同安翔安高新技术产业基地、厦门科技创新园、火炬（翔安）产业区、火炬湖里园、厦门创新创业园、厦门软件园、北大生物园等著名园区。④

---

① 《数字福建产业园：打造数字经济福建样板》，东南网，http://fjnews.fjsen.com/2017-09/02/content_20080935_all.htm，2017年9月2日。

② 《2017年度国家高新区评价结果　厦门火炬高新区升至第20位》，闽南网，http://www.mnw.cn/xiamen/news/1909240.html，2017年12月16日。

③ 《厦门火炬高技术产业开发区》，百度百科，2018年2月1日。

④ 《厦门火炬高新区·瀚海硅谷科技园联合丨厦门火炬高新区海外离岸创新创业基地》，搜狐网，http://www.sohu.com/a/215010146_750646，2018年1月6日。

目前，高新区已经汇聚了咪咕动漫、四三九九、翔通动漫、飞鱼科技、吉比特等一批数字内容的行业领头企业，数字创意产业领域活力满满。[①] 同时，光电、计算机及通信设备，输配电及控制设备等主导产业集群岁月峥嵘[②]，智慧医疗、智能家居、智慧消费等智慧城市及行业应用产业领域创新突破，取得明显成效[③]。

2018 年 7 月，园区企业厦门信息集团数字证书有限公司、任我游（厦门）科技发展有限公司与厦门市公证处共同签订三方战略合作协议，正式上线“电子数据公证平台”，全国第一份全链式电子数据公证书出炉。[④]

2018 年 9 月，在工业和信息化部开展的国家新型工业化试点基地质量评价中，火炬高新区光电显示试点基地获得 5 星级最高评价，在电子信息产业光电显示细分行业中排名第一。[⑤]

2018 年 10 月，厦门高新技术创业中心入选科技部公布的“国家创新人才培养示范基地”，是全国唯一入选的科技企业孵化器，也是福建省唯一入选的基地。[⑥]

“2018 年度人工智能企业百强”榜单中，厦门火炬高新区内的华为、瑞为技术、云知声、地平线机器人等近 15 家落地厦门或与厦门有项目合作交流的企业上榜。

以人工智能引领数字经济的创新发展，厦门火炬高新区潜力巨

① 《厦门火炬高新区软硬结合　激活数字经济产业新动能》，福州新闻网，http：//news. fznews. com. cn/dsxw/20180423/5add28e029517. shtml，2018 年 4 月 23 日。

② 《厦门火炬高技术产业开发区》，百度百科，2018 年 2 月 1 日。

③ 《厦门火炬高新区软硬结合　激活数字经济产业新动能》，福州新闻网，http：//news. fznews. com. cn/dsxw/20180423/5add28e029517. shtml，2018 年 4 月 23 日。

④ 《全国第一份全链式电子数据公证书出炉》，创头条，http：//www. ctoutiao. com/848828. html，2017 年 7 月 20 日。

⑤ 《厦门火炬高新区获 5 星级评价，居全国光电显示产业第一》，电子发烧友网，http：//www. elecfans. com/xianshi/20180911773644. html，2018 年 9 月 15 日。

⑥ 《厦门高新技术创业中心入选国家创新人才培养示范基地》，厦门房地产联合网，http：//news. xmhouse. com/bd/201810/t20181012_ 670601. htm，2018 年 10 月 12 日。

大。火炬高新区作为厦门人工智能产业发展的主要承载地，人工智能产业综合影响力在全国高新区中位列前八[①]，聚集了15家直接从事人工智能技术与应用研发的骨干企业，近100家运用人工智能技术的企业，其中企业所涉领域基本涵盖科技部科技创新2030——“新一代人工智能”全部16个方向。[②]

4. 数字福建（安溪）产业园

泉州是中国民营经济最发达的城市之一，其雄厚的民营经济，也为数字福建建设注入了强大的产业合作基因。

数字福建（安溪）产业园的战略合作伙伴商务部中国国际电子商务中心，是具有多项国际高级认证资质的运营单位，是承担国家金关工程建设运营单位。

数字福建（安溪）产业园总规划面积约2万亩，规划目标以大规模、多等级数据中心为核心，发展云计算、数字媒体、电子商务、文化创意等服务外包产业[③]，将逐步形成国内产业功能最为完善、布局合理的信息产业园，成为特色鲜明、功能完善、技术领先、带动显著、国内最大的服务外包示范平台。

2012年6月27日，IBM公司与产业园管委会签约成为战略合作伙伴；9月8日，惠普公司正式签约落户产业园。IBM、惠普等世界500强企业、全球信息技术服务外包的领头羊、全球IT领域的巨头的参与建设，将吸引更多的上下游配套企业来产业园发展，形成更为完善的产业链。

园区拥有的亚洲规模最大的国际数字媒体产业基地项目由惠普和

---

① 《厦门火炬高新区软硬结合　激活数字经济产业新动能》，福州新闻网，http：//news.fznews.com.cn/dsxw/20180423/5add28e029517.shtml，2018年4月23日。

② 《厦门火炬高新区多家企业闯入人工智能百强榜单》，新浪网，http：//fj.sina.com.cn/news/s/2019-04-10/detail-ihvhiewr4544799.shtml，2019年4月10日。

③ 《中国国际信息技术（福建）产业园落户安溪　打造中国未来云谷》，闽南网，http：//www.mnw.cn/quanzhou/anxi/xw/910517.html，2015年5月20日。

安溪聚贤投资公司合作建设，数字渲染中心、音乐音效中心、动作捕捉中心三大中心，将成为亚洲最专业、最大规模的现代数字媒体产业基地。上海音乐学院建设数字媒体教育基地，旨在培养园区文化创意产业人才。

5. 中国·福州物联网开放实验室

中国（福州）物联网孵化中心位处福州马尾，此地聚焦了一批物联网领域的优秀企业，也是闽商发展物联网的汇合之地。

2017 年 4 月 28 日，全国第一个物联网开放实验室——中国·福州物联网开放实验室，在福州马尾区正式揭牌。[①] 这是继全国首家 NB-IoT（窄带物联网）规模化商用局于 2016 年 11 月 18 日在马尾启用后，福州发力物联网产业的又一大动作。[②]

物联网是继计算机、互联网与移动通信网络之后的又一次信息产业浪潮[③]，我们熟悉的第二代身份证、高速公路 ETC 收费系统等，都在运用物联网技术。福州马尾区在这个领域集聚了一批领先企业，如新大陆、福光数码、飞毛腿、星云电子、星海通信、国脉科技、冠林科技等。

发力物联网，是马尾的机遇，也是马尾的使命。新华网 2018 年 12 月 29 日报道，2018 年马尾已经拥有 156 家物联网企业，其中新增 40 多家，比增 20%。数据显示，截至 2017 年 10 月底，马尾通过认定的物联网企业达 104 家，物联网产业实现产值约为 560 亿元。[④]

2017 年元旦，中国（福州）物联网产业孵化中心（一期）项目

① 《中国首个物联网开放实验室在福州揭牌》，中国新闻网，http://www.chinanews.com/tp/2017/04-28/8211636.shtml，2017 年 4 月 28 日。

② 《福建日报：物联网浪潮中的“马尾脉动”》，福州市人民政府新闻办公室，http://gov.fznews.com.cn/node/11011/20170508/59101b7e89992.shtml，2017 年 5 月 8 日。

③ 《这是继计算机、互联网与移动通信网之后的又一次信息产业浪潮》，搜狐网，http://www.sohu.com/a/292369881_100281060，2019 年 1 月 30 日。

④ 《马尾打造物联网生态圈　做大做强“数字经济”》，新华网，http://www.fj.xinhuanet.com/ss/2018-12/03/c_1123799079.htm，2018 年 12 月 3 日。

动建。项目位于马尾高新园内，总投资17亿元，占地近100亩，已经在2018年底建成投用。中心将建设物联网产业公共服务平台、技术创新中心、孵化中心等，并引进相关物联网企业入驻，推动窄带物联网技术研发和应用。①

2017年5月，福州经济技术开发区被国家工信部授予“国家新型工业化产业示范基地（电子信息·物联网）”称号，成为全国第4个，也是福建省唯一的国家级物联网产业示范基地。②

这个基地在智能城市、工业监测、节能环保、电子支付、智能交通等领域聚集了一批创新型企业。新大陆、上润精密、福光电子、冠林科技等一批物联网代表企业，在感知、传输、应用等物联网细分领域都具有较强实力。③

2016年11月18日，福州市、马尾区携手华为公司打造的全国首家窄带物联网规模化商用局启用。④

新大陆官网显示，2010年11月，新大陆发布了全球首颗二维码解码芯片，2012年6月又正式发布了第二代二维码芯片。专家称，第二代二维码的“中国芯”在关键技术指标上实现了质的飞跃，全面支持市场主流的二维与国际通用一维条码，覆盖了99%以上的市场应用范围。⑤

在“2018首届数字中国建设峰会”上，新大陆更是发布了全球

---

① 《物联网“马尾脉动”持续发力　集聚效应不断显现》，中国新闻网，http://www.fj.chinanews.com/news/fj_fjzzs/2017/2017-12-03/396683.html，2017年12月3日。

② 《福州物联网“生态圈”崛起 马尾百家关联企业共同“织网”》，搜狐网，http://www.sohu.com/a/140441411_114731，2017年5月14日。

③ 《福州物联网“生态圈”崛起 马尾百家关联企业共同“织网”》，搜狐网，http://www.sohu.com/a/140441411_114731，2017年5月14日。

④ 《物联网“马尾脉动”持续发力 集聚效应不断显现》，中国新闻网，http://www.fj.chinanews.com/news/fj_fjzzs/2017/2017-12-03/396683.html，2017年12月3日。

⑤ 《两岸合作研发第二代二维码解码芯片 下半年将面市》，电子工程网，https://ee.ofweek.com/2012-06/ART-8140-2801-28619019.html，2012年6月19日

首颗数字公民安全解码芯片和同为全球首创的数字公民安全码。而且，其解码芯片已实现小批量试生产，近期将量产并投入市场。[①]

## 三 电子信息产品迭代与产业升级

整体而言，在电子信息产业领域，制造业与软件业是基础与根基，自改革开放以来，闽商在这两个方面都有了比较充分的发展。迎接智能化时代，电子信息的产品迭代将更见频繁，产业升级也需要与发展航向对接。

### （一）五大重点领域需要重点关注

从福建省人民政府工作报告可见，2019 年，福建将大力发展大数据、物联网、人工智能、5G 商用和区块链产业。这五大领域代表着未来闽商产业发展的全新领域。

数字经济的快速发展，使福建电子信息创业创新的方向渐显明晰。官方数据显示，2018 年，福建省数字经济规模预计在 1.3 万亿元以上，这是个庞大的体量。在这个数字背后是：电子信息制造业（小口径，即计算机、通信和其他电子设备制造业）增加值增速为 14.2%，综合发展指数居全国第六位；软件和信息服务业销售收入预计为 2890 亿元，同比增长 16%，居全国第八位；网络零售和实物商品网上零售增速均高于全国增速水平，居全国第 6 位；物联网产业位于全国前列。[②]

在中央大政方针的指引下，福建先后出台实施《进一步鼓励和扩大民间投资的若干意见》《进一步促进民营经济发展的意见》等多

① 《发展历程》，新大陆官网，http://www.newland.com.cn/history.html。

② 《扬帆逐浪　勇立潮头——福建续写数字经济建设新篇章》，人民网，http://fj.people.com.cn/n2/2019/0415/c181466-32845068.html，2019 年 4 月 15 日。

份政策文件①，以推动福建经济向前发展。这个阶段，是福建经济转型升级的重要节点，也是福建经济向新经济挺进的关键时期。

正如我们前述的产业现状，一种产业发展趋向是智慧计算时代已经来临，任何产业都将在云计算、大数据和人工智能等应用场景下，获得全新的发展内涵。从资本的流向上看，IDC 也有一种表述：全球基础架构投资正在流向云计算、人工智能、大数据等新一代业务负载。所以，从时代趋向与资本趋向上看，数字经济才是一种更具价值的未来。

从国内产业巨头的表现看亦是如此。2018 年，今日头条、阿里巴巴、腾讯、滴滴等互联网前沿企业也在福建落地布局，体现了一种产业风向。

### （二）生产柔性化与装备智能化

闽商制造业升级，不仅表现在敢于应用新材料，还表现在智能化生产上。比如，在九牧厨卫智能化生产车间，已有柔性自动化智能马桶生产线。又如，黑金刚研发的柔性智能制鞋生产线，降低了传统鞋企对用工的依赖。

未来消费市场将呈现从批量生产向平民定制化的转变，这样生产就要柔性化，而要实现生产的柔性化，就是要实现装备的智能化。装备的智能化需要电子信息产业的深度介入。

产业数字化，被当作传统产业转型升级的重要方向。改革开放以来，闽商不仅在福建省内，而且在全国各省份都形成了创业群体，他们中的很多人集中在传统制造业中创业。智能化时代，即是万物互联，也是生产智能。这种转型需要投入，也需要耐心，更需要提前介入的意识。

---

① 《追潮逐浪　千帆竞发——福建践行“晋江经验”谱写新时代发展新篇章》，人民网，http://cpc.people.com.cn/n1/2018/0717/c64387-30152338.html，2018 年 7 月 17 日。

### （三）工业互联网平台助力制造业发展

工业互联网平台的全面兴起，为电子信息产业带来了参与的机会。

福建省工商联统计数据显示，截至2018年6月底，福建省私营企业实有105.4万户，资本总额7.3万亿元，分别占全部企业的92%、70%。2017年全省民营企业贡献税收2791亿元，增长10.8%，占全省税收的七成。[①] 其中小企业占了大多数，推动上万家中小企业业务系统向云端迁移，令企业有更好的活力，成为政府推动的方向。

2018年4月，福建省印发《关于深化“互联网+先进制造业”发展工业互联网的实施意见》，提出实施工业互联网“十百千万”工程，即培育不少于10个工业互联网行业示范平台、100家以上应用标杆企业，建设不少于1000个“互联网+先进制造业”重点项目。[②]

在政策的推动下，福建构建了“横向”行业平台和“纵向”产业链平台相辅相成的工业互联网平台，通过云平台，对接了上下游需求，为企业与产业增效升级提供了基础。[③]

福建电子信息产业的转型升级是在时代浪潮下向前奔涌，这里面生发的机会，传承了历史，也迎接了变局。

---

① 《福建工商联主席驳“民营经济离场”言论：谵妄之言》，中国新闻网，http：//www.chinanews.com/cj/2018/09-19/8631430.shtml，2018年9月19日。

② 《扬帆逐浪　勇立潮头——福建续写数字经济建设新篇章》，人民网，http：//fj.people.com.cn/n2/2019/0415/c181466-32845068.html，2019年4月15日。

③ 《扬帆逐浪　勇立潮头——福建续写数字经济建设新篇章》，人民网，http：//fj.people.com.cn/n2/2019/0415/c181466-32845068.html，2019年4月15日。

# B.9 2019年闽商商会发展报告

## ——以福州商会为例

麻健敏 *

**摘　要：** 近年来，福州市不断优化营商环境，持续激发民间投资活力，民营经济占全市经济总量的65.4%，实现了“三分天下有其二”。在民营经济发展稳中向好的基本态势下，以民营经济为结构主体的闽商福州商会，需要全面提升商会组织服务民营企业的基本功，协助解决好民营经济发展中遇到的两大难点问题，即民营企业自主创新能力不足和政府政策措施落实“最后一公里”的问题。

**关键词：** 榕商　福州商会　商会组织

福州，福建省会城市，以商业贸易立城，是古代海上丝绸之路中心城市、中国东南地区重要的商品集散地。闽商是中国著名的地方商帮，榕商是闽商重要的组成部分，自清朝末年福州商务总会诞生以来，百年岁月沧桑，福州商会团结带领福州（含6个市辖区、1个县级市、6个县）工商界人士，发扬“敢为天下先、爱拼才会赢”① 的闯劲，对促进福州地区经济社会发展起到重要的推动作用。

---

* 麻健敏，福建社会科学院历史所副所长、副研究员。

① 2014年5月，在福建企业家首倡“松绑放权”30周年之际，曹德旺、王晶、张轩松、尤玉仙等30位福建企业家以“勇于作为，敢于担当”为题致信习近平总书记，就贯彻党的十八届三中全会决定、加快企业改革发展建言倡议。习近平总书记在回信中希望广大企业家继续发扬“敢为天下先，爱拼才会赢”的闯劲，为国家经济社会持续健康发展发挥更大作用。

## 一　百年福州商会——闽商商会的先行者

### （一）近代中国最早成立商会的地区之一

1903 年 8 月，清政府成立商部。1904 年初，商部制定《商会简明章程》，推动各地商会的组建——“凡属商务繁富之区，不论系会垣、系城埠，宜设立商务总会，而于商务稍次之地，设立分会”[①]，期望“商会一设，不特可以去商与商隔膜之弊，拟且可以去官与商隔膜之弊，为益商务，良非浅鲜”[②]。短时间内商会设立之风吹遍各大中城市。1904 年全国各地仅有商会 19 处，1907 年增为 209 处，1911 年已有 678 处。[③] 辛亥革命后，除了蒙藏地区之外，全国各省区共设立了 998 家大大小小的商会。在海外，华侨聚居地也纷纷成立商会。

清光绪三十一年（1905 年）冬，在清政府商部的推动下，福州商务总会正式成立。同时期，福建另外一个近代商会——厦门商务总会也诞生（1904 年成立）。可见，福建是中国最早设立商会的地区之一。在福州商务总会、厦门商务总会的示范下，福建各地纷纷成立了商务分会、商务分所，从而形成了近代福建三级商会组织体系，打破了以往行会组织（会馆、公所）的地域界线和行业束缚，在“保商、振商”方面发挥了巨大的作用，促进了民族资本经济的发展。

### （二）福州市工商联成立

1949 年 8 月 17 日福州解放前夕，福州市商会贴出告示——“全

① 《光绪二十九年清商部奏定商会简明章程二十六条》，载上海市工商业联合会、复旦大学历史系编《上海总商会组织史资料汇编》（上），上海古籍出版社，2004，第 55 页。

② 《商部劝办商会谕帖》，《东方杂志》1904 年第 2 期。

③ 许涤新、吴承明主编《中国资本主义发展史》（第二卷），人民出版社，2003，第 646 页。

市商民通告”，要求全市商民务必照常营业，遵守市场秩序。当时福州市商会下属有 74 个各业公会、1 万多家工商户，为新中国建设事业留下一笔宝贵的物质财富。

1949 年 8 月 19 日，福州市人民政府工商局宣布接管旧商会。由福州市商会理事长蔡友兰、福电铁工厂厂长刘栋业、松茂化工厂厂长倪松茂、福建造纸厂厂长陈希仲、民天食品厂厂长王贤镇以及刘永业、丁日初、黄骏霖等人共同组成市工商联筹备工作组，在福州市工商局的领导下进行筹备成立福州市工商业联合会的工作。

1950 年 7 月抗美援朝战争爆发后，福州工商界人士组织开展各种形式的拥护和支援抗美援朝、保家卫国的运动。全市工商业者发扬高度爱国精神，踊跃捐献，仅用 5 个半月时间就献出 8 架飞机，计入库人民币 120 多亿元。

1952 年 12 月 23 日，福州市工商业联合会成立，这个由全市各类工商业者联合组成的人民团体，开始在福州的经济社会发展和民主政治建设舞台上扮演一个崭新而重要的角色。

### （三）走在中国改革开放前列

改革开放以后，处于开放前沿的福州商会率先加强与世界各国和地区工商界的友好联系。20 世纪 90 年代，福州商会先后接待来自新加坡、印度尼西亚、菲律宾、日本、韩国、美国以及香港、澳门等国家和地区的工商界人士 2280 人次，与海外 42 个工商社团组织建立了友好往来关系。榕台工商业交流取得重要突破，1990 年台湾同业公会、工业会和商会先后有 36 个团组来福州考察访问。

1984 年 3 月 24 日，“请给我们松绑！”的呼吁从福州发出，在全省乃至全国引起极大反响，掀开了国企改革的序幕。1987 年 1 月 20 日，全国第一个外商投资企业商会组织——福州市外商投资联谊会成立。1988 年 1 月 15 日，大陆第一家私营企业家组织——福州市私营企业家协会成立。

由于福州外向型经济蓬勃发展，1990 年福州市跨入全国地区生产总值超百亿元的城市行列，国民经济各项主要指标提前十年实现“翻两番”。1991 年，福州名列“中国城市综合实力 50 强”和“城市投资硬环境 40 优”。

## 二 2018年福州商会组织概况

随着民营经济的蓬勃发展，福州市非公有制经济人士队伍不断壮大。2018 年，福州有非公有制经济人士近 75 万人，在外榕商队伍超过 65 万人，为新时代开创工商联事业新局面奠定了良好基础。①

### （一）福州市工商联（福州市商会）

截至 2018 年底，福州市工商联已有会员 3.34 万个（不含市外异地商会会员），比增 10%，增幅位居全省第二。全市工商联系统共联系和组建各类商会 328 家，其中，市工商联所属商会 145 家（包括异地商会 110 家、行业商会 35 家）、县（市）区工商联所属商会 106 家（包括异地商会 69 家、行业商会 37 家）、乡镇商会 46 家、街道商会 30 家、园区商会 1 家。商会数量和增幅均位居全省前列。②

福州市工商联坚持“政治建会、团结立会、服务兴会、改革强会”，牢牢把握两个健康主题，以改革创新精神加强自身和所属商会建设，深入开展“提振精气神，建设新福州，争当排头兵”主题实践活动，推进基层组织改革发展。

① 雷成财：《在福州市工商联（总商会）十四届二次执委会议上的工作报告》，2018 年 4 月 3 日。

② 雷成财：《在福州市工商联（总商会）十四届三次执委会议上的工作报告》，2019 年 2 月 28 日。

1. 落实市委、市政府部署，开好全市民营企业座谈会和全市民营经济发展大会

2018 年 11 月 10 日，福州市召开全市民营企业座谈会，听取民营企业家的意见建议；11 月 12 日，市委、市政府出台《福州市促进民营经济健康发展的若干意见》（榕委发〔2018〕23 号），从着力降低经营成本、解决融资难融资贵问题、营造公平竞争环境、支持民营企业发展壮大、完善政策执行方式、构建亲清新型政商关系、保护民营企业合法权益等七个方面，提出了 36 条具体措施。

2018 年 11 月 29 日，市委、市政府召开福州市民营经济发展大会，近千位福州市各行业民营企业家出席会议。金纶高纤、祥兴箱包、福耀玻璃、瑞芯微电子、大东海实业、海源复合材料、盛辉物流、春伦集团、仙芝楼生物科技、光阳蛋业、同元龙旺文旅等 11 家市工商联会员企业受到表彰，60 位受表彰的民营企业家在主席台就座。

2. 结合纪念改革开放40周年，深化理想信念教育，引导非公有制经济人士健康成长

市工商联与市委统战部共同召开非公有制经济领域庆祝改革开放 40 周年座谈会。举办纪念改革开放 40 周年征文活动，将 62 位民营企业家创业创新故事汇编成《回望四十年，奋进新时代——榕商创业创新故事集》，以弘扬优秀企业家精神，激励广大非公有制经济人士特别是年青一代争当优秀中国特色社会主义事业建设者。推荐 26 家单位、个人参评各级各类表彰，发挥先进典型的示范带动作用。福耀玻璃集团董事长曹德旺入选由中央统战部、全国工商联共同推荐宣传的“改革开放 40 年百名杰出民营企业家”名单和中华工商时报社评选的“中国民营经济 40 年风云人物”名单；祥兴箱包集团总裁薛行远、恒申控股集团董事长陈建龙、福建国脉集团董事长陈国鹰等 3

人被评为“2017～2018年度全国优秀企业家”；恒源纺织等5家单位（个人）被授予“福州青年五四奖章”；35家单位（个人）获评福建省“光彩事业积极贡献奖”。

3. 引导企业家弘扬光彩精神，参与精准扶贫和定西对口扶贫协作

开展“榕商助推乡村振兴战略行动”，配合市委统战部动员民营企业家捐资1000万元用于村容村貌改善、公共基础设施建设、文化景区提升等，助推乡村振兴行动。落实福建省“千企帮千村”精准扶贫行动部署，动员202家企业（商会）结对帮扶140个本地村，累计投资6694.18万元，投资、捐助帮扶项目53个，8035户2.91万人从帮扶项目中受益。推进福州与甘肃省定西地区扶贫协作，组织104家企业（商会）对口帮扶定西109个贫困村，累计捐助帮扶金2933.8万元。据统计，2018年全市非公有制经济人士通过市“光促会”累计捐资1202.2万元。

4. 发挥桥梁纽带和助手作用，服务民营企业高质量发展

市委、市政府鼓励、支持和引导非公有制经济发展，出台36条民营企业扶持措施，落实21项121条惠企政策；深化“放管服”改革，全面推行行政执法三项制度和“证照分离”，市级审批服务事项“最多跑一趟”“一趟不用跑”占比分别达93%、31.8%，企业开办、常规不动产登记时间压缩至5个工作日，进一步优化营商环境，持续激发民间投资活力。

2018年，福州市新登记私营企业48642户、个体工商户86346户，日均新增私营企业和个体工商户370户；全市实有私营企业和个体工商户606184户，比增26.42%，占全市内资各类市场主体和个体工商户总数的96.63%。民间投资比增30.1%（不含平潭），高于全省平均水平9.5个百分点，增速排名全省首位，民间投资对投资增长的贡献率达135.9%。民间投资增速高于国企、外资投资增速，民营企业的投资信心进一步增强，民营经济

呈现稳中向好的态势。①

截至2018年12月，福州市地区生产总值为7856.81亿元，较上年度增长8.6%；民营经济实现增加值4965.51亿元，比增10.6%，高于全市GDP增速2个百分点，占全市经济总量的64.07%，比2017年提高了0.87个百分点，对全市GDP的贡献率达73.79%，比2017年提高了3.49个百分点，巩固提升了民营经济在福州市国民经济格局中“三分天下有其二”的地位和作用。阳光龙净等13家福州民企跻身于“2018中国民营企业500强”，数量位居全省地市首位；31家福州民企入围“2018福建省民营企业100强”，其中9家民企位居前10强，制造业企业达12家，占入围福州民企的比重最高。

## （二）福州市异地商会

1992年邓小平发表南方谈话以后，当代中国商会进入蓬勃发展期。20世纪90年代中期，在浙江温州地区商人开始进行组建异地商会的尝试；1995年，当代中国第一家异地温州商会——昆明温州商会成立。在短短的几年间，全国各个大中城市几乎都成立了异地温州商会。“异地商会的兴起，是对现行社团管理体制和行业管理体制的一大突破，并对中国大范围的市场格局和多中心治理的形成，起到了积极的推动作用。”②

1. 福州异地商会发展概况

自1999年在沈阳成立首家异地商会以来，福州在省外的异地商会如雨后春笋般出现。“几年内，福州市先后在沈阳、长春、长沙、

① 雷成财：《在福州市工商联（总商会）十四届三次执委会议上的工作报告》，2019年2月28日。

② 张高陵：《茁壮成长中国异地商会生存报告——中国异地商会的渊源与现状》，《中国商人》2011年第3期。

兰州、成都、济南、南宁、上海、桂林、太原、郑州、深圳、天津、昆明、合肥、北京等地组建了福州商会。通过异地商会的组建，开辟了一条福州异地商会企业家与政府联络的便捷通道，搭建了以商引商、以商联商、以商扶商的平台。”① 利用这一平台，异地商会之间能及时捕捉彼此会员企业投资信息，为会员企业投资兴业铺路搭桥；可以拓宽企业之间信息沟通的渠道，实现了企业间优势互补、强强联手的良好态势；福州市政府可以了解异地民营企业资源优势，吸引异地民营企业到福州投资兴业。

近年来福建异地商会发展迅猛，据统计至2017年12月底，福建省工商联共有会员167788个，其中省内异地商会362个、省外异地商会802家，合计1164家，异地商会总数居全国之首。截至2018年12月，福州市共有异地商会191家，其中市级异地商会112家、县级异地商会79家。

（1）外地在榕商会。至2018年12月，福州市级在榕异地商会共有72家。在榕异地商会会员企业主要分布在钢铁、房地产、电子、塑胶、机械制造、橡胶、金融担保、百货、娱乐、物流、精工、珠宝、隧道、建筑、纺织等行业，“几乎涵盖福州市经济的所有领域，其中相当一部分在当地属龙头企业，在福州地方经济发展，创利税、安置就业等方面有着举足轻重的作用”②。

（2）福州在省外商会。截至2018年12月，福州在省外的商会有40家，覆盖国内除宁夏、西藏以外的所有省份（其中部分省份异地商会成立情况见表1）。福州在省外异地商会拥有会员20550家，资产总额达5000多亿元。

---

① 福州市工商业联合会编著《福州商会史》，福建人民出版社，2016，第203页第4段。

② 雷成财：《在福州市工商联（总商会）十四届三次执委会议上的工作报告》，2019年2月28日。

**表 1 福州市省外异地商会统计（截至 2016 年）**

| 省 份 | 名 称 | 成立时间 |
|---|---|---|
| 辽 宁 | 沈阳市福州商会 | 1999 年 |
| 湖 南 | 长沙市福州商会 | 2000 年 3 月 21 日 |
| 甘 肃 | 兰州市福州商会 | 2000 年 9 月 26 日 |
| 四 川 | 成都市福州商会 | 2001 年 4 月 21 日 |
| 吉 林 | 长春市福州商会 | 2001 年 8 月 29 日 |
| 广 西 | 南宁市福州商会 | 2002 年 9 月 26 日 |
| 山 东 | 济南市福州商会 | 2003 年 9 月 27 日 |
| 上 海 | 上海市福州商会 | 2003 年 10 月 28 日 |
| 山 西 | 太原市福州商会 | 2004 年 6 月 13 日 |
| 广 西 | 桂林市福州商会 | 2004 年 8 月 8 日 |
| 河 南 | 郑州市福州商会 | 2005 年 6 月 25 日 |
| 广 东 | 深圳市福州商会 | 2005 年 8 月 31 日 |
| 天 津 | 天津市福州商会 | 2005 年 11 月 1 日 |
| 云 南 | 昆明市福州商会 | 2005 年 11 月 5 日 |
| 安 徽 | 合肥市福州商会 | 2006 年 6 月 3 日 |
| 北 京 | 北京市福州商会 | 2006 年 7 月 7 日 |
| 山 东 | 威海市福州商会 | 2007 年 1 月 19 日 |
| 湖 北 | 宜昌市福州商会 | 2007 年 12 月 1 日 |
| 贵 州 | 贵阳市福州商会 | 2008 年 1 月 13 日 |
| 湖 北 | 武汉市福州商会 | 2008 年 5 月 28 日 |
| 陕 西 | 西安市福州商会 | 2009 年 7 月 19 日 |
| 广 东 | 广州市福建福州商会 | 2010 年 12 月 1 日 |
| 浙 江 | 金华市福州商会 | 2010 年 12 月 3 日 |
| 内蒙古 | 呼和浩特福州商会 | 2011 年 10 月 29 日 |
| 浙 江 | 义乌市福州商会 | 2011 年 11 月 15 日 |
| 江 西 | 南昌市福州商会 | 2011 年 11 月 19 日 |

续表

| 省　份 | 名　称 | 成立时间 |
|---|---|---|
| 新　疆 | 乌鲁木齐福州商会 | 2011 年 12 月 1 日 |
| 浙　江 | 杭州福州商会 | 2012 年 9 月 28 日 |
| 河　北 | 张家口福州商会 | 2013 年 1 月 9 日 |
| 重　庆 | 重庆福州商会 | 2013 年 8 月 17 日 |
| 江　苏 | 南京福州商会 | 2013 年 10 月 22 日 |
| 海　南 | 海口福州商会 | 2013 年 12 月 28 日 |
| 黑龙江 | 黑河福州商会 | 2014 年 8 月 26 日 |
| 广　东 | 肇庆福州商会 | 2014 年 9 月 13 日 |
| 青　海 | 青海省福州商会 | 2015 年 4 月 15 日 |
| 黑龙江 | 哈尔滨市福建福州商会 | 2016 年 1 月 18 日 |

2. 福州异地商会管理模式

对于福州市在外省的近 60 万名“榕商”，异地商会团结联系着其中 70% 以上的代表性人士。

为了进一步加强异地商会工作，更加充分地发挥异地商会在宣传福州市招商引资政策、架起福州与异地经贸交流和合作的桥梁及维护会员的合法权益等方面的作用，2004 年，市工商联与市委统战部一道制定了《中共福州市委统战部、福州市工商联关于加强异地商会工作的实施意见》《关于加强异地福州商会管理的若干意见》《关于进一步加强与异地商会联系工作的若干意见》，进一步明确了异地商会的性质、地位和作用，提出了加强异地商会工作的具体措施。在 2004 年初召开的异地商会工作交流会上，福州市委书记何立峰等市委、市政府主要领导莅临，与来自各地的福州籍企业家欢聚一堂，共叙发展，倾听建议，把亲商、安商的理念送到了各地企业家的心里。

此后，市委、市政府将召开“福州市异地商会企业家新春座谈会”的时间确定为每年的正月初九，向回榕过年的在外榕商推介福州、宣传福州，听取异地榕商对家乡建设的意见建议，帮助异地榕商解决在家乡遇到的困难和问题，动员异地榕商回归福州创业创新发展。

2006年9月，福州工商联首次在深圳召开“福州市异地商会（深圳）交流会”，各异地商会代表广泛交流经验，探讨在市场经济条件下如何加强对异地商会的规范管理，使之健康发展。之后的每年年中，都会在异地商会所在地轮流举办“异地商会工作交流会”，加强异地商会建设经验的交流，探讨促进异地商会持续健康发展的新模式。2011年10月，“福州市工商联作为福建省唯一代表应邀参加全国工商联举办的‘全国工商联商会组织建设工作会议’，并在会上做了题为‘加强引导，规范管理，不断探索异地商会建设发展的新途径’的经验介绍”。①

经过近20年的发展，福州异地商会实现了由“对外拓展”向“内外并举”、由工商联组织向企业自发组织、由“乡情聚会”到“制度立会”再到“文化强会”的转变；异地商会广大会员也实现了由“走出去”到“回归来”、由单打独斗到抱团发展、由追求个人财富到履行社会责任的转变。异地商会已成为聚合榕商力量、展示榕商形象的窗口，成为促进两地发展、服务家乡建设的桥梁。

3. 异地商会存在的问题

一是部分会员企业对商会作用的认识不足。在组建异地商会过程中，有些会员存在一些功利思想，不知道加入商会“能带来什么好处”。有些商会会员的综合素质参差不齐，会员流动性较大，给异地商会的管理带来了一定难度。

二是商会能人效应比较明显。商会会长对商会的生存和发展起到

① 福州市工商业联合会编著《福州商会史》，福建人民出版社，2016，第205页第1段。

非常大的作用，商会的荣辱成败系于会长一人之身。会长实力强，对商会工作热心，商会各项活动开展就好。少数商会由于会长企业出了问题，整个陷入瘫痪。还有些商会在换届时，由于缺乏合适的会长人选，无法按期换届。

三是商会服务会员的方式方法需要进一步创新。不少县区级异地商会，由原来的“老乡会”演变而来，服务会员乏术，开展活动基本停留在“吃吃饭、聚聚会、联谊联谊”上。

四是异地商会发展地域不平衡。福州市五个老城区异地商会发展较为困难，台江、仓山两区尚未破零，鼓楼、晋安和马尾也分别只有一家。六县市及长乐区异地商会发展较好，其中尤以福清市和长乐区最为突出。外地在榕异地商会发展不平衡，有省级商会，有地市级级商会，也有县级商会，其中以县级商会居多，商会规模小、实力不强。

### （三）巩固完善和发展同业公会

改革开放初期，为了适应新时期经济建设发展的需要，市工商联一方面要求原有的同业公会积极开拓会务，巩固影响力和凝聚力；另一方面继续组建新的同业公会。

1991 年初，开始筹组福州塑胶业同业公会，得到市政府、市委统战部和有关部门的大力支持。同年 5 月 9 日，塑胶业同业公会成立庆典和第一次会员大会举行，省市有关领导莅临大会。台湾地区塑胶袋输出同业公会理事长林茂吉一行 5 人专程从台湾前来参加成立庆典。大会选举产生了由 36 名理事组成的第一届理事会，第一批吸收会员 83 家，总资产 3. 365 亿元，年产值 6. 575 亿元，占福州市塑胶行业 90% 以上的经济比重。与此同时，市工商联与市财委、市经委等部门组成福州市服装同业公会筹备会，积极做好行业调查，提出振兴市服装行业的措施和意见。

1991 年 5 月，台江区成立旅社业同业公会，福州市、县（区）共组建了 18 个同业公会。福州各同业公会发挥行业优势，努力为福州市经济社会服务。市文化用品同业公会、百货业同业公会、副食品业同业公会和金融业同业公会等行业组织，宣传贯彻党和政府的方针政策和法令法规，及时向会员提供各种商品信息以促进商品流通，组织座谈会了解会员企业的意见和要求，做好节庆慰问和市场检查，使自身成为真正的“会员之家”。市私营企业家协会在五一广场开展了为期六天的学雷锋让利销售活动，在活动中帮助会员企业提高爱国守法、文明经商的思想素质，增进了与消费者的沟通和理解。各区县同业公会也针对自身特点开展了行之有效的社会活动。鼓楼区旅社业同业公会积极配合公安部门做好社会治安综合治理工作，为社会治安的稳定做出了一份贡献。闽清县工商联池园分会帮助解决坂东镇残疾人生活出路问题，为残疾人提供了合适的工作岗位。

1989 年 7 月，福州市先后成立了文化用品业、副食品业等工商同业公会。与此同时，在福州市属各区县，也相继成立闽清陶瓷业、罗源纺织业、鼓楼旅社业、仓山五金机电业等 9 个同业公会，有工商企业会员 359 个，拥有资金 5 亿多元，每年产值超过 14 亿元。

2018 年，福州市工商联直属行业协会共计有 36 个（具体见表 2），除了 20 世纪 80 ~90 年代成立的 3 个基层商会外，专业性行业商会数量还较少，并且大多是传统行业。近年来，福州市新增从事高新技术产业、现代服务业的私营企业达 84477 家，占新增企业总数的 83.83%，显示出以新技术、新产品、新业态、新模式为主的“四新”产业蓬勃发展，然而“四新”产业的行业协会组织仍处于停滞状态。目前，福州市正在弥补这一短板，组建福州市移动互联网游戏企业协会。

**表 2　福州市工商联基层商会、行业协会一览（至 2018 年）**

| 商会名称 | 成立时间 | 会员数（个） | 商会地址 |
| --- | --- | --- | --- |
| 福州市小微企业商会 | 1983 年 | 100 | 马尾区罗星西路时代广场紫云阁会所 |
| 福州市民营企业家协会 | 1988 年 1 月 9 日 | 59 | 福州台江儿童公园路 10 号万都阿波罗 1928 |
| 福州市女企业家商会 | 1996 年 6 月 | 190 | 福州市西洪路 528 号沿街 2 楼 |
| 福州市商贸商会 | 2003 年 3 月 25 日 | 325 | 福州市台江区白马南路 150 号 |
| 福州市五金机电商会 | 2004 年 6 月 20 日 | 280 | 台江区新玉环路 81 号福州五金机电城 11 座二层 |
| 福州市电器商会 | 2005 年 11 月 1 日 | 270 | 晋安区晋连路 239 号王庄荷园 2 号楼 |
| 福州市工商联五金水暖商会 | 2009 年 4 月 18 日 | 210 | 化工路南方建材装饰材料二分场 9 区 2 楼 |
| 福州市钢材商会 | 2010 年 2 月 25 日 | 300 | 马尾区儒江西路名郡小区 15 幢 1104 号 |
| 福州市信用担保协会 | 2010 年 4 月 16 日 | 75 | 学军路 79 号工商联大厦 7 层 |
| 福州市木业公会 | 2010 年 11 月 12 日 | 800 | 福州市台江区达道路 68 号亚细亚华兴购物广场 4 层 |
| 福州市建筑园林景观装饰商会 | 2011 年 10 月 30 日 | 100 | 福州市仓山区建新镇宝山路建新经济管理区四层 |
| 福州市服装同业公会 | 2013 年 1 月 8 日 | 400 | 福州市台江区曙光支路 2 号百联大厦 20 层 |
| 福州市中小企业发展商会 | 2013 年 1 月 18 日 | 200 | 福州市梅峰路省军区干休所 6 号楼 1F |
| 福州市电子商务商会 | 2013 年 4 月 25 日 | 100 | 福州市鼓楼区铜盘路软件大道 89 号 C 区 12 座 3 层 |
| 福州市儿童用品商会 | 2013 年 8 月 29 日 | 359 | 福州市台江区台江路 109 号元洪锦江一期旁的元洪锦江公园 99 号 |
| 福州市石材协会 | 2013 年 9 月 3 日 | 42 | 福州市鼓楼区杨桥东路 99 号三友大厦 9 层 910 室 |

续表

| 商会名称 | 成立时间 | 会员数（个） | 商会地址 |
| --- | --- | --- | --- |
| 福州市自行车电动车行业协会 | 2013 年 10 月 27 日 | 86 | 福州市金山工业集中区浦上片（仓山园）百花洲路 46 号 |
| 福州市汽车配件行业协会 | 2013 年 11 月 20 日 | 145 | 福州市晋安区福新东路 500 号杨帆集团综合楼 3 楼 |
| 福州市装饰建材商会 | 2013 年 12 月 19 日 | 45 | 福州市福马路 161 号 1 号楼 217～219 |
| 福州市婚庆产业商会 | 2013 年 12 月 20 日 | 35 | 福州市白马北路芍园一号文化创意园3－309 牵手良缘 |
| 福州市家居建材商会 | 2014 年 1 月 17 日 | 92 | 福州市晋安区连江北路新南方家居旗舰中心 5 楼 536 |
| 福州市陶瓷商会 | 2014 年 3 月 28 日 | 324 | 晋安区南方建材市场元成建材广场二楼 |
| 福州市石材商会 | 2014 年 4 月 20 日 | 68 | 福州市湖东路 298 号伊法达大厦五层 |
| 福州市管道建材商会 | 2014 年 7 月 18 日 | 95 | 福州市晋安区东二环泰禾广场 9 栋1605～1606 号 |
| 福州市民营企业商会 | 2014 年 9 月 20 日 | 100 | 福州市台江区曙光支路 2 号百联大厦 13 层 |
| 福州市农业产业化龙头企业协会 | 2013 年 10 月 | 231 | 福州市仓山区城门镇南江滨西大道 198 号 |
| 福州市中小企业联合会 | 2014 年 9 月 15 日 | 226 | 福建省福州市金山大道 618 号橘园创意园 65 号楼 501 室 |
| 福州市建筑机械商会 | 2014 年 8 月 22 日 | 30 | 福建省福州市鼓楼区华林路 209 号金鸿达中心 2 座 1005 室 |
| 福州市定制家具商会 | 2014 年 9 月 16 日 | 123 | 福州市晋安区连江北路 293 号新南方建材城 5 楼 528 室 |
| 福州市化妆品商会 | 2014 年 10 月 | 312 | 福州市晋安区世欧王庄王子塔 36 层 |
| 福州市酒店用品行业协会 | 2015 年 12 月 6 日 | 80 | 福州市仓山区盘屿路 850 号 |

续表

| 商会名称 | 成立时间 | 会员数（个） | 商会地址 |
|---|---|---|---|
| 福州市家具制造企业商会 | 2015 年 11 月 28 日 | 103 | 福州市仓山区螺洲镇海西佰悦城 14 座 10 层 |
| 福州市水产商会 | 2016 年 2 月 26 日 | 125 | 马尾区青洲路 67 号三江口名城大酒店 |
| 福州市果业商会 | 2016 年 1 月 20 日 | 80 | 台江区仓霞新城嘉盛苑 2 座 701 |
| 福州环保建材协会 | 2016 年 4 月 | 78 | 福州市台江区广达路汇多利 7 楼 |
| 福州市水暖建材商会 | 2017 年 6 月 18 日 | 34 | 福州市晋安区东二环泰禾广场东区 C 地块 5 楼 14 层 22～23 号 |

## 三　榕商“回归工程”助力新福州建设

“福建省委、省政府希望广大闽商积极参与，深入考察，选择适合自己的项目，在分享福建未来发展机遇的同时实现自身的发展壮大。异地商会要继续发挥联系企业广泛的优势，多推介福建、宣传福建，帮助福建引进更多的企业和项目。”①

福州市委、市政府自 2002 年起就发挥福州的侨乡优势，在全省较早实施“回归工程”。福州市工商联充分发挥广泛联系海内外榕商的优势，引导各异地商会和海内外榕商通过“回归工程”渠道回乡投资兴业，促进感情回家、信息回传、人才回乡、资金回流、股份回投、项目回迁、公益回报。

### （一）福州市“回归工程领导小组”

2010 年 3 月，市政府专门成立“回归工程领导小组”，统筹协调

① 尤权：《在“福建省委、省政府召开异地商会及民营企业家代表座谈会”上的讲话》，2015 年 6 月 18 日。

全市“回归工程”工作，并下设办公室，挂靠市工商联，共同开展“回归工程”具体工作，进一步健全了市“回归工程”组织机制。2011年初，市委统战部和市工商联根据省领导关于做好“闽资回归”工作的批示精神以及省工商联提出的贯彻意见精神，推动异地商会设立“榕商回归联络办公室”，由异地商会会长兼任办公室主任，于3月30日在西安对28家异地商会进行逐一授牌，强化了异地商会服务榕商回归的职能。同时，市工商联加大力度与市发改委、经委、投资促进局、外经局、商贸服务局等职能部门以及县（市）区回归办的联系，定期召开联席会议，通报回归项目信息，协调解决回归项目实施中遇到的困难问题等，形成合力促进榕商回归。

### （二）制定出台促进榕商回归的政策措施

时任福州市委书记杨岳做出批示：“市委统战部、市工商联要牵头研究加快促进回归的政策举措，创造更好的环境、提供更大的空间，吸引更多的榕商回归发展。”由市政协主席方清海，市委常委、秘书长、统战部部长徐启源挂帅，市政协副主席、市工商联主席雷成财牵头，组织包括回归办成员在内的专门写作班子，起草《关于进一步推进回归工程的若干意见》，对榕商回归在财税奖励、土地供应、总部大厦建设、项目引荐等方面制定优惠政策和鼓励措施，并广泛征求各方意见后，由市委、市政府于2011年10月下发。

### （三）健全服务民营资本回归的运行机制

进一步完善“回归工程”工作流程图。严格执行“项目受理”“初步对接”“跟踪服务”三个流程，进一步规范工作程序，提高服务、办事效率，确保工作流程规范运作、高效运转。进行全方位的贴身服务。

认真做好有意回榕投资的榕籍企业家的接待工作。凡异地榕籍企业家回榕洽谈回归项目的，都带着特殊感情予以接待，马上就办，特事特办，能办即办，不能办也要反馈，以自己的一言一行，让企业家感觉到家乡良好的投资环境。

建立回归意向征集机制和走访推介招商制度。利用已开通的市工商联和市回归办的邮箱、QQ 群以及福州新闻网“榕商频道”等网络渠道，及时收集榕商回归的意向项目，了解回归项目在实施过程中存在的困难、问题及诉求建议等，并梳理、发布有关招商项目、招商政策等最新信息；定期深入各园区等开展调研，及时了解和掌握福州市招商重点、优惠政策和入园条件等，做到情况明了、心中有数；继续不定期组织小分队赴珠三角、长三角等重点招商区域的异地福州商会进行民资回归的宣传、推介，对有意向回归的项目进行认真研判、筛选，增强回归实效性。

建档立库，完善项目跟踪制度。对回归项目实行定人、定进度、定目标的“三定”制度，明确责任，增强工作的针对性，及时协调解决每个阶段存在的困难和问题，促进回归项目早日落地；建立健全回归项目数据库，凡经过筛选、进入回归项目数据库的，均实行“五表”跟踪制，实行动态管理。各县（市）区回归办每月底向市回归办报送回归项目动态信息，市回归办负责汇总全市回归项目统计报表，建立统一的回归项目动态数据库，全面准确地反映全市回归工程工作进展情况，定期上报市委、市政府。

### （四）创建“榕商回归产业园”

市委统战部、市工商联、市回归办结合福州市“回归工程”实际，在充分调研并征求福州市开发区、工业园区意见的基础上，提出了在福州市部分土地储备较具规模、投资环境较好的园区加挂“榕商回归产业园”牌子的构想，并于“2011 年 9 月举行了‘榕商回归产业园’授牌仪式，分别在福州国家高新技术产业开发区、福兴经济开发区、闽清县白金工业园区加挂‘榕商回归产业园’牌子。挂牌后，园区原有的体制、机制不变，采取‘一个园区、两块牌子、一套人马’，共同协作、共同招商的管理模式，引导高新技术产业回归项目向高新区对接集中，产业链配套回归项目向现有产业集中的区域对接集中”①。

### （五）引导广大榕商参与新福州建设

回归工程不仅是项目回归，还包括情感、人才、资金、信息、技术、管理等多方面的回归。在外榕商出于企业发展的需要，也看好家乡发展的前景，以项目方式回乡兴业，实现由“一地创业”向“多地发展”的转变。如福州德通金属容器有限公司董事长曹雪忠在连江经济开发区兴建金属包装容器生产项目。在外榕商看好福州市场，回归福州市钢铁、纺织、房地产、码头、建材、机电、水产加工、娱乐、金融和担保等行业，如西安福州商会某公司投资25亿元参与连江港口码头开发；异地商会长乐籍企业集资10亿元回乡发展石化产业。随着榕商实力增强和异地商会影响力扩大，商会成员对商会的诉求从“维持联系、维系乡情、维护权益”，逐步向“共求合作、共寻商机、共谋发展”转变。深圳福州商会多次组织会员赴福清、长乐等地考察，投资8.5亿元建设融深工业园，生产、研发各种体育用品和建设木材生产研发物流配送基地。异地榕商在外发展壮大，资金回流福州，购买房产、汽车等高消费品，拉动福州市内需，同时还将技术、信息带回家乡。南宁福州商会副会长陈美栋将自己的新能源研发专利带回福州，兴建新能源的研发和生产、销售项目。海内外榕商以公益回归方式体现情感回归，通过海西“春风·春雨·光彩”行动和“榕商联村”活动，以结对帮扶、产业帮扶、助学帮扶和用工帮

① 福州市工商业联合会编著《福州商会史》，福建人民出版社，2016，第216页第1段。

扶等方式，参与福州市扶贫帮困和新农村建设。

2013～2017年，全市共引进并签约回归项目229项，累计投资3261.735亿元；其中，已落地回归项目143项，占62.4%，总投资1855亿元，占56.87%。“回归工程”的有效实施，赢得广大榕商的广泛赞誉，得到市委、市政府的充分肯定，市委常委会专门听取“回归工程”工作汇报，研究解决了进一步健全“回归工程”工作机制、加强回归办机构建设等问题，强调“回归工程”项目要在提升福州市产业层次、转变经济增长方式、增强经济发展后劲等方面发挥更大作用。“回归工程”工作被《中华工商时报》评为“全国工商联十大创新评选优秀案例”之一。

福州异地商会以每年的海交会、闽商大会为契机，组团参会开展投资考察活动，促进了商会所在地（原籍地）和福州市的经贸交流。仅2017～2018年福州市5.18“海交会”期间，异地商会共组成8个团组计90多家企业参会，达成多项合作意向。截至2018年12月，市、县两级工商联、回归办共征集回归意向项目99个（市本级18个、县区81个），总投资达1101.25亿元，涉及制造业、医疗、旅游、教育、建筑、能源、物联网、总部经济、大数据、军民融合等行业。落实“招商2018”专项行动目标任务，推动总投资62.06亿元的7个项目完成备案，并通过市招商办考核，超额完成“招商2018”任务指标（2个）。

## 四　福州民营经济发展稳中有进

商会是民营经济的组织，民营经济的发展与商会的发展休戚相关。近年来，福州市委、市政府不断优化营商环境，持续激发民间投资活力，福州市民营经济发展呈现稳中有进、稳中向好、稳中向优的良好态势。

### （一）“三分天下有其二”

福建从改革开放之初白手起家，发展出如今相互配套、上下成链、集群挺进、善观时变、爱拼会赢的民营经济，在全省经济总量中“三分天下有其二”。截至2018年末，福建省民营企业达114.15万家，占全省企业数的92.36%；福建2018年民营投资增长19.2%，对投资增长的贡献率达77.8%；福建民营经济在GDP中的占比为67.2%，全国排名第二，成为福建经济社会发展的重要力量和创造社会财富的活水源头。

福州民营经济多年以来持续健康发展，支撑了福州经济发展稳中有进、稳中向好、稳中向优的良好态势。基于2014年以来福州市民营经济发展的数据可以得出比较直观的结论。

2014年底，福州全市共有民营企业超过10万户，个体工商户近20万户；全市已有非公有制经济人士38万人，其中市工商联会员25820名（不含省外市级异地商会会员），较2013年底净增2169名，比增9.2%。会员实力不断增强，在2013年全国工商联开展的上规模企业调查中，6家会员企业入选2014年“中国民营企业500强”，6家会员企业入选“中国民营企业制造业500强”，3家会员企业入选“中国民营企业服务业100强”。[①]

2015年12月，全市实有内资各类市场主体405018户，资金总额14277.99亿元。其中，全市内资企业实有159023户，注册资本（金）14063.07亿元；个体工商户实有243941户，资金数额141.04亿元。企业的创新意识和品牌竞争意识不断增强，飞毛腿（福建）电子有限公司等4家会员企业被授予“第二届福州市政府质量奖”，一批具有创新活力的企业正在转型大潮中脱颖而出。至2015年底，

① 福州市工商业联合会编著《福州商会史》，福建人民出版社，2016，第261页第3段。

全市已有非公有制经济人士近 40 万人，其中工商联会员 27917 名（不含省外市级异地商会会员），较去年净增 2097 名，比增 8.1%，会员数量与增幅位居全省前列；发展异地商会 84 家、行业商会 30 家、乡镇商会 12 家、街道商会 18 家、园区商会 1 家，基层商会的规模进一步扩大，区域性和行业代表性进一步增强。

2016 年 12 月，全市实有私营企业和个体工商户 44.13 万户，占内资各类市场主体的 97.2%，注册资本（金）14487.03 亿元，占内资各类市场主体资金的 89.2%；非公有制企业累计实现增加值 1662.35 亿元，占全市规模工业的比重达 83.8%。民营经济已占全市地区生产总值的 63.7%、新增就业总量的 80% 以上、工业增加值总额的 70% 以上、进出口总值的近 60%、固定资产投资总额的 54.4%。

2017 年，福州市民营经济累计实现增加值 4617.61 亿元，约占全市 GDP 总量的 65%；民间投资规模达 2923.06 亿元，比增 9.2%，占全市固投总量的 50.4%。全市新登记私营企业和个体工商户 11.15 万户，比增 24.28%，平均每天新增 305 户；全市实有私营企业和个体工商户 52.6 万户，比增 19.19%，占内资各类市场主体的 97.52%。全市规模以上工业企业 2237 家，其中民营企业 1629 家，占 72.8%。融侨集团、福晟集团等 6 家企业入选“2017 中国民营企业 500 强”，金纶高纤、永荣控股等 6 家企业入选“2017 中国民营企业制造业 500 强”，41 家企业入选“2017 年省级民营龙头企业”。[①]

### （二）发展机遇与动力

近年来，中央支持福建、福州加快发展，自贸试验区、国家级新区等获批并上升为国家战略，“五区叠加”迎来千载难逢的发展机

① 数据引自雷成财《在福州市工商联（总商会）十四届二次执委会议上的工作报告》，2018 年 4 月 3 日。

遇。福州坚定实施工业、服务业两大倍增战略，对接国家增强制造业核心竞争力行动计划和重大工程包，大力发展高新技术产业、战略性新兴产业和现代服务业，努力培育更多的产业新增长点。

2016 年 3 月，习近平总书记参加全国政协十二届四次会议民建、工商联界联组讨论时发表重要讲话，强调两个“毫不动摇”、重申三个“没有变”。2017 年 9 月 8 日，《中共中央　国务院关于营造企业家健康成长环境弘扬优秀企业家精神更好发挥企业家作用的意见》下发，指出要着力营造依法保护企业家合法权益的法治环境、促进企业家公平竞争诚信经营的市场环境、尊重和激励企业家干事创业的社会氛围，引导企业家爱国敬业、遵纪守法、创业创新、服务社会，调动广大企业家积极性、主动性、创造性，发挥企业家作用，为促进经济持续健康发展和社会和谐稳定、实现全面建成小康社会奋斗目标和中华民族伟大复兴的中国梦做出更大贡献。[1]

根据福州市委经济工作会议精神，需要落实支持民营经济发展的 36 条措施，加大减税降费力度，着力解决民营企业发展困难，支持民营经济发展壮大，充分发挥骨干作用。现在，各地各部门出台了不少政策，但一些政策落不下去，企业用不了、不愿意用，归根结底还是政策的落实存在问题。要加强跟踪问效，定期梳理政策兑现的情况，解决好“弹簧门”“玻璃门”等问题，切实打通政策落地的“最后一公里”。福州地方政府各部门要将习近平总书记提出的六项重大政策要求真正地、及时地落到实处，真正化为部门与地方的具体措施与实际行动，如此才能推动民营企业将信心转化为行动，推动民营企业放心经营、大胆经营。

---

① 《中共中央　国务院关于营造企业家健康成长环境弘扬优秀企业家精神更好发挥企业家作用的意见》，2017 年 9 月 8 日。

### （三）未来：机遇与挑战并存

福州市委、市政府提出，在2019年福州市将全力推动“项目年”“招商年”“三产年”专项行动，加快培育一批现代农业示范基地、重要工业产业基地，推动工业企业技术改造，落实产业链强链补链工程，完善项目用地、“一企一议”、工作督查等协调服务机制，抓好重大课题研究，推动经济实现高质量发展；按照“新城建设、中间过渡、点上开花、乡村振兴、老城提升”要求，加快滨海新城、三江口片区和琅岐岛开发建设，因地制宜、循序渐进推进乡村振兴，不断提升城市功能品质，加快建设幸福之城；同步推进扶持民营经济发展、三大攻坚战、民生补短板等重要工作。

机遇与挑战往往是一对孪生兄弟，未来的福州民营经济重点要做好以下三方面工作。

1. 寻求发展商机，选好投资项目

民营企业要看到福州市经济保持总体平稳、稳中有进的良好态势。要进一步增强发展信心，用好用足中央、省市出台的促进民营经济健康发展的一系列政策措施，在加快“数字福州”建设、“海上福州”崛起、项目落地建设、产业链补链强链、推动乡村振兴、推进军民融合、提升招商引资质量、提高城市建设管理水平，以及做大做强汽车、钢铁、生物医药等产业方面寻求发展商机、选好投资项目。

2. 商会组织要做好服务工作

福州商会组织要紧紧围绕高质量发展、落实赶超，牢牢把握两个健康工作主题。“坚持政治建会、团结立会、服务兴会、改革强会，服务民营企业特别是实体产业企业创新转型、加快驶入高质量发展轨道，引导广大民营企业家争当爱国敬业、守法经营、创业创新、回报社会的表率和践行亲清新型政商关系的典范，加快推进工商联和所属商会改革发展”[1]，以更加完善的机制、更加有效的抓手、更加务实的作风，为加快建设福州“创新、开放、绿色、幸福”的现代化城市做出新的贡献。

3. 用自主创新赢得优势

民营企业要把自主创新作为强筋壮骨、赢得优势的根本途径。“要大力加强技术研发，深化产学研结合，推进原始创新、集成创新和引进消化吸收再创新，着力解决制约经济发展的一些重大科技问题，形成一批具有自主知识产权的关键技术和产品，增强民营经济整体素质和发展后劲。”[2]

福州地区的企业家要加强管理创新的突破，逐步走出家长式管理和封闭式运行模式。要“建立良好的契约治理机制，形成自主创新能力提高的制度基础；推进技术研发，加快技术引进，尽快改变技术装备水平差，产品技术含量低，有自主知识产权的技术少等‘通病’；要根据市场经济要求，选准自主创新方向，培育自主创新人才，增加自主创新资金投入，不断探索自主创新的新机制新途径；要从产品经营、资本运营走向品牌运营，在自主品牌的塑造过程中提高自主创新能力，在价值链的高端寻求高利润，努力在自主创新中求发展”[3]。

---

① 雷成财：《在福州市工商联（总商会）十四届三次执委会议上的工作报告》，2019 年 2 月 28 日。

② 雷成财：《在福州市工商联（总商会）十四届三次执委会议上的工作报告》，2019 年 2 月 28 日。

③ 雷成财：《在福州市工商联（总商会）十四届三次执委会议上的工作报告》，2019 年 2 月 28 日。

# 附　　录

**Appendix**

# B.10
# 2018年闽商大事记

## 上市企业

**1月15日**　厦门盈趣科技股份有限公司经中国证券监督管理委员会核准，并经深圳证券交易所同意，正式在深圳证券交易所中小企业板上市交易，成为2018年福建省首家在A股IPO上市的企业。

**2月4日**　厦门美柚CEO陈方毅在公司内部年会上宣布，美柚2017年实现净利润1亿元，同时正式提出国内上市的计划。

**4月9日**　厦门上市公司厦华电子在经历了多次重组未果后，正式复牌。

**5月28日**　中国新能源汽车动力电池的“独角兽”——宁德时代新能源科技股份有限公司IPO获证监会批文，在创业板成功上市。同时，以54.62亿元的规模打破创业板募资纪录。

**5月30日** 厦门著名“中华烘焙老字号”企业——胡老三食品，在厦门两岸股权交易中心正式挂牌和展示，成为厦门第一家登陆“新四板”的老字号企业。

**7月12日** 由福建籍商人邓华金创办的互联网装修平台老大“齐家网”（齐屹科技）正式在港交所挂牌。齐屹科技开盘价4.85港元，市值接近60亿港元。

**7月18日** 国内第二大私立医美公司——“莆田系”艺星医疗美容有限公司，正式向港交所递交上市申请。

**7月18日** 七匹狼“当家人”周永伟、周少雄家族控股的厦门百应租赁以每股1.28港元，在香港创业板正式上市。

**9月19日** 美团点评在港交所发布公告，称将香港IPO发行价定在每股69港元，计划在香港净融资326亿港元，预计将于9月20日登陆港交所主板。

**9月28日** 福建名企飞毛腿停牌3年之后，正式复牌恢复交易。

**10月23日** 从福建省发展和改革委员会获悉，2018年前三季度福建省上市企业股权融资149.61亿元，已挂牌企业交易成交5.95亿股，成交金额11.33亿元。新增宁德时代、盈趣科技、福纺控股、百应租赁等4家境内外上市企业。新增13家“新三板”挂牌企业，包括英特易、迈纬科技、鼎旸股份、俊杰材料、欧贝传动、正茸科技、泉牌科技、鹰君股份、快乐番薯、中都物业、众事达、天泉药业、蓉中电气。福建省共计132家境内上市企业，居全国第7位。

## 国内收购、股权转让

**1月18日** 新华都实业集团股份有限公司公告称，新华都集团将公司10%的股份转让给阿里巴巴成都及其一致行动人杭州瀚云，阿里及一致行动人成为新华都第二大股东。

**1月29日** 永辉超市公告称，林芝腾讯科技有限公司拟认购永辉超市子公司——永辉云创公司新增注册资本1.875亿元，认缴后持股15%。

**3月23日** 永辉超市发布公告称，公司收购国联水产10%的股份，并且完成有关股份过户登记手续。永辉超市表示，此次投资的目的是打造生鲜供应链改革示范项目。

**6月1日** 金龙汽车公告，拟非公开发行股票数量不超过1.21亿股，募资不超17.1亿元，全部用于收购厦门金龙联合25%股权项目、智能网联汽车应用开发项目、新能源实验室升级改造项目、新能源汽车核心零部件研发及产业化项目、新能源前瞻性技术研发项目。

**6月14日** 永辉超市发布公告称，公司出资2.16亿元收购湘村股份1600万股、出资6720万元收购闽威实业1600万股，都是为了强化生鲜供应链。

**6月25日** 福耀玻璃发布公告称，公司的全资子公司福耀香港拟收购关联方曹德旺儿子曹晖所控制的三锋控股持有的福建三锋集团100%股权，股权收购的交易总价为2.24亿元。

**6月29日** 福耀玻璃发布公告称，公司拟将自己所持有的福耀玻璃北京福通安全玻璃有限公司75%的股权出售给太原金诺投资有限公司。

**7月11日** 云南白药控股有限公司完成工商变更，王建华退出高管团队，且不再担任法定代表人。历时9年，耗资254亿元，福建前首富陈发树终于“上位”云南白药控股董事长。

**9月14日** 创业板上市公司福建青松股份有限公司发布公告，宣布拟收购本土最大化妆品ODM企业诺斯贝尔不低于51%的股份，双方已经签署收购资产框架协议。

**12月5日** 永辉超市发布公告称，公司与大连一方集团、孙喜双签订股份转让协议，斥资35亿元买入大连一方集团有限公司持有的大连万达商业管理集团股份有限公司1.5%的股权。

## 跨国并购、战略投资

**2月6日**　由恒安集团、中国中运集团及俄罗斯东方投资公司合作运营的“恒安（东方）卫生用品有限责任公司”在俄罗斯伏尔加格勒州注册成功，这也标志着恒安集团正式进军俄罗斯市场。

**2月23日**　福建晋工机械有限公司与韩国现代建设机械株式会社达成全球战略合作，并在福建省晋江市签约。根据协议，由晋工机械制造的现代装载机及其他工程机械产品，将源源不断地输往现代在全球140多个国家和地区的540多个销售网点。

**4月13日**　宁德时代新能源科技股份有限公司与新加坡科技动力有限公司签订合作备忘录，致力于共同推动东南亚动力和储能电池市场的开拓。

**4月23日**　为了稳定木浆供应和采购价格，恒安集团斥资1166万欧元收购芬兰芬浆约36.46%的股份，整合上下游产业链。

**5月16日**　福建祥兴集团与香港亚商集团在福建省福清市签订亚商·奥特莱斯项目合作协议，这标志着奥特莱斯项目正式落地福清。

**5月28日**　匹克集团收购国际知名户外运动品牌——奥索卡，此次收购凸显了匹克集团欲加快进入冰雪体育用品市场的信心和决心。

**7月3日**　厦门金龙与百度及软银集团旗下自动驾驶SB Drive签署战略合作协议。根据协议，三方将共同研发日本版金龙阿波龙，在东京等地开展商业化运营。在全球范围内开启无人驾驶商业化运营，这代表着中国自动驾驶技术及车辆制造获得发达国家认可。

**7月9日**　宁德时代和德国图林根州州政府签署了一份投资协议。

根据协议内容，宁德时代将投资2.4亿欧元（约折合18.7亿元人民币）在德国图林根州埃尔福特市设立电池生产基地及智能制造技术研发中心，计划与宝马、大众、戴姆勒、捷豹路虎、PSA等车企配套。

**8月28日** 厦门三安光电实现跨国并购，以近3亿美元收购以色列通信芯片公司ColorChip。

**9月12日** 安踏体育联合Chip Wilson先生、方源资本、腾讯，分别出资15.43亿、5.5亿、4.2亿、1.5亿欧元，以每股40欧元的价格收购Amer Sports的全部股份。Amer Sports是世界顶级体育器材品牌管理集团公司，1950年在芬兰创立，并于1977年在纳斯达克北欧市场NASDAQ OMX上市。

**10月30日** 恒申控股集团收购荷兰福邦特控股公司的全部股份、福邦特中国南京己内酰胺工厂60%的股权，以及生产己内酰胺的核心技术及知识产权，一跃成为全球规模最大的己内酰胺生产集团，并率先打通上下游共8个环节的完整产业链。

**11月19日** 永辉超市子公司富平云商供应链管理有限公司拟与Advantage Solutions China Ltd.组建合资公司，向品牌商提供店内零售营销陈列服务和顾客体验营销服务。

**12月6日** 宁德时代美国子公司在底特律市正式成立，这是继德国、法国、日本之后，宁德时代在全球市场建立的第四个子公司。

**12月21日** 紫金矿业集团与塞尔维亚政府签署协议，出资3.5亿美元收购塞尔维亚政府持有的博尔铜矿63%的股份（塞尔维亚政府保留剩余37%的股份）。

## 企业合作、升级转型

**1月16日** 福建圣农集团发布关于调整公司高级管理人员任职的公告，董事长傅光明将不再兼任公司总经理一职，并向公司董事会建议，由其女傅芬芳接任总经理职务。

**1月17日** 在“2018全国体育产业发展大会”上，匹克集团与厦门文广传媒集团举行签约仪式，宣布双方将共同发起成立10亿元规模的匹克厦门文广产业投资基金。

**2月1日** 永辉超市股份有限公司与清华大学成立“清华大学-永辉智能供应链管理联合研究院”。

**4月3日** 东南汽车新能源汽车研发能力提升建设工程项目（新建整车试验场及实验室）在东南汽车三期厂区内举行奠基仪式。这标志着东南汽车在新能源汽车研发能力上迈向新的高度，并加快向新能源领域转型升级迈出重要一步。

**4月24日** 今日头条宣布将更名为字节跳动，今后在公司层面和相关场景下使用“字节跳动”（英文环境“ByteDance”）品牌，不再用“今日头条”代表公司整体品牌。

**4月28日** 上汽集团乘用车宁德基地项目在宁德三屿园区培土奠基，标志着上汽集团和宁德时代新能源强强联合，迈上新能源整车制造新征程。

**7月16日** 福建互联网龙岩帮成员方三文创办的雪球，宣布完成1.2亿美元D轮融资，蚂蚁金服是本轮新加入的战略投资方。在本轮融资中，蚂蚁金服独占1亿美元。

**8月8日** 美图公司在北京发布“美和社交”战略，旨在在下一个十年里，在继续探索美的同时，通过社交产品进一步打通内部用户数据，链接用户产品和商业产品，打造美丽生态链。随着“美和社交”战略的落地，美图全面社交化之路正式开启。

**9月4日** 永辉与腾讯合力打造的永辉生活“卫星仓”首次对外亮相，这也意味着双方的合作正式迈入了3.0的全新阶段。同时，永辉携手腾讯陆续上线了两家智慧零售标杆店永辉Bravo福州公园道店和超级物种深圳创投店。

**9月11日** 匹克集团正式发布了青少年运动品牌 PEAK KIDS，宣布发力日益增长的青少年运动生活市场。

**9月19日** 陷入股价下滑、卖资产变现危机的贵人鸟回归主业，与京东集团达成合作意向，双方将发挥各自优势，在智能物流和供应链、智能制造、品牌运营等方面展开深入合作。

**9月20日** 新华都和阿里巴巴各出资1亿元，设立福建新盒网络科技有限公司，作为双方合作平台。双方将充分利用自身优势，在福建省范围内投资开设和经营创新门店。

**10月17日** 福建东百集团与京东集团在北京签署战略合作框架协议。双方拟充分发挥在各自产业的优势，重点在商业零售、仓储物流等领域开展战略合作。

**10月25日** 永辉集团与屈臣氏、腾讯在广州举行联合发布会宣布，三方将组建新合营公司“百佳永辉”。

**12月12日** 贵人鸟对外、对内同时开刀，出售运动用品线下店杰之行50.01%的股权，同时收购14个地区的省城经销渠道，改为直营模式。这也意味着，公司要收缩战线，确保核心品牌运动装备业务的良性运营。

**12月13日** 永辉超市原实控人张轩松、张轩宁兄弟由于意见分歧，取消一致行动人关系，永辉超市也变为无控股股东和实控人。

**12月21日** 宁德时代继与上汽集团、东风汽车、广汽集团成立合资公司后，又与吉利汽车成立合资公司。目前，宁德时代不仅拿下了宝马、戴姆勒、大众等跨国车企大订单，还和上汽、北汽、吉利、长安、宇通、东风等主流车企达成合作，并为蔚来、威马等造车新势力配套动力电池产品，供货方已超过20家。

**12月22日** 永辉超市推出升级版自有品牌“永辉优选”，新推出的“永辉优选”品牌之下涵盖田趣、优颂、馋大狮、超级U选、Ofresh 等子品牌，每个子品牌又对应多个核心品类。

# 产业园区

**1月8日** 福建自贸区福州片区管委会与福州市商务局宣布，eBay福建跨境电商产业园各项前期工作全部就绪，将于11日挂牌成立我国首个跨境电商全产业链聚集园区。

**1月11日** 厦门海峡黄金珠宝产业园项目在厦门海沧签约。按协议约定，紫金矿业集团黄金珠宝有限公司、厦门海投供应链运营有限公司、金洲（厦门）黄金资产管理有限公司拟成立合资公司，在海沧建设厦门海峡黄金珠宝产业园项目。

**1月12日** 厦门紫光科技园招商示范中心在环东海域紫光科技园项目现场举行开放仪式。作为紫光科技园的先行示范区，招商示范中心将建设成为集研发设计、产业孵化、产品展示等功能于一体的高新产业聚集地。

**4月25日** 厦门自贸片区自贸金融中心揭牌，片区目前已吸引和落地金融、类金融企业5500多家，金融集聚凸显金融创新驱动发展。

**4月26日** 福建省精准医学产业创新中心、网迅通讯芯片制造产业园、中欧数字生物谷、福建联通产业互联网科技园、中国移动数字化服务产业园、福建湛华人工智能数据标准化项目、新中冠电商大数据产业园等7个数字经济项目签约、落户福州滨海新城，总投资约160亿元。

**4月29日** 厦门火炬高新区管委会、厦门市湖里区政府与中版昆仑传媒有限公司、北京字节跳动科技有限公司、福建金银海文化传媒有限公司在厦门火炬高新区举行签约仪式。这标志着中国短视频产业基地正式落户厦门，该基地是国内首个专门从事短视频业务的产业基地。

**5月7日** 福建省连城县新能源锂电池产业园项目举行签约仪式。该产业园项目总投资15.5亿元，项目建设内容包括锰酸锂生产项目、新能源锂电池生产项目、新能源方型锂电池生产项目、新能源软包锂电池生产项目、锂离子电解液生产项目和新能源锂电池钢壳及盖帽生产项目。

**5月18日** 在福建省第二届石墨烯产学研对接会上，“厦门火炬石墨烯新材料公共技术平台”正式揭牌。该平台是由厦门火炬高新区管委会支持与指导，厦门创新创业园投资5000万元搭建的。

**5月25日** 亚马逊全球开店“厦门跨境电商园”正式启动，这是亚马逊全球开店在华南地区的首个跨境电商园，也是继杭州之后亚马逊全球开店在中国落户的第二个跨境电商园。

**6月4日** 总投资12亿元的福建菲尔姆科技有限公司铝塑膜项目在福建省连城县工业园区开工。

**6月6日** “物联网+区块链”产业融合应用落地，厦门唯物链信息科技有限公司推出唯物链防伪溯源项目，在厦门软件园二期正式启动。唯物链能通过防伪溯源技术，将商品原材料过程、生产过程、流通过程、营销过程的信息通过物联网的设备进行整合并写入区块链，实现精细到一物一区块的全流程正品追溯。

**6月21日** 福建省宁德市蕉城区政府与上汽集团宁德基地项目配套商举行签约仪式，昆山沪光汽车电器、上海汇众汽车制造、上海凯众材料科技等26家上汽宁德基地项目配套供应商企业正式落户福建省宁德市蕉城三屿园区。

**6月30日** 厦门钨业拟利用自身在稀土永磁材料方面的优势，在厦门市集美区投资100亿元建设稀土永磁电机产业园，打造千亿元电机产业集群。

**7月3日** 总投资达5亿元的福建仙游手机配件产业园项目，在仙游县枫亭镇秀峰村五里岭片区开工兴建。园区致力于打造我国东南区域最大的手机配件等电子器件加工贸易市场。

**7 月 18 日**　福建省南平（浪潮）大数据产业园启动仪式在南平市武夷新区软件园举行，活动现场举行南平（浪潮）大数据产业园、南平市云计算中心等揭牌仪式，这标志着南平发展数字信息产业迈出关键一步。

**7 月 18 日**　福建宁德国泰华荣新材料有限公司年产 4 万吨锂离子动力电池电解液项目，在福建省福鼎市龙安项目区正式开工。

**9 月 7 日**　陶瓷中试服务基地在福建省德化县鹏祥工业园区落成，该园区系福建省陶瓷产区首个陶瓷中试基地，有望在 10 月 1 日运营。

**11 月 28 日**　福建省福州软件园仓山分园揭牌成立。根据规划，园区主要发展人工智能、网络安全、智慧城市及行业应用、大数据开发应用等产业，打造高端软件和信息服务聚集区。

## 闽商单人慈善捐款及单笔最高捐款用途

| | | |
|---|---|---|
| 黄朝阳 | 中骏集团 | 承诺捐赠 5 亿元在南安慈善总会设立基金 |
| 陈发树 | 新华都 | 捐赠 5 亿元设立“北京大学发树医学发展基金” |
| 黄其森 | 泰禾集团 | 计划向福州大学捐赠 3 亿元 |
| 许荣茂 | 世茂集团 | 向石狮市教育基金会捐赠 2 亿元 |
| 高榕泉 | 福建宏晖集团 | 向福州大学捐赠 1.7 亿元 |
| 曹德旺 | 福耀玻璃 | 向福建师范大学捐赠 1 亿元 |
| 李贤义 | 信义集团 | 向石狮市教育基金会捐赠 1 亿元 |
| 李贤义 | 信义集团 | 向福建省晋江市传统文化发展基金捐赠 2000 万元 |

| | | |
|---|---|---|
| 施天佑 | 福建百宏集团 | 向福建省晋江市传统文化发展基金捐赠 2000 万元 |
| 杨孙西 | 香江国际 | 向石狮市教育基金会捐赠 6000 万元 |
| 许健康 | 宝龙集团 | 为晋江科教园捐赠 5000 万元 |
| 陈明金 | 金龙集团 | 为晋江科教园捐赠 5000 万元 |
| 侯昌财 | 厦门源昌集团 | 为南安市慈善总会捐赠 5000 万元 |
| 吴迪 | 福信集团 | 捐赠 2500 万元设立陈章辉福信慈善基金会 |
| 柯希平 | 厦门恒兴集团 | 承诺向厦门市慈善总会捐赠 2000 万元 |
| 周永伟 | 七匹狼集团 | 向晋江市慈善总会捐赠 2000 万元 |
| 蔡金垵家族 | 盼盼集团 | 承诺为晋江科技园捐赠 2000 万元 |
| 丁金朝 | 特步 | 承诺为晋江科技园捐赠 2000 万元 |
| 洪肇设 | 柒牌集团 | 承诺为晋江科技园捐赠 2000 万元 |
| 洪忠信 | 劲霸男装 | 承诺为晋江科技园捐赠 2000 万元 |
| 林聪颖 | 九牧王集团 | 承诺为晋江科技园捐赠 2000 万元 |

## 企业公益慈善

**4 月 19 日** 福信集团积极响应中共福建省委统战部、省工商联、省扶贫办和省光彩事业促进会的号召，主动加入“百企帮百村”精准扶贫行动，结对帮扶福建华安县建美村，注资成立华安县福美生态农业有限公司，具体帮扶工作由陈章辉福信慈善基金会组织实施。

**5 月 23 日** 福建大东海实业集团董事长林国镜通过福建省光彩事业促进会，向福建省宁德市蕉城区雷东村定向捐款 10 万元、向福安市满洋村定向捐款 10 万元、向霞浦县下村村定向捐款 10 万元、向大坪村定向捐款10万元、向上水村定向捐款10万元，用于统战系统驻村干部解决所在村的公益扶贫项目。

**12月20日** 福建厦门永同昌集团有限公司通过福建省光彩事业促进会定向捐款20万元，用于福建省妇女儿童发展基金会的公益慈善活动。

**12月23日** 福建异地商会企业珠海熊谷房产发展有限公司通过福建省光彩事业促进会定向捐款300万元，用于福建省龙岩市的扶贫、教育、卫生、乡村基础设施建设等公益慈善项目。

## 各类排行榜

**2月28日** 胡润研究院发布“2018胡润全球富豪榜”，福建上榜28人，新增6人。达利食品的许世辉家族以695亿元的财富排全球第149位，三安集团的林秀成、林志强父子以390亿元的财富排全球第329位，新华都的陈发树以355亿元的财富排全球第387位。

**3月24日** 科技部发布《2017年中国独角兽企业发展报告》，164家企业上榜，宁德时代和今日头条分别位列第六和第七。

**4月9日** 《证券时报》发布“2017年度最受投资者尊重的上市公司评选”结果，福建区域A股上市公司共有4家上榜，包括兴业银行、福耀玻璃、片仔癀、紫金矿业。

**5月8日** 《新财富》杂志揭晓“2018新财富500富人榜”结果，福建富豪占据了22席。达利食品的许世辉家族，以685.9亿元成为福建首富，在总榜单中排名第14位；厦门首富林秀成、林志强父子，排名第44位；宁德时代一家公司贡献了3位富豪，分别是曾毓群（第72名、292.3亿元）、黄世霖（第198名、133.4亿元）、裴振华（第476名、67.9亿元）。

**5月8日** 胡润研究院发布“2018胡润慈善榜”，11名闽商登上胡润慈善榜，数量居中国大陆第三位，其中泰禾集团的黄其森家族捐赠6.1亿元，成为福建首善。

**5月9日** 在上海举行的“2018中国品牌价值评价信息发布会”上，公布福建省共有59个品牌进入5亿元榜单。包括31个企业品牌、3个产品品牌、24个自主创新品牌、1个中华老字号品牌。其中名列前三的分别是恒安集团、福耀玻璃、安踏体育。

**5月21日** 由香港投资者关系协会举办的“2018年第四届香港投资者关系大奖”评选结果公布，48家上市公司从184家获提名的公司中脱颖而出，荣获大奖。5家闽企荣膺“香港投资者关系大奖”，分别是安踏体育、特步、361°、信义玻璃、维珍妮。

**5月31日** 福建省品牌建设促进会发布了“福建品牌价值20强企业”榜单。位列前五位的分别是恒安集团、福耀玻璃、安踏体育、漳州片仔癀和达利食品。

**6月2日** “中国电子元件百强”名单发布，福建省3家企业上榜，分别是厦门宏发电声股份有限公司、厦门法拉电子股份有限公司、福建火炬电子科技股份有限公司。

**6月6日** 在《福布斯》发布的“2018全球企业2000强”榜单上，紫金矿业进入第947位，较上一年前进了253位，并在上榜的全球37家有色企业和6家黄金企业中，分别居第14位和第2位，居中国有色企业第3位和黄金企业第1位。

**6月15日** 胡润研究院发布“2018胡润中美慈善榜”，8个闽籍企业家上榜，包括陈发树，林秀成、林志强父子，柯希平、刘海英夫妇等。

**6月20日** 由世界品牌实验室主办的第15届世界品牌大会在北京举行，大会公布了2018年“中国500最具价值品牌”榜单。49个闽籍品牌上榜，居全国第三位，包括劲霸、柒牌、兴业银行、金龙客车、七匹狼、三棵树等。

**7月5日**　《中国工程机械》杂志社发布“2018年全球工程机械制造商50强排行榜”，两家闽企上榜全球50强，分别是排名第36位的龙工控股，与排名第41位的厦工机械。

**7月8日**　在第二十二届中国国际软件博览会举行期间，“2018中国软件和信息技术服务综合竞争力百强企业”名单正式发布。福建省4家企业入选，分别是：福建星网锐捷通讯股份有限公司、新大陆科技集团、福州福大自动化科技有限公司、福建网龙计算机网络信息技术有限公司。

**7月10日**　英国《银行家》杂志正式发布“2018全球银行1000强”榜单，兴业银行总资产排名第28位、厦门国际银行总资产排名全球第165位。

**7月10日**　财富中文网发布最新的“财富中国500强排行榜”，闽企上榜24家。闽企排名最前的是厦门建发股份有限公司，以2186亿元营收，总排名第39名。其次是厦门象屿股份有限公司，营收2033亿元，总排名第42位；第三是厦门国贸集团股份有限公司，以1646亿元的营收，总排名第49位。

**7月27日**　在中国互联网协会、工业和信息化部信息中心联合发布的“2018年中国互联网企业100强”名单上，有美图、4399、网龙网络、吉比特、游龙网络、美柚等福建省六家企业。

**7月31日**　中国电子信息行业联合会发布“2018年中国电子信息百强企业”名单，福建省5家企业上榜，分别是：福建省电子信息有限责任公司、万利达集团有限公司、福州福大自动化科技有限公司、新大陆科技集团和厦门宏发电声股份有限公司。

**8月2日**　福布斯中国发布2018年中国“30位30岁以下精英”榜单。榜单首次涵盖20个不同领域各30位30岁以下精英，共有600位青年才俊入选。福建共有15人上榜，包括纸匠科技董事长张小聪、福蝶生态执行董事王福如、厦门科享网络科技董事长叶志平等。

**8月2日** 福布斯中文网发布“福布斯2018新加坡富豪榜”，共有50位富豪上榜，闽籍企业家远东集团的掌门人黄志祥和黄志达以119亿美元的合计净资产，连续第9年稳坐新加坡富豪榜的榜首位置。新加坡富豪榜前25强中，有13位闽籍富豪，占据半壁江山。

**8月4日** 福布斯中国发布“2018福布斯中国慈善榜”，上榜的100名企业家中有14位闽商，捐赠总金额达19.5697亿元，占榜单总捐赠额的11.3%。其中，泰禾集团黄其森以6.5亿元捐赠额位列总榜单第八，成为年度闽商“首善”；世纪金源黄涛（总榜第13名）、新华都陈发树（总榜第15名）分别排行闽商第二、第三名。

**8月13日** 英国著名轮胎杂志*Tyres&Accessories*公布了“2018年全球轮胎制造商前20强”名单，其中有三家是闽商创造的，分别是排名第9的玛吉斯、排名第10的中策橡胶，以及排名第11的佳通轮胎。

**8月29日** 全国工商联发布“2018中国民营企业500强”榜单，福建共有20家企业上榜。进入百强的福建企业有5家，包括阳光龙净、正荣集团、福晟集团、融信集团、永辉超市。

**9月2日** 中国企业联合会、中国企业家协会发布“2018中国企业500强”榜单。福建共有10家企业入选，列全国第11位。福建上榜的十家企业分别是兴业银行（第53位）、厦门国贸（第82位）、建发集团（第85位）、象屿集团（第92位）、阳光龙净（第104位）、紫金矿业（第177位）、福晟集团（第210位）、福建省能源集团（第280位）、永辉超市（第281位）、三钢集团（第316位）。

**9月6日** 由世界品牌实验室和世界企业家集团共同编制的2018年“亚洲品牌500强”排行榜在香港发布，共有22个国家和地区的500个品牌入选，福建祥兴集团“COTS”品牌荣登榜单。

**9月12日** 《财富》中文版发布了2018年中国“40位40岁以下商界精英榜”，39岁的美团点评CEO王兴名列榜首，字节跳动

CEO 张一鸣排名第三。

**9 月 18 日** 中国房地产业协会、中国房地产测评中心发布“2018 中国房地产企业品牌价值 50 强”榜单，9 家闽企房地产公司上榜，包括世茂房地产、融侨集团、正荣地产、泰禾集团、融信（福建）、阳光城集团、禹洲地产、福晟集团、中骏集团。

**9 月 25 日** 福布斯中国公布“中国上市公司最佳 CEO”榜单，两位福建上市公司 CEO 上榜，分别为安踏体育 CEO 丁世忠，位列榜单第 35，排名比 2017 年上升 6 名；信义玻璃 CEO 董清世，位列榜单第 37，今年新上榜。

**9 月 27 日** 胡润研究院发布“2018 胡润 30 × 30 创业领袖”榜单，福建有 9 位上榜，包括蓝店创始人洪振业、蓝店联合创始人吴家宝、创客猫创始人卢捷、隆领投资合伙人周晨瑶、启诚资本创始合伙人周士渊、壹生科技创始人罗征、壹生科技联合创始人、笨鸟社交首席科学家吴承霖、幻音音乐创始人 CEO 聂俊辉。

**10 月 10 日** 胡润研究院发布“2018 胡润百富榜”，7 位闽商入榜。世茂许荣茂家族 850 亿元，位列第 19 位；达利食品许世辉家族 650 亿元，位列第 26 位；字节跳动张一鸣 650 亿元，位列第 26 位；宁德时代曾毓群 400 亿元，位列第 53 位；美团点评王兴 390 亿元，位列第 58 位；正荣欧宗荣 330 亿元，位列第 79 位；新华都陈发树 290 亿元，位列第 99 位。

**10 月 16 日** 胡润研究院发布“2018 胡润女企业家榜”，达利食品的陈丽玲、许阳阳母女，福信集团的黄曦上榜。

**10 月 18 日** 胡润研究院发布“2018 胡润房地产企业家榜”，上榜的闽籍房地产企业家有 7 位，包括世茂集团的许荣茂家族（600 亿元，排第 4 位），正荣集团的欧宗荣（330 亿元，排第 11 位），福晟集团的潘伟明（165 亿元，排第 31 位），旭辉集团的林中家族（165 亿元，排第 31 位），中骏集团的黄朝阳（150 亿元，排第 34 位），金辉集团的林定强、林凤英夫妇（145 亿元，排第 39 位）。

**10 月 20 日**　2018 界面中国联合亿安保险经纪共同发布“2018 中国慈善企业家榜”，13 位闽籍企业家上榜。包括泰禾集团黄其森，中骏集团黄朝阳，世茂股份许荣茂，新华都陈发树，恒安集团许连捷家族，紫金矿业陈景河，博恩集团熊新翔，福建三安集团林秀成，宝龙地产许健康，正荣集团欧宗荣，安通集团郭东泽/郭东圣，厦门恒兴集团柯希平，达利集团许世辉。

**10 月 24 日**　全国工商联在北京举行新闻发布会，发布“改革开放 40 年百名杰出民营企业家名单”。五位闽商上榜，包括恒安集团董事局副主席、CEO 许连捷，北京字节跳动科技有限公司 CEO 张一鸣，科瑞集团董事局主席郑跃文，福耀玻璃创始人、董事长曹德旺，福建圣农发展股份有限公司董事长傅光明。

**10 月 25 日**　工业和信息化部信息中心和福建省互联网协会在福州联合发布“2018 年福建省互联网企业 20 强名单”，美图、网龙、四三九九、吉比特、游龙网络、美柚等 20 家企业上榜。

**9 月 13 日**　在北京人民大会堂举行的第十届中华慈善奖表彰大会上，共有 4 名闽商获“第十届中华慈善奖”个人奖，分别为福耀玻璃曹德旺、恒安集团许连捷、圣农集团傅芬芳、新加坡金鹰集团陈江和。

**11 月 12 日**　“2018 年中国印刷包装企业百强排行榜”发布，福建省共有 14 家印刷企业入选。厦门合兴包装印刷股份有限公司位居第 2 位、福建冠盖金属包装有限公司位居第 8 位，进入全国十强。

**11 月 21 日**　在“2018 观点商业年会”现场，观点指数研究院向全行业发布“2018 年度中国商业地产 TOP100 暨商业表现奖”获奖名单，世茂地产、宝龙地产、中骏商业、禹洲商业、明发集团、SM 中国上榜。

**12 月 1 日**　在克而瑞研究中心发布的“2018 年 1 ~ 11 月中国房

地产企业销售TOP100”榜单上，共有25家房地产企业销售额达到了千亿元，闽系房企占据5席，分别是世茂房地产、阳光城、正荣集团、泰禾集团、融信集团。

**11月13日** 工业和信息化部、中国工业经济联合会联合通告“第三批制造业单项冠军企业和单项冠军产品”榜单。在68家单项冠军示范企业中，福建共有4家企业入围。分别是：厦门立达信绿色照明集团有限公司、福建雪人股份有限公司、宁德时代新能源科技股份有限公司和福建锦江科技有限公司。

**12月4日** 工业和信息化部、财政部公布“2018年国家技术创新示范企业”名单，6家福建企业上榜，分别是：福建省闽发铝业股份有限公司、福建天马科技集团股份有限公司、福建锦江科技有限公司、安安踏体育、厦门盈趣科技股份有限公司、厦门天马微电子有限公司。

**12月6日** 福建省文化改革发展工作领导小组发布“2018年福建省文化企业十强”，名单包括福州文化旅游投资集团有限公司、海峡出版发行集团有限责任公司、厦门外图集团有限公司、印象大红袍股份有限公司、德艺文化创意集团股份有限公司、福建坤彩材料科技股份有限公司、麦克赛尔数字映像（中国）有限公司、福建网龙计算机网络信息技术有限公司、四三九九网络股份有限公司、厦门吉比特网络技术股份有限公司。

**12月10日** 在中国人民大学中国经济改革与发展研究院和经济学院近日联合发布的2018年“中国企业创新能力百千万排行榜”上，包括九牧厨卫股份有限公司、安踏体育、福建浔兴拉链科技股份有限公司、漳州片仔癀药业股份有限公司、宁德时代新能源科技有限公司等在内的27家闽企入围。

**12月21日** 胡润研究院发布“2018胡润品牌榜”，福建有7个品牌上榜，数量排名全国第六，包括兴业银行、达利、安踏体育、世茂、美图、片仔癀、永辉。

## 企业单项奖项、荣誉

**1月6日** 福建新大陆电脑股份有限公司入选国家知识产权局评选的“2017年度国家知识产权优势企业”。

**1月7日** 在2017年度（第五届）中国家居产业发展峰会暨2017年度中国家居产业“大雁奖”颁奖典礼上，三棵树荣获“中国家居产业大国工匠奖”。

**1月11日** 在世界中餐业联合会的支持和推荐下，沙县小吃作为中国美食唯一代表，亮相2018年韩国平昌冬奥会美食展，“福建味道”飘香冬奥赛场。

**1月22日** 国家质检总局发布公告，同意命名晋江为全国唯一的运动鞋服产业知名品牌创建示范区、福建省第3家全国知名品牌创建示范区，安踏体育、361°、特步、贵人鸟、乔丹、浩沙、峰安皮业、兴业皮革等8家公司被评为示范区内创建知名品牌的骨干企业。

**2月23日** 工业和信息化部公布了第二批绿色制造示范名单，三棵树涂料股份有限公司上榜，跻身于国家级“绿色工厂”行列。

**3月1日** 宁德时代作为新一代国之重器的锂离子电池制造企业，亮相央视财经频道的大型工业纪录片《大国重器》（第二季）。

**3月21日** 在“2018中国房地产500强测评成果发布会暨500强峰会”上，三棵树以17%的首选率荣获“2018中国房地产开发企业500强首选涂料类品牌第二名”，旗下三棵树天彩石产品更是以19%的首选率荣获“多彩品类”冠军。

**4月8日** 盼盼食品成为2018年博鳌亚洲论坛唯一指定烘焙食品，这是继厦门金砖会晤之后盼盼食品又一次成为世界级论坛的指定产品。

**4月25日** 在2018年福建省晋江市企业创新发展大会上，安踏体育被授予“2017 年度纳税超十亿元企业”称号。

**5 月 1 日** 庆祝“五一”国际劳动节暨表彰福建省劳动模范和先进工作者大会在福州隆重召开，福建省沈郎油茶股份有限公司胡凤翔董事长获“福建省劳动模范”荣誉称号。

**5 月 10 日** 在湖南卫视播出的“中国品牌年度盛典”上，公布了由中国国家品牌网、新华网、湖南广播电视台共同发起的“我喜爱的中国品牌”网络评选结果，恒安集团的“心相印”荣获纺织日化类前三。

**6 月 11 日** 国际风味暨品质评鉴所 iTQi 顶级美味大奖“Superior Taste Award”获奖名单揭晓。达利食品集团的豆奶营养饮品豆本豆（原味）豆奶及豆本豆有机豆奶，首次参与便摘得世界食品饮料行业 2018 年顶级美味大奖 Superior Taste Award。

**9 月 11 日** 在香港举行的“第 13 届亚洲品牌盛典”上，利郎揽获了“中国服装创新品牌价值 100 强”和“2018 港股品牌价值 100 强”荣誉。

**9 月 25 日** “2018 中国房地产品牌价值研究”成果发布，宝龙地产荣获“2018 中国商业地产公司品牌价值 TOP10”，品牌价值达 106. 59 亿元，这也是宝龙地产连续第八年获此殊荣。

**9 月 28 日** 在第 25 届中国国际广告节上，九牧王股份有限公司荣获“2018 年度金牌案例”奖。

**10 月 11 日** 第五届亚洲企业卓越与可持续发展奖（英文简称：ACES）颁奖典礼在新加坡费尔蒙酒店举行，ACES 评审委员会授予恒安集团 CEO 许连捷“亚洲卓越与可持续发展年度企业家奖”。这个分量最重、最具影响力的奖项，首次授予中国企业家。

**10 月 28 日** 在中国民营经济 40 年峰会上，恒安集团有限公司董事局副主席、首席执行官许连捷获评“中国民营经济 40 年风云人物”。

**11月12日** 在中国五金制品协会五届五次理事会暨协会成立三十周年庆典上，九牧厨卫获评“全国五金制品行业优秀企业”。

**11月18日** 恒安集团成功入选“国家品牌计划”，是中国家庭生活用品行业唯一入选企业，也是福建省首家入选企业。

**11月23日** 在“2018首届福建食品博览会”上，公布了当前福建食品行业的发展成果。福建省食品行业拥有中国名牌产品20多个、中国驰名商标70多个、省著名商标300多个、省名牌产品近400个，是福建省拥有自营品牌最多的行业。厦门银鹭、厦门古龙、福建紫山、福建同发进入全国罐头10强；烘焙行业达利、福马、盼盼进入全国饼干10强；蜡笔小新、亲亲、惠康、雅客、巧妈妈进入全国果冻品牌10强；明一集团是目前全球最大的单体婴儿奶粉制造基地。

**11月29日** 在福州市民营经济发展大会上，福建省金纶高纤股份有限公司被授予“工业发展十佳民营企业”“民间投资十佳民营企业”“发明创新十佳民营企业”“扩大就业十佳民营企业”“商贸发展十佳民营企业”“农业发展十佳民营企业”等称号。

**12月20日** 在全国就业与社会保障先进民营企业暨关爱员工实现双赢表彰大会上，福建省盛辉物流集团有限公司、春伦集团有限公司、厦门元初食品有限公司、福建杜氏木业有限公司4家福建民营企业荣获“全国就业与社会保障先进民营企业”称号。

## 投资洽谈会

**2月1日** 海内外闽商回归项目对接会在福建省福州举行。对接会上，地方政府与闽商企业共签约了先进制造业、现代服务业等领域的163个项目，总投资2813亿元。

**4月22日** 主题为“以信息化驱动现代化，加快建设数字中国”的首届数字中国建设峰会在福建省福州市开幕。这次峰会紧扣数字中国建设宏伟目标，共商推进网络强国、数字中国和智慧社会建设。

**5月18日** “21世纪海上丝绸之路”博览会暨第二十届海峡两岸经贸交易会在福建省福州市开幕。借着“海丝”的加持，“5·18”开启新的篇章，福建以海为媒再出发，向海图强谋共赢。

**5月18日** 以“建设新福建·共创新机遇”为主题的国际资本投资福建对接会在福州举行，共吸引来自23个国家和地区的100多位客商参会。对接合同项目89个，总投资1032.5亿元，30个外资重点项目现场集中签约。

**5月19日** 笋竹产业高峰论坛首届建瓯峰会在福建省建瓯市举行，论坛以“笋竹飘香，道地建州”为主题，旨在促进当地笋竹产业发展，打造有影响力的中国笋竹品牌。

**5月26日** 第一届中国食用菌大会在“中国食用菌之都”福建省古田县开幕。

**6月12日** 第九届海峡两岸电机电器博览会暨第十九届宁德投洽会在福建省福安县开幕。现场签约工业项目101项，总投资437.9亿元。

**6月15日** 第十六届中国·海峡项目成果交易会（“6·18”）国企项目武平专场对接会在福州举行。会上，福建省武平县政府与中央、省属国企签约12个项目，总投资60亿元。

**6月18日** 福建省侨办与厦门市政府在榕共同举办华侨华人项目成果（厦门）专场对接会。来自16个国家和地区的51名华侨华人专业人士，与来自厦门等地的100多家企业代表面对面对接洽谈，共有12个项目签约，总投资45.5亿元。

**6月21日** 第十六届（6·18）中国·海峡项目成果交易会圆满落下帷幕。展会期间，共举办65场项目对接、产业论坛活动，吸引超过15万人次进馆参会参观，共对接合同项目2049项，总投资682亿元。

**9月8日** 由福建省体育局牵头组团参展的福建体育产业项目亮

相投洽会，总投资超80亿元，涵盖体育旅游、竞赛表演、健身休闲、体育培训等多种形式的健身休闲产业。

**9月8日** 第二十届中国国际投资贸易洽谈会在厦门开幕，吸引了超过110个国家和地区的1000多个工商团组、约5000家企业的超过12万名客商参会。

**9月22日** 新起点、新平台、新作为——2018年福建省福清市食品产业发展中秋高峰对话会举行，近300位海外侨商及国内企业家代表参加。福清市政府与京东集团签约合作，借助后者在电商、物流、大数据等方面的优势，实施“11N1”计划。

**11月6日** 闽澳经贸交流会在福州举行。会上，福建省进出口商会与澳门中国企业协会签署合作备忘录。

**12月7日** 2018年中国（沙县）小吃旅游文化节在福建省沙县开幕。该小吃旅游文化节开展小吃、文体、旅游、商贸等类活动18个，现场举行招商引资推介会，共签约项目42个，总投资51.73亿元。

## 经营不良

**1月17日** 新三板公司厦门维信创联信息科技股份有限公司发布公告，称公司实际控制人、董事长黄国斌因故去世，公司大部分股权遭质押。

**6月12日** 零售业巨头沃尔玛关闭福州联信店和五里亭店两家“老店”，这是沃尔玛进驻福州17年来首次关闭分店。

**7月20日** 明发集团（国际）有限公司或成首家因审计问题被摘牌的内地房企。

**7月24日** 受长生生物疫苗事件的影响，兴业证券遭受重挫。长生生物实际质押在兴业证券的股票共计1.78亿股，待购回金额6.75亿元。

**7月29日** 美年大健康旗下体检机构前员工爆料，上市公司美年健康存在体检医生无证上岗、冒用已故医生姓名等问题。

**8月17日** 全国企业破产重整案件信息网发布的破产公告显示，福建省厦门市中级人民法院根据厦门高林木业有限公司的申请，裁定受理好来屋破产清算一案。

**8月18日** 最高法院企业破产重整案件平台发布一则破产公告：福建省福州市中级人民法院根据李伟的申请，于2018年7月18日做出〔2018〕闽01破申15号裁定，受理诚丰家具（中国）有限公司破产清算一案，并指令福清市人民法院审理本案。

**9月28日** 厦门证监局接连发布9条公告，针对辖区内部分私募机构的违规行为予以批评并责令采取有效措施积极整改。厦门一鸿资本、厦门中和元投资、厦门甲单元投资、厦门铭源红桥投资等9家私募机构因涉及六类违规问题而上榜。

**10月14日** 福州市鼓楼区人民法院裁定，宣告福州苏菲尔股份有限公司破产。根据鼓楼区人民法院最新裁定书，经查：截至第一次债权人会议召开之日，债务人福州苏菲尔股份有限公司负债数额为140491915.8元，其名下可直接用于清偿的财产仅有现金存款83917.56元和9个商标。

**11月21日** 中国裁判文书网公布的《厦门国际信托有限公司、海航集团有限公司、海航实业集团有限公司合同纠纷特别程序民事裁定书》显示，因存在合同纠纷，海航集团、海航实业价值9900万元资产将被查封、冻结或扣押。

**12月24日** 2018年以来，美图股价不断下跌。截至12月24日，美图市值蒸发近900亿港元，资产不足90亿港元。

（由福州大学闽商文化研究院整理提供）

## 皮书起源

“皮书”起源于十七、十八世纪的英国，主要指官方或社会组织正式发表的重要文件或报告，多以“白皮书”命名。在中国，“皮书”这一概念被社会广泛接受，并被成功运作、发展成为一种全新的出版形态，则源于中国社会科学院社会科学文献出版社。

## 皮书定义

皮书是对中国与世界发展状况和热点问题进行年度监测，以专业的角度、专家的视野和实证研究方法，针对某一领域或区域现状与发展态势展开分析和预测，具备原创性、实证性、专业性、连续性、前沿性、时效性等特点的公开出版物，由一系列权威研究报告组成。

## 皮书作者

皮书系列的作者以中国社会科学院、著名高校、地方社会科学院的研究人员为主，多为国内一流研究机构的权威专家学者，他们的看法和观点代表了学界对中国与世界的现实和未来最高水平的解读与分析。

## 皮书荣誉

皮书系列已成为社会科学文献出版社的著名图书品牌和中国社会科学院的知名学术品牌。2016 年，皮书系列正式列入“十三五”国家重点出版规划项目；2013~2019 年，重点皮书列入中国社会科学院承担的国家哲学社会科学创新工程项目；2019 年，64 种院外皮书使用“中国社会科学院创新工程学术出版项目”标识。

# S 基本子库
## UB DATABASE

### 中国社会发展数据库（下设 12 个子库）

全面整合国内外中国社会发展研究成果，汇聚独家统计数据、深度分析报告，涉及社会、人口、政治、教育、法律等 12 个领域，为了解中国社会发展动态、跟踪社会核心热点、分析社会发展趋势提供一站式资源搜索和数据分析与挖掘服务。

### 中国经济发展数据库（下设 12 个子库）

基于"皮书系列"中涉及中国经济发展的研究资料构建，内容涵盖宏观经济、农业经济、工业经济、产业经济等 12 个重点经济领域，为实时掌控经济运行态势、把握经济发展规律、洞察经济形势、进行经济决策提供参考和依据。

### 中国行业发展数据库（下设 17 个子库）

以中国国民经济行业分类为依据，覆盖金融业、旅游、医疗卫生、交通运输、能源矿产等 100 多个行业，跟踪分析国民经济相关行业市场运行状况和政策导向，汇集行业发展前沿资讯，为投资、从业及各种经济决策提供理论基础和实践指导。

### 中国区域发展数据库（下设 6 个子库）

对中国特定区域内的经济、社会、文化等领域现状与发展情况进行深度分析和预测，研究层级至县及县以下行政区，涉及地区、区域经济体、城市、农村等不同维度。为地方经济社会宏观态势研究、发展经验研究、案例分析提供数据服务。

### 中国文化传媒数据库（下设 18 个子库）

汇聚文化传媒领域专家观点、热点资讯，梳理国内外中国文化发展相关学术研究成果、一手统计数据，涵盖文化产业、新闻传播、电影娱乐、文学艺术、群众文化等 18 个重点研究领域。为文化传媒研究提供相关数据、研究报告和综合分析服务。

### 世界经济与国际关系数据库（下设 6 个子库）

立足"皮书系列"世界经济、国际关系相关学术资源，整合世界经济、国际政治、世界文化与科技、全球性问题、国际组织与国际法、区域研究 6 大领域研究成果，为世界经济与国际关系研究提供全方位数据分析，为决策和形势研判提供参考。

# 法律声明